器具・器材（例）

◆ 喀痰吸引で使用する器具・器材（例）

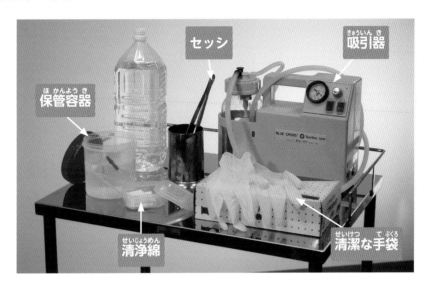

保管容器

セッシ

吸引器

清浄綿

清潔な手袋

◆ 経管栄養で使用する器具・器材（例）

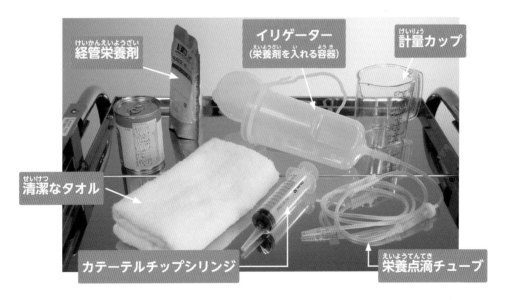

経管栄養剤

イリゲーター
（栄養剤を入れる容器）

計量カップ

清潔なタオル

カテーテルチップシリンジ

栄養点滴チューブ

● 半固形栄養剤による胃ろう（腸ろう）の経管栄養で使用する器具・器材（例）

加圧バッグ

模型図でみる気道と食道等の位置

◆ 気道と食道の模型図

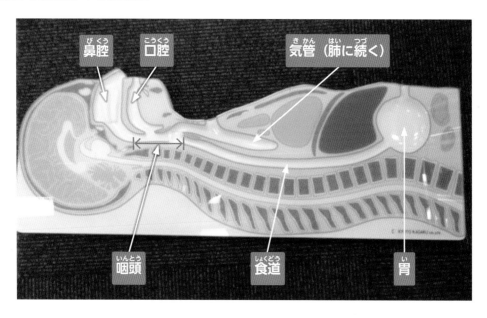

鼻腔　口腔　気管（肺に続く）

咽頭　食道　胃

◆ 気管カニューレ装着と食道の模型図

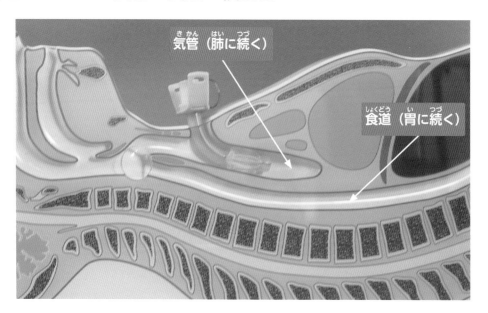

気管（肺に続く）

食道（胃に続く）

吸引チューブを挿入する際の留意点

チューブの先端が口腔内（咽頭手前）にある

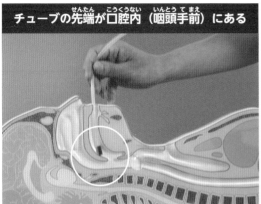

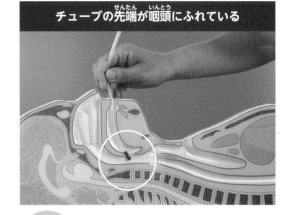

チューブの先端が咽頭にふれている

チューブの先端が鼻腔内にある

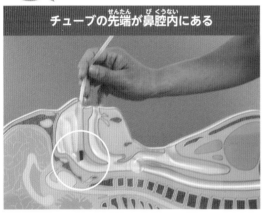

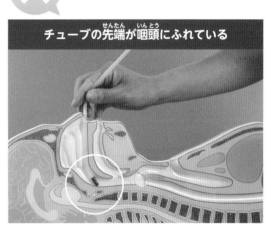

チューブの先端が咽頭にふれている

チューブの先端が気管カニューレ内部にある

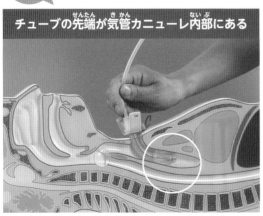

チューブの先端が気管カニューレ外に出ている

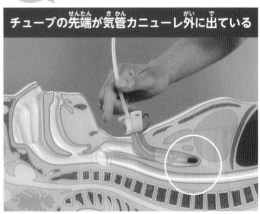

救急蘇生の際に用いる器材

◆ AED

自動体外式除細動器（Automated External Defibrillator：AED）は，心室細動の際に機器が自動的に解析を行い，必要に応じて電気的なショック（除細動）を与え，心臓のはたらきを戻すことを試みる医療機器です。

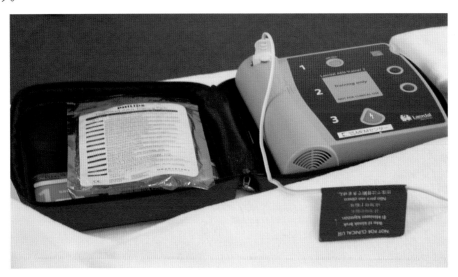

◆ 電極パッドの貼り付け位置

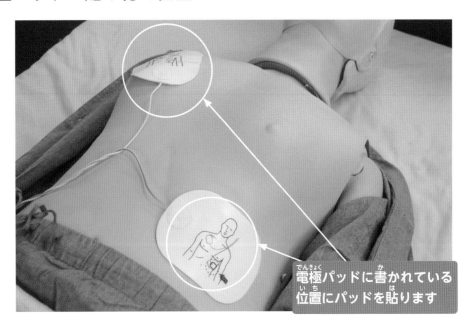

電極パッドに書かれている位置にパッドを貼ります

介護福祉士実務者研修テキスト 第4版

第5巻 医療的ケア

新田國夫　｜　編集
川村佐和子
上野桂子
白井孝子
原口道子

全文ふりがな付き

中央法規

はじめに

　2021（令和3）年7月，第8期介護保険事業計画の介護サービス見込み量等にもとづき，都道府県が推計した介護職員の必要数が公表されました。それによれば，2040（令和22）年度に必要な介護職員数は約280万人となっており，2019（令和元）年度の約211万人に加えて約69万人，年間3.3万人程度の介護職員を確保する必要があると推計されています。

　こうしたなかで，専門性の高い介護人材として，中核的な役割を果たすことが期待されているのが介護福祉士です。今後よりいっそう多様化・高度化する介護ニーズに対応するため，介護福祉士には，利用者の自立支援に向けて業務を遂行する力や多職種と連携する力，さらには指導力やマネジメント力などが求められています。

　「実務者研修」は，介護福祉士の資質向上を目的として，すべての者が一定の教育プログラムを経たのちに国家試験を受験するという形で，資格取得方法の一元化がめざされたのを機に，2012（平成24）年度から実施されている研修です。2017（平成29）年からは，介護福祉士国家試験を受験する者のうち，いわゆる実務経験ルートについては，3年以上の実務経験に加えて「実務者研修」の受講が必要になり，2018（平成30）年にはカリキュラムの内容も見直されました。

　私たちは，2012（平成24）年10月より『介護職員等実務者研修（450時間研修）テキスト』と題して，「実務者研修」のカリキュラムに準拠したスタンダード・テキストを発行して以降，2015（平成27）年には『介護福祉士実務者研修テキスト』とシリーズ名を一新し，全5巻のテキストを発行いたしました。本書はそのなかの1冊であり，「医療的ケア」として，医療職との連携のもとで医療的ケアを安全・適切に実施できるよう，必要な知識と技術を紹介しています。

　このたびの第4版の編集にあたっては，専門知識や実践現場における実施上の解釈など，読者からお寄せいただいたご質問・ご意見をもとに内容を推敲しました。また，近年の医療・介護を取り巻く社会情勢および感染対策・安全管理等の最新の動向を反映しました。これまでと変わらず，専門知識をわかりやすく自己学習できるよう工夫を重ねるとともに，実践現場で活用できる知識・技能の習得をめざしています。加えて，広く外国人介護職員にもご活用いただくことを想定して，全文に「ふりがな」を付けました。読者の皆様には，本書に加えて，『第1巻　人間と社会』『第2巻　介護I』『第3巻　介護II』『第4巻　こころとからだのしくみ』のご活用もお願い申し上げます。さらには，お気づきの点をお寄せいただき，今後改訂を重ねていきたいと考える次第です。

編者一同

介護福祉士実務者研修テキスト
【第5巻】医療的ケア 第4版

はじめに
本書をご活用していただくにあたって

Contents

本書をご活用していただくにあたって

【編集方針】

■1850時間の介護福祉士養成課程のうち，実務経験のみでは習得できない知識・技術を中心に，全5巻のシリーズとして構成しています。

■国が示す実務者研修のカリキュラムにもとづいて，介護福祉士に求められる基礎的・応用的（実践的）な知識と技術を習得できるようにしています。

■図表やイラストを多用してビジュアル的側面に配慮しています。

【特　徴】

■各章の冒頭に，【到達目標】を明示しています。

■各節の単元ごとに「□月□日」と日付を記入できる欄を設けています。自己学習を計画的に進めるために，学習し終えたところから日付を記入して，学習の進行状況を確認してみましょう。

■本文中における重要語句（キーワード）を，色文字・ゴシック体（強調書体）で明示しています。

■本文中，必要に応じて参照ページ（☞第○巻 p. ○と明示）を掲載しています。該当ページをみると，より詳しい内容や関連する情報が記述されています。

■各章の本文の終わりには「学習のポイント」を掲載しています。これは各節の単元ごとに本文中の重要事項をまとめたものです。テキストに出てくる順番に掲載していますので，重要事項が理解・把握できているかどうかふり返ってみましょう。

■本文中，専門用語や難解な用語をゴシック体（強調書体）で明示し，章末に「用語解説」を掲載しています。また参照ページを明示していますので，用語解説から本文，本文から用語解説を必要に応じて確認することができます。

■本文中，喀痰吸引・経管栄養に関係するトピックスなどを Mini 知識として掲載しています。

【本文表記】

■「障害」という用語には否定的なイメージがあり，「障がい」と表記するなどの取り扱いが広がっていますが，日本の法令用語としては「障害」が用いられています。こうした動向をふまえつつ，本書におきましては法令との整合性をはかるために，「障害」を用語として用いています。

■法令用語と同様に，本書におきましては医学関連の用語についても，学会等での議論や医学辞典における表記にもとづいた用語を用いています。

【Web 動画】

■第4章「演習」(救急蘇生法を除く)に相当する視聴覚教材を，Web で公開しています。シミュレーターを使用する演習に先立ち，喀痰吸引・経管栄養の標準的な実施手順と，その留意点について，具体的なイメージをもつことができるような内容になっています。

■具体的には，①口腔内吸引，②鼻腔内吸引，③気管カニューレ内部の吸引，④胃ろうまたは腸ろうによる経管栄養，⑤半固形化栄養剤による胃ろうまたは腸ろうの経管栄養，⑥経鼻経管栄養を取り上げています。

■視聴覚教材には，以下よりアクセスしてください。

https://chuohoki.socialcast.jp/contents/276

■動画は約68分になります。

■パソコン，タブレット，スマートフォンでご視聴いただけますが，お客様の接続環境等によっては一部の機能が動作しない場合や画面が正常に表示されない場合があります。また，本書の改訂や絶版，弊社のシステム上の都合などにより，予告なくサービスを終了させていただく場合があります。何卒ご理解いただき，ご容赦いただきますようお願い申し上げます。

医療的ケア実施の基礎
いりょうてき　　　　　　　じっし　　　きそ

【到達目標】
とうたつもくひょう

● 医療的ケアを安全に実施するための基礎的知識について理解している。
いりょうてき　　　　あんぜん　じっし　　　　　　　　きそてきちしき　　　　　　　　りかい

● 医療的ケアに関連する法制度や倫理等を理解している。
いりょうてき　　　かんれん　　　ほうせいど　りんりとう　りかい

● 感染予防，安全管理体制等についての基礎的知識について理解している。
かんせんよぼう　あんぜんかんりたいせいとう　　　　　　　きそてきちしき　　　　　　　りかい

医療的ケア

月
日

1. 喀痰吸引等制度（社会福祉士及び介護福祉士法の改正）

① 医療制度とその変遷

▶▶ 医療提供のしくみ（喀痰吸引や経管栄養は医行為である）

　医療的ケアとされている，喀痰吸引および経管栄養は，**医行為**[1]（→ p.86 参照）（医師の医学的判断および技術をもってするのでなければ人体に危害を及ぼし，または危害を及ぼすおそれのある行為）であるとされています。

　これまでは，医療の資格に関する法律によって，免許をもたない者が医行為を行うことは禁止されていました。医師の資格は医師法で定められていますが，医師法第 17 条では，「医師でなければ，医業をなしてはならない」と規定しています。看護師や保健師，助産師の資格を定めている保健師助産師看護師法第 5 条では，看護師を「傷病者若しくはじょく婦に対する療養上の世話又は診療の補助を行うことを業とする者」とし，医師の指示を受けて医行為を行うと規定しています。このため，医療の資格をもたない介護福祉士を含む介護職等が医行為である喀痰吸引や経管栄養を行うことは法的に禁じられていたのです。しかし，高齢化などの社会的背景から医行為が必要な人々が増えてきました。そのため，介護福祉士を含む介護職等が喀痰吸引や経管栄養を行う必要性が生じ，このことに対する問題が顕在化し，その制度化が検討されて，社会福祉士及び介護福祉士法の改正にいたりました。

　法改正後も，喀痰吸引や経管栄養は医行為と整理されていますが，介護福祉士等は法令で定められた行為（喀痰吸引や経管栄養）についてのみ，一定の教育や環境条件のもとに業として行えることになりました。

　このことは介護福祉士にとっては従前の介護業務だけではなく，医療の業務も一部行えるようになり，ある意味になうべき業務が拡大されたことにもなります。また，医療の供給体制の充実という面からみれば，医療を提供する人材が増えて利用者への生活支援が充実していくことにつながる点で有益であるといえます。こうしたことから介護福祉士は，利用者の生活を支えるために介護だけでなく医療的ケアを提供できる者として，そのアイデンティティをさらに強く意識し，誇りをもって，業務を実施していくことが必要です。

(1) 医療提供体制の変遷

　日本の医療は 1900 年代後期までは，医療機関（病院・診療所）の外来や入院病棟で

行われていました。緊急対応として，往診の制度がありましたが，人々は病院の外で生活しようとする場合には，通院しなければ，治療や医療処置を継続する方法がありませんでした。しかし，人々は病気の治療や医療処置を毎日必要としても，自宅で自分らしく生活したいという気持ちを強くもつようになり，その実現に，医療を提供する病院・診療所などの医療機関側もだんだんとこたえるようになりました。

　日本の社会的背景として，このころより急速に高齢化が進み，また，医療を必要とする人々が増加し，医療費が高騰する一方，経済の成長はおとろえ，財政的な困難にも直面しました。これらの理由から，自宅で療養する人々に対する医療の提供がしだいに制度化されてきました。いわゆる「施設から地域」「ときどき入院・ほぼ在宅」へという転換です。

　つまり，医療保険制度では，外来医療や入院医療に加えて在宅医療の部門が確立され，在宅療養支援診療所などの拠点医療機関や訪問看護事業所，そして介護保険制度により，居宅療養生活を支援する事業所（たとえば，訪問介護事業所や訪問看護事業所など）の整備や充実が進められています。

　在宅で生活する人々に対する医療提供（在宅医療）が制度化されたことにより，国民はだれでも，全国どこにいても，どこに住んでいても居宅で医療を受けられるようになったといえます。

(2)　家族のケア負担とその解決策

　在宅生活で医療が必要になった場合でも利用者の自宅には医療関係者がいるわけではありません。利用者の病態によっては医療的ケアが頻回に必要になる場合もあり，その場合には医療的ケアは家族によって行われることになります。こうしたことから家族のケア負担が社会問題になってきました。

　たとえば，全身の筋肉が萎縮して，自分では歩くことも，手を動かすことも，会話をすることも，食べ物を飲みこむことも，咳をして痰を出すことも自由にできなくなってしまう病気（筋萎縮性側索硬化症（Amyotrophic Lateral Sclerosis：ALS））をもつ人たちでは，家族の介護負担が大きくなります。痰を出したくても自分では痰を吐きだせない場合には，吸引器で痰を吸引しますが，ALS で療養している人の家族は一晩に痰の吸引のために 3 〜 4 回，時には 10 回も起きることがあります。一晩に 3 〜 4 回も起きると，家族は十分な睡眠をとれなくなってしまいます。

　また，毎日の食事や水分を，胃や腸まで挿入したチューブを通して入れることは 1 日に 3 回以上必要ですから，家族が会社などに勤めることも十分にできなくなってしまいます。そこで，ALS で療養する人たちや家族が参加している「日本 ALS 協会」では，2002（平成 14）年に「ALS 等吸引を必要とする患者に医師の指導を受けたヘルパー等介護者が日常生活の場で吸引することを認めてください」と要望書を国に提出し，国はこの問題を検討することになりました。

　その結果，一定の条件のもと，家族，医師，看護職員以外の者による喀痰吸引，経管

栄養の実施をやむを得ないものとする通知が，国から順次4本発出されました。実質的違法性阻却論という考え方で，当面のあいだ，安全に注意していれば介護職員等が喀痰吸引や経管栄養を実施することについて容認されるようになりました。

　ただし，「実質的違法性阻却論」による実施は，法的には認められていない状態であり，事故への対応の不安や，費用の面での負担などから，実施環境の整備には課題がありました。

　こうした状況に加えて，近年の日本の人口構成は15〜64歳人口（ケアのにない手となる年齢層）が減少する一方，高齢者層（ケアを受ける人たち）が増加し（図1-1，図1-2），家族構成も単独世帯や高齢者世帯が増加していくと推測されています。しだいに家族のケア力に依存することはできなくなり，ケアのにない手の負担を軽減することやケアのにない手の充足についても重要な社会の課題として認識されるようになりました。

　以上の社会的背景をもとに，国においては，家族などケアのにない手の負担やケアのにない手の不足を積極的に解決するための1つの策として，社会福祉士及び介護福祉士法の改正を通じて，介護福祉士においても医行為である喀痰吸引や経管栄養を実施できるよう法制化の検討が始まりました。その経過は次のとおりです。

❷ 社会福祉士及び介護福祉士法の改正

(1) チーム医療の推進について

　まず，2010（平成22）年3月に出されたチーム医療の推進に関する検討会報告書である「チーム医療の推進について」において，「看護師以外の医療スタッフ等の役割の拡大」として，「介護職員による一定の医行為（たんの吸引や経管栄養等）の具体的な実施方策について，別途早急に検討すべき」という意見が記されました。

(2) 新成長戦略等

　「新成長戦略」（2010（平成22）年6月閣議決定）においても，「不安の解消，生涯を楽しむための医療・介護サービスの基盤強化」として，「医療・介護従事者の確保とともに，医療・介護従事者間の役割分担を見直す」という方針が記されました。さらに「規制・制度改革に係る対処方針」（2010（平成22）年6月閣議決定）においても，ライフイノベーション分野にかかる規制改革事項の1つとして，「医行為の範囲の明確化（介護職による痰の吸引，胃ろう処置の解禁等）」が示され，対処方針として検討することが明確に打ちだされました。

(3) 総理指示

　こうしたいくつかの閣議決定事項等をふまえつつ，総理大臣は「介護・看護人材の確保と活用について」（2010（平成22）年9月総理指示）の中で，「介護・看護現場では，

依然として人材が不足している。このため，以下の点について取組を行う」ように，厚生労働省に指示をしました。

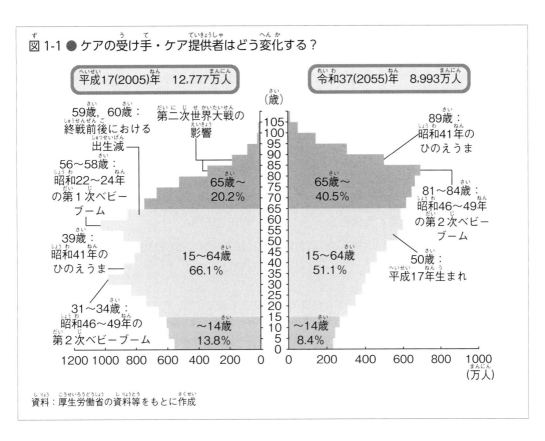

図 1-1 ● ケアの受け手・ケア提供者はどう変化する？

平成17(2005)年　12,777万人

令和37(2055)年　8,993万人

59歳，60歳：
終戦前後における
出生減

56〜58歳：
昭和22〜24年
の第1次ベビー
ブーム

39歳：
昭和41年の
ひのえうま

31〜34歳：
昭和46〜49年の
第2次ベビーブーム

第二次世界大戦の
影響

65歳〜
20.2%

15〜64歳
66.1%

〜14歳
13.8%

89歳：
昭和41年の
ひのえうま

81〜84歳：
昭和46〜49年
の第2次ベビー
ブーム

50歳：
平成17年生まれ

65歳〜
40.5%

15〜64歳
51.1%

〜14歳
8.4%

（歳）

1200 1000 800 600 400 200　0　0 200 400 600 800 1000
（万人）

資料：厚生労働省の資料等をもとに作成

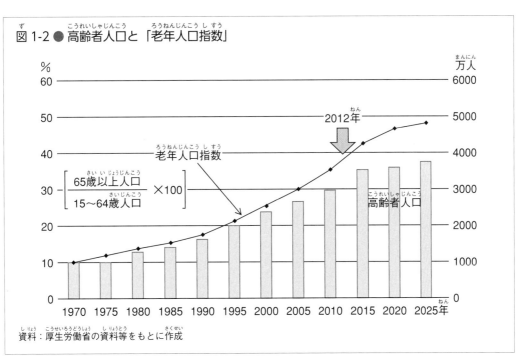

図 1-2 ● 高齢者人口と「老年人口指数」

$$\left[\frac{65歳以上人口}{15〜64歳人口}\right] \times 100$$

老年人口指数

2012年

高齢者人口

1970 1975 1980 1985 1990 1995 2000 2005 2010 2015 2020 2025年

資料：厚生労働省の資料等をもとに作成

① 人材確保のため，介護・看護職員の処遇改善に向けて今後とも取り組むこと。
② 介護人材の活用のため，在宅，介護保険施設，学校等において，介護福祉士等の介護職員が，たんの吸引や経管栄養等といった日常の「医療的ケア」注)を実施できるよう，法整備の検討を早急に進めること。

また，あわせて，介護職員がこうした「医療的ケア」を適切に実施することができるよう，レベルアップ研修事業を本年度中に前倒しで実施すること。

注) ここでいう「医療的ケア」は，一般論であり，本書でいう「医療的ケア」(喀痰吸引・経管栄養) そのものをさすわけではありません。

(4) 検討会

内閣の閣議決定を受けて，厚生労働省は「介護職員等によるたんの吸引等の実施のための制度の在り方に関する検討会」を 2010 (平成 22) 年 7 月から開催しました。

検討会の趣旨と具体的な検討課題は以下のとおりです (**表 1-1**)。

表 1-1 ● 趣旨と検討課題

趣旨	当面のやむを得ず必要な措置 (実質的違法性阻却) として，在宅・特別養護老人ホーム・特別支援学校において，介護職員等がたんの吸引・経管栄養のうちの一定の行為を実施することを運用によって認めてきた。しかしながら，こうした運用による対応については，そもそも法律において位置づけるべきではないか，グループホーム・有料老人ホームや障害者施設等においては対応できていないのではないか，在宅でもホームヘルパーの業務として位置づけるべきではないか等の課題が指摘されている。こうしたことから，たんの吸引等が必要な者に対して，必要なケアをより安全に提供するため，介護職員等によるたんの吸引等の実施のための法制度の在り方等について，検討を行う
検討課題	① 介護職員等によるたんの吸引等の実施のための法制度の在り方 ② たんの吸引等の適切な実施のために必要な研修の在り方 ③ 試行的に行う場合の事業の在り方

この検討会では，①については，新たな資格職を創設するのではなく，福祉・介護の現場で中核的な役割をになう専門職(国家資格)である介護福祉士の業務範囲を拡大するべきという方向性により，社会福祉士及び介護福祉士法の改正を行うこととなりました。また②と③については，介護福祉士等による喀痰吸引や経管栄養が安全に行われるための条件や介護福祉士等の研修の在り方を検討するために，試行事業すなわち試行的な研修を行い，その過程で研修課程，研修の内容(カリキュラム)，研修方法(講義の時間数やテキストおよび演習のプロセス，実地研修のプロセスなど)，評価法等について検証を行いました。あわせて試行事業における研修の過程で生じたヒヤリハットの分析，研修の講師になるための講習を行い，法制度の施行に向けた実際的なモデルを作成しました。試行事業の各内容は試行事業による評価によって検討を重ねられ，その後の制度の核になりました。

▶▶ 社会福祉士及び介護福祉士法の改正内容

2011（平成23）年の社会福祉士及び介護福祉士法の改正により，介護福祉士の定義を規定している第2条第2項に，下線部分が挿入されました。

社会福祉士及び介護福祉士法

（定義）

第2条 （略）

2　この法律において「介護福祉士」とは，第42条第1項の登録を受け，介護福祉士の名称を用いて，専門的知識及び技術をもって，身体上又は精神上の障害があることにより日常生活を営むのに支障がある者につき心身の状況に応じた介護（<u>喀痰吸引その他のその者が日常生活を営むのに必要な行為であって，医師の指示の下に行われるもの（厚生労働省令で定めるものに限る。以下「喀痰吸引等」という。）を含む。</u>）を行い，並びにその者及びその介護者に対して介護に関する指導を行うこと（以下「介護等」という。）を業とする者をいう。

法改正によって介護福祉士等も喀痰吸引と経管栄養を業として行えるようになりました。業として行うのですから当然，事故が起これば，利用者の安全がおびやかされ，実施者は処罰の対象になることもあります。医行為を実施する介護福祉士等はこのことを十分理解して，安全な提供を心がける必要があります。医行為の安全な提供は利用者の利益であるとともに，提供側にとっても重要な課題です。

喀痰吸引や経管栄養は，現在も医行為であると整理されています。介護福祉士等が医行為として行う医療的ケア（日常生活を営むのに必要な行為であって，医師の指示の下に行われる喀痰吸引や経管栄養）は安全に提供されなければなりません。そのため，知識や技術を習得する研修の必要性や実施条件などが制度化されています。

▶▶ 介護福祉士の資格取得方法

ここで，介護福祉士の資格取得方法について，簡単にふれておきたいと思います。

これまで，介護福祉士の資格取得の方法としては，大きく分けて実務経験を3年以上経て国家試験を受験するルートと養成施設ルート（国家試験なし）がありました。

2007（平成19）年の法改正により，資質の向上をはかるため，すべての者は一定の教育プロセスを経たあとに，国家試験を受験するという形で，資格取得方法の一元化がはかられました。

しかし，この見直しについては，介護人材を取り巻く状況をふまえ，過去2回の施行延長が行われ，2016（平成28）年の法改正により，「養成施設ルート」の卒業者に対する国

家試験の受験義務づけについては，2017（平成29）年度より，5年間をかけて順を追って導入がはかられることとされました。「実務経験ルート」については，2016（平成28）年度に実施される国家試験からは，実務経験3年以上に加え，実務者研修を修了し，受験することとされました（図1-3）。

　さらに，2020（令和2）年の法改正により，「養成施設ルート」の卒業者への国家試験義務づけの経過措置がさらに5年間延長され，2017（平成29）年度から2026（令和8）年度までの介護福祉士養成施設の卒業者は卒業後5年間，介護福祉士となる資格を有するものとされています（図1-3）。

　なお，制度上は，介護福祉士の養成課程，実務者研修においては医療的ケアという用語が，これ以外の介護職等に対する研修については喀痰吸引等研修という用語がそれぞれ用いられ，両者とも，医療的ケア（喀痰吸引や経管栄養）の知識や技術を習得するために制度化されているものです。

　また，以下の項目で，「介護福祉士等」と用いている場合は，介護福祉士以外の介護職等についても，制度上同等の要件を課していることから，両者をさしているものです。

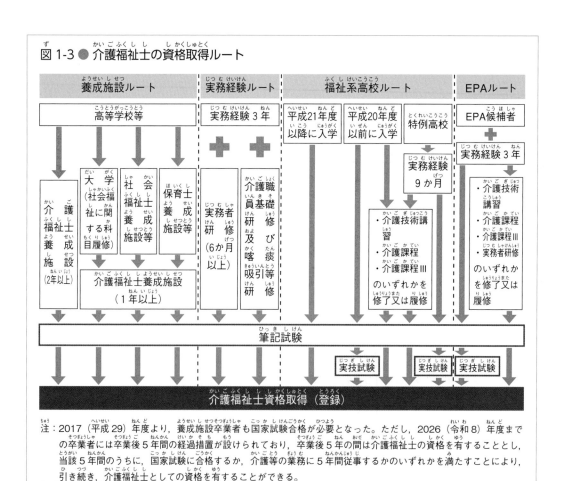

図1-3 ● 介護福祉士の資格取得ルート

注：2017（平成29）年度より，養成施設卒業者も国家試験合格が必要となった。ただし，2026（令和8）年度までの卒業者には卒業後5年間の経過措置が設けられており，卒業後5年の間は介護福祉士の資格を有することとし，当該5年間のうちに，国家試験に合格するか，介護等の業務に5年間従事するかのいずれかを満たすことにより，引き続き，介護福祉士としての資格を有することができる。
資料：厚生労働省「介護福祉士の資格取得方法」を一部改変

▶▶ 法改正により実施可能となった医行為の範囲

　介護福祉士等が行うことのできる行為の範囲は決められており，すべて医師の指示のもとに行われます。医師の指示のもとに行われる行為は，次のとおりです。

① 口腔内の喀痰吸引
② 鼻腔内の喀痰吸引
③ 気管カニューレ内部の喀痰吸引
④ 胃ろうまたは腸ろうによる経管栄養
⑤ 経鼻経管栄養

　なお，①と②の喀痰吸引については，咽頭の手前までを限度とすること，④の胃ろうまたは腸ろうによる経管栄養の実施の際には，胃ろう・腸ろうの状態に問題がないことの確認を，⑤の経鼻経管栄養の実施の際には，栄養チューブが正確に胃の中に挿入されていることの確認を，医師または看護職（保健師，助産師，看護師および准看護師）が行うことも決められています。

▶▶ 医療的ケアを実施できる条件

　介護福祉士が業務として喀痰吸引等を行うには，介護福祉士養成課程において，医療的ケア（喀痰吸引等）に関する教育を受けることが必要です。なお，養成課程において，実地研修まで修了していない場合は，就業後に登録事業者（登録喀痰吸引等事業者）において実地研修を修了する必要があります。

　また，都道府県または登録研修機関が行う喀痰吸引等研修を修了し，都道府県に登録して認定特定行為業務従事者認定証の交付を受けることで，介護職等が医療的ケアを提供す

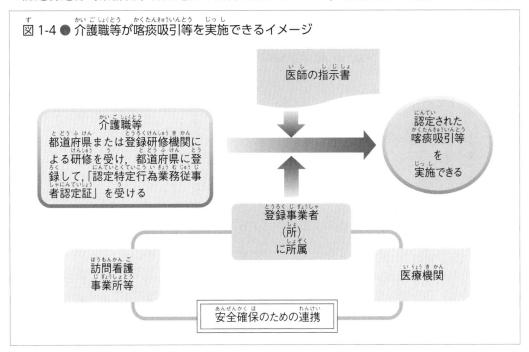

図 1-4 ● 介護職等が喀痰吸引等を実施できるイメージ

医師の指示書

介護職等
都道府県または登録研修機関による研修を受け，都道府県に登録して，「認定特定行為業務従事者認定証」を受ける

認定された喀痰吸引等を実施できる

登録事業者（所）に所属

訪問看護事業所等

医療機関

安全確保のための連携

ることができます（図1-4）。

このほか，医療的ケアを行うに際し，事業所にはいくつかの条件が定められています。
1つは所属する介護福祉士等が業として実施するための事業所の体制整備に関することが，もう1つは，医療的ケアが本来は医行為であることから医師の指示に関する要件等が定められており，いずれも，必要不可欠な要件となっています。なお，利用者の同意が必要であることは当然です。これらは，介護福祉士等が所属する事業所に対し，医療関係者との連携や，実施のための安全体制の確保などを義務づけたものです。

▶▶ 従事者の認定

(1) 認定特定行為業務従事者認定証

2012（平成24）年4月の制度施行後は，前述の実質的違法性阻却の場合などを含み，現に医療を必要とする介護サービス現場において円滑に医療的ケアが実施できるよう，現任の介護福祉士を含む介護職等が，研修（喀痰吸引等研修）を修了し，その旨，都道府県に申請し登録を行い，認定特定行為業務従事者としての認定証の交付を受けることで，医療的ケア実施の資格を得ることができます。

① 認定証の種類

認定特定行為業務従事者認定証は研修の区分に対応して，第1号，第2号，第3号の3種類があります（表1-2）。

表1-2 ● 認定証と対象および行為，研修の種類

認定証	対象	喀痰吸引			経管栄養		研修課程
		口腔内 (咽頭の手前まで)	鼻腔内 (咽頭の手前まで)	気管 カニューレ 内部	胃ろう 腸ろう	経鼻経管 栄養	
第1号	不特定多数のもの者	○（すべての行為）					・介護福祉士養成課程 ・実務者研修 ・登録研修機関による研修 （認定証第1・2号に対応）
第2号		○	○	○	○	○	
		（任意の行為）					
第3号	特定のもの者	特定の者が必要とする行為					・登録研修機関による研修 （認定証第3号に対応）

注：第1号研修については，すべての喀痰吸引等の行為が可能。
　　第2号研修については，喀痰吸引等の各行為のうち，任意の行為について実地研修を修了した場合，個別に認定特定行為業務従事者認定証の交付を受けられる。
　　第3号研修は，重度障害児・者など特定の者への実施を前提としている。

具体的には，第1号と第2号の認定証は不特定多数の者に対し適用されるのに対して，第3号は特定の者に限定されます。

　また，第1号では，喀痰吸引（口腔内，鼻腔内，気管カニューレ内部）と経管栄養（胃ろう・腸ろう，経鼻経管栄養）のすべての行為が可能となり，第2号では対象である行為のうち，任意の行為について実地研修を修了した行為について認定特定行為業務従事者認定証の交付を受けられます。第3号では，特定の者が必要とする行為に限られます（表1-2）。

　つまり，第1号，第2号の認定証をもつ介護職等はだれに対してでも認定された医療的ケアを提供できますが，第3号の認定証をもつ介護職等は特定されている者以外の人に医療的ケアを行うことはできません。

(2) 医師，看護師その他の医療関係者との連携

　認定特定行為業務従事者は，業務を行うにあたっては，医師，看護師その他の医療関係者との連携を保たなければなりません。

▶▶ 事業所の登録と医療・看護職との連携

　医行為を実施する事業者は事業所ごとに都道府県知事の登録が必要です。登録要件のおもな内容は，次のとおりです。

(1) 医療関係者との連携に関する基準

・医師の文書による指示や医療関係者との連携の確保と役割分担
・喀痰吸引等計画書・喀痰吸引等実施状況報告書の作成
・緊急時の連絡方法の取り決め

　これらの要件が義務づけられ，看護職や医師等との連携を文書のやりとりだけでなく，ケアカンファレンスなどを通じて行うことが求められています（図1-5）。

(2) 喀痰吸引等を安全・適正に実施するための基準

・安全確保のための体制の確保（安全委員会等），感染症予防措置，秘密の保持　等

　これらの要件が義務づけられ，実地研修の実施や，安全を確保した運営を実施することが求められています。

　こうした要件について介護福祉士等は，たとえば以下のような点を認識する必要があります。

　医療の提供にはリスクをともないます。そこで，看護職や医師と連携することが重要です。とくに，看護職は医師よりも訪問頻度が高く協働することが多い関係にありますから，しっかり話し合って相互に協力することが大切です。

　1人でケアにあたっていると，体調が悪くて利用者に迷惑をかけそうだと思っても（たとえば風邪をうつしそうであっても）ケアをしなくてはいけないと思ってしまいます。本

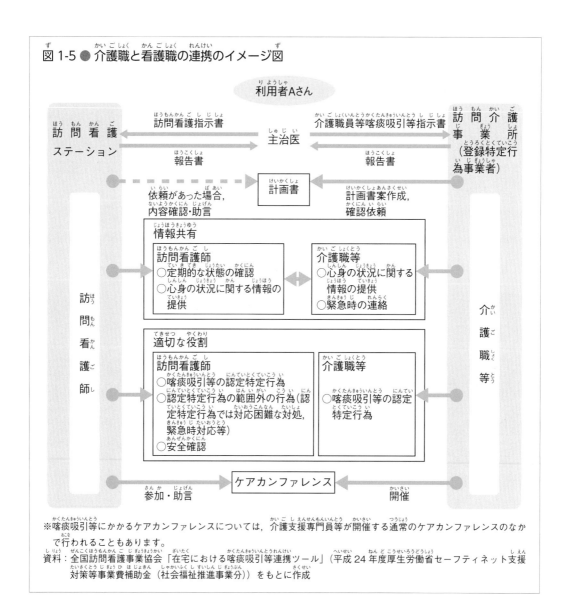

図 1-5 ● 介護職と看護職の連携のイメージ図

利用者Aさん

訪問看護ステーション

訪問看護指示書

主治医

介護職員等喀痰吸引等指示書

訪問介護事業所（登録特定行為事業者）

報告書

報告書

計画書

依頼があった場合，内容確認・助言

計画書案作成，確認依頼

情報共有

訪問看護師
○定期的な状態の確認
○心身の状況に関する情報の提供

介護職等
○心身の状況に関する情報の提供
○緊急時の連絡

適切な役割

訪問看護師
○喀痰吸引等の認定特定行為
○認定特定行為の範囲外の行為（認定特定行為では対応困難な対処，緊急時対応等）
○安全確認

介護職等
○喀痰吸引等の認定特定行為

訪問看護師

介護職等

ケアカンファレンス

参加・助言

開催

※喀痰吸引等にかかるケアカンファレンスについては，介護支援専門員等が開催する通常のケアカンファレンスのなかで行われることもあります。

資料：全国訪問看護事業協会「在宅における喀痰吸引等連携ツール」（平成 24 年度厚生労働省セーフティネット支援対策等事業費補助金（社会福祉推進事業分））をもとに作成

来はこのような場合には，ほかの介護福祉士等に交代してもらって，利用者に迷惑をかけないようにしなくてはいけません。このように，リスクを避けるには組織的なサービス体制が必要です。また，ヒヤリハット記録を提出，共有し，みんなで考え，リスクを避ける努力も必要です。

　事業者に求められている登録要件は，介護福祉士等が医療関係者とチームを組み，組織的に医療を提供することで，安全なサービスを保証する内容ともいえます。

2. 医療的ケアと喀痰吸引等の背景

前述のとおり，医行為を行うための研修については，介護職等に対して行われる喀痰吸引等研修と，実務者研修等のなかで行われる医療的ケアの学習の2つがあります。

ここではまず「喀痰吸引等研修」について説明を行い，これをふまえ，「医療的ケア」について説明します。

❶ 喀痰吸引等研修

▶▶ 講師

喀痰吸引等研修の講師は，医師・看護職（看護師・保健師・助産師）などになります。

医療の知識や技術に関する講師は，医師・看護職に限定されていますが，法制度や倫理などに関する講師は医師・看護職に限定されていません。

▶▶ 研修内容

研修内容は，第1号研修，第2号研修と第3号研修によって異なります（表1-3）。

(1) 第1号研修，第2号研修

基本研修（講義50時間と演習）と実地研修に分かれています。基本研修は第1号研修と第2号研修は同じ内容です。

実地研修では第1号研修は喀痰吸引（口腔内，鼻腔内，気管カニューレ内部）と経管栄養（胃ろう・腸ろう，経鼻経管栄養）を行い，第2号研修では喀痰吸引（口腔内，鼻腔内，気管カニューレ内部），経管栄養（胃ろう・腸ろう，経鼻経管栄養）のうち，特定された行為について行います。

講義が終了するとその学習の習得度に関する確認（筆記試験で行われる）があります。演習の習得確認は手順の習得という方法で行われます。この2つの条件を満たし基本研修を修了すると実地研修に進むことができます。実地研修の習得確認は実際に利用者に対する手順の習得という方法で行われます。

50時間の講義では，喀痰吸引と経管栄養について介護職等が実施できる行為について，安全に実施できるように知識と技術を学びます。講義の科目は法令で定められていますが，この科目を大別すれば総論と，喀痰吸引および経管栄養それぞれの行為に関する知識と技術に分類されます。技術は標準となる方法を手順として学びます。

(2) 第3号研修

第1号研修・第2号研修と第3号研修のおもな違いは，基本研修の時間数と内容および講師や指導者が特定の者を担当する人々を中心として構成されていることです。基

本研修の時間数は，講義8時間と演習1時間で，実地研修に進みます。学習する知識や技術は，特定されている者の状態にあわせた内容や方法に特化されていることになっています。つまり，第3号研修は特定されている者に対応する内容に限定されている点に特徴があり，第3号の認定証は特定されている者以外には適用できないものになっています。

表 1-3 ● 喀痰吸引等研修──研修課程

		(不特定多数の者対象) 第1号研修／第2号研修		(特定の者対象) 第3号研修	
		科目又は行為	時間数又は回数	科目又は行為	時間数又は回数
基本研修	①講義	人間と社会	1.5	重度障害児・者等の地域生活等に関する講義	2
		保健医療制度とチーム医療	2		
		安全な療養生活	4（13）		
		清潔保持と感染予防	2.5	喀痰吸引等を必要とする重度障害児・者等の障害及び支援に関する講義	6
		健康状態の把握	3		
		高齢者及び障害児・者の喀痰吸引概論	11		
		高齢者及び障害児・者の喀痰吸引実施手順解説	8（19）・50時間		
		高齢者及び障害児・者の経管栄養概論	10	緊急時の対応及び危険防止に関する講義	・9時間
		高齢者及び障害児・者の経管栄養実施手順解説	8（18）		
	②演習	口腔内の喀痰吸引	5回以上	喀痰吸引等に関する演習	1
		鼻腔内の喀痰吸引	5回以上		
		気管カニューレ内部の喀痰吸引	5回以上		
		胃ろう又は腸ろうによる経管栄養	5回以上		
		経鼻経管栄養	5回以上		
		救急蘇生法	1回以上		
実地研修		口腔内の喀痰吸引	10回以上	口腔内の喀痰吸引	医師等の評価において，受講者が習得すべき知識及び技能を習得したと認められるまで実施
		鼻腔内の喀痰吸引	20回以上	鼻腔内の喀痰吸引	
		気管カニューレ内部の喀痰吸引	20回以上	気管カニューレ内部の喀痰吸引	
		胃ろう又は腸ろうによる経管栄養	20回以上	胃ろう又は腸ろうによる経管栄養	
		経鼻経管栄養	20回以上	経鼻経管栄養	

資料：厚生労働省資料を一部改変

❷ 実務者研修における医療的ケアの学習

　2007（平成19）年の社会福祉士及び介護福祉士法の改正により，介護福祉士国家試験の受験資格が改正され，2016（平成28）年度国家試験から，3年以上の実務経験者に6か月以上の実務者研修の受講が求められるようになりました。実務者研修（450時間）のうち，医療的ケアでは，講義50時間以上と演習が行われます。医療的ケアの到達目標は，「医療的ケアを安全・適切に実施するために必要な知識・技術を習得する」ことです。

　学習項目は，①医療的ケア実施の基礎，②喀痰吸引（基礎的知識・実施手順），③経管栄養（基礎的知識・実施手順），④演習です（表1-4）。これを修了したあと，実地研修を受けます。実地研修は就業後に受けることが可能ですが，実地研修を受けていない行為は実施できません。

　この「医療的ケア」と「喀痰吸引等研修」について，法令で定めている科目を比較した場合，表1-3のとおり，第1号研修および第2号研修と同じ内容を含んでいることになります。

　「医療的ケア実施の基礎」は，喀痰吸引等研修における「人間と社会」「保健医療制度とチーム医療」「安全な療養生活」「清潔保持と感染予防」「健康状態の把握」にあたります（表1-5）。

　このうち，「人間と社会」「保健医療制度とチーム医療」では，医療の倫理や医療関係者として行うべきことや保健医療制度，医療チームの構成員の背景となっている身分法から各職種の業務・役割や医療チームの組み方などを学習します。

　また，「安全な療養生活」「清潔保持と感染予防」「健康状態の把握」という言葉や概念には膨大な内容が含まれていますが，とくに喀痰吸引と経管栄養に関係が深い内容を中心として学習します。

　「喀痰吸引（基礎的知識・実施手順）」は，「高齢者及び障害児・者の喀痰吸引概論」「高齢者及び障害児・者の喀痰吸引実施手順解説」にあたり，喀痰吸引に関する知識と技術を学習します。

　「経管栄養（基礎的知識・実施手順）」は，「高齢者及び障害児・者の経管栄養概論」「高

表1-4 ● 実務者研修における「医療的ケア」

科目	教育に含むべき事項	到達目標
医療的ケア （50時間以上）	①医療的ケア実施の基礎 ②喀痰吸引（基礎的知識・実施手順） ③経管栄養（基礎的知識・実施手順） ④演習	○　医療的ケアを安全・適切に実施するために必要な知識・技術を習得する。

齢者及び障害児・者の経管栄養実施手順解説」にあたり，経管栄養に関する知識と技術を学習します。

　演習では，口腔内の喀痰吸引・鼻腔内の喀痰吸引・気管カニューレ内部の喀痰吸引を各5回以上，そして胃ろう・腸ろうによる経管栄養，経鼻経管栄養を各5回以上経験（あるいは練習・訓練）します。また，救急蘇生法は1回以上経験します。

　実地研修は，就業後に行うことも可能です。実地研修は，それぞれのケアを受けている利用者に協力してもらい，実際にケアを行います。単に，ケアをしてみるということでは

表1-5 ●「医療的ケア」と「喀痰吸引等研修」——カリキュラム

		喀痰吸引等研修		医療的ケア
基本研修	①講義	人間と社会	1.5 時間	⑪医療的ケア実施の基礎
		保健医療制度とチーム医療	2 時間	
		安全な療養生活	4 時間	
		清潔保持と感染予防	2.5 時間	
		健康状態の把握	3 時間	
		高齢者及び障害児・者の喀痰吸引概論	11 時間	⑫喀痰吸引（基礎的知識・実施手順）
		高齢者及び障害児・者の喀痰吸引実施手順解説	8 時間	
		高齢者及び障害児・者の経管栄養概論	10 時間	⑬経管栄養（基礎的知識・実施手順）
		高齢者及び障害児・者の経管栄養実施手順解説	8 時間	
	②演習	口腔内の喀痰吸引	5 回以上	⑭演習
		鼻腔内の喀痰吸引	5 回以上	
		気管カニューレ内部の喀痰吸引	5 回以上	
		胃ろう又は腸ろうによる経管栄養	5 回以上	
		経鼻経管栄養	5 回以上	
		救急蘇生法	1 回以上	
実地研修		口腔内の喀痰吸引	10 回以上	
		鼻腔内の喀痰吸引	20 回以上	
		気管カニューレ内部の喀痰吸引	20 回以上	
		胃ろう又は腸ろうによる経管栄養	20 回以上	
		経鼻経管栄養	20 回以上	

資料：「福祉系高等学校等の設置及び運営に係る指針」の別表1中，「教育に含むべき事項」

資料：「社会福祉士及び介護福祉士法施行規則（厚生労働省令）」の別表第一

なく，ケアを受ける利用者の立場に立って，吸引を受けるときの苦しさや自分でコントロールできずに食物が入ってきてしまうつらさなどを考えて，安楽なケア法を考えることやケアをする意味を理解しやすく伝えること，ケアの実施に同意を得るための説明をすることなども学びます。なお，これらは喀痰吸引等研修の第1号研修，第2号研修，第3号研修に共通する内容です。

　実地研修にあたっては，口腔内の喀痰吸引を10回以上・鼻腔内の喀痰吸引を20回以上・気管カニューレ内部の喀痰吸引を20回以上，そして胃ろう・腸ろうによる経管栄養を20回以上，経鼻経管栄養を20回以上経験します。こうして医療的ケアを安全にできるような技術を習得します。実地研修を受けていないケアは実施できないことが原則です。

▶▶ 安全・安楽なケア実施のために

　介護福祉士は「医療的ケア」を業として実施できるようになります。医療はリスクの多い仕事であり，受け手にとっては苦しいものである場合も多いのですから，医療チームの一員となり，看護師や医師等と連携して，安全・安楽に実施できるよう学習しましょう。

3. 医行為について

「喀痰吸引」と「経管栄養」は医行為の範囲に含められます。「医行為」とは，医師法等の法制度で用いている用語です。

以下の項目では，「医行為」とはどういうものか，その法律的な理解をはじめ，医療的ケアを進めていくうえで欠かすことのできないチーム医療や医療の倫理の必要性について解説していきます。

❶ 医行為とは（法律的な理解）

医行為 ■（➡ p.86 参照）は，「医師が行うのでなければ保健衛生上危害を生ずるおそれのある行為」「医師の医学的判断および技術をもってするのでなければ人体に危害を及ぼし，または危害を及ぼすおそれのある行為」とされています。このため，医師法第17条は，「医師でなければ，医業をなしてはならない」と規定し，医師が医業（医行為を業として行うこと）を独占する旨を明らかにしています。「喀痰吸引」も「経管栄養」も，それぞれ危険性をともなった行為ですから，医行為の範囲に含まれています。

しかし，医学・医療の進歩・発達は，医師1人で適切な医療を提供することを不可能にしています。医行為をめぐる今日の法体系は，医師による「医業」の独占を原則的に認めながら，なお，一定の教育を受けた有資格者にこれを分担させ，医師の指示，指導・監督のもと，医師以外の医療スタッフが一定範囲の「医行為」を行うことを認めてきました。

医行為を行うことができる医療スタッフの業務分担は，まず医師が第一次的に医業を包括的に独占しています。

そのうえで，たとえば，医行為の一部である「人体に対する放射線の照射」を診療放射線技師に業務独占させています。

また，看護師には「診療の補助」を業務独占させています。その業務のうち，法律によって個別に特定された医行為が，限られた医療スタッフに例外的に認められています。身近な例では，理学療法士や作業療法士が，理学療法や作業療法を行う場合がこれにあたります。

たとえば「喀痰吸引」では，2010（平成22）年に出された通知「医療スタッフの協働・連携によるチーム医療の推進について」により，チーム医療のなかでリハビリテーション関係等の医療スタッフがその業務の一環として行うことが認められることになりました。

❷ チーム医療

　厚生労働省が 2010（平成 22）年 3 月にまとめた「チーム医療の推進について（チーム医療の推進に関する検討会報告書）」において，チーム医療とは，「医療に従事する多種多様な医療スタッフが，各々の高い専門性を前提に，目的と情報を共有し，業務を分担しつつも互いに連携・補完し合い，患者の状況に的確に対応した医療を提供すること」とされています。また，介護職員に対しては，「地域における医療・介護等の連携に基づくケアの提供（地域包括ケア）を実現し」，患者や家族へのサービスの向上を推進していくために「介護職員と看護職員の役割分担と連携をより一層進めていく必要がある」と期待されています。

　これまでも在宅医療では，チーム医療が実践されてきていますが，今後，医療スタッフ等としては，医師，看護師等，薬剤師，リハビリテーション関係職種，管理栄養士，臨床工学技士，診療放射線技師，介護福祉士を含む介護職，医療ソーシャルワーカーらもその一員として協働していくことが望まれています。多くの職種がチームとして活動するには，各職種の専門性を理解し，尊重し合うこと，目的や情報を共有したうえで，自分自身の職種の役割を果たすことが重要です。

　2011（平成 23）年の社会福祉士及び介護福祉士法の改正によって，介護福祉士を含む介護職は喀痰吸引と経管栄養を行うことになり，医療チームの一員としても役割を果たすことになりました。介護福祉士等と医師，看護師等は，利用者の安全と健康維持・増進のために日ごろから利用者の心身の状況に関する情報を共有し，報告・連絡・相談について取り決めをしておくなど密に連携し合うことが重要です。

❸ 医療の倫理について

▶▶ 医療の倫理

(1) 医療の倫理

　病気の際に，私たちは病院で医師の診療を受け，処方箋[2]（➡ p.86 参照）をもらい，一般には購入できない薬を購入して服用します。これは薬の入手に制限があることを示しています。

　理由は，病状にあわせた薬とその量およびその服用方法を医師が決めることによって，私たちが，からだの状態にあわない種類の薬や量を服用しないようにするためです。不適切に薬を飲んだ場合には病状を回復させないばかりか，時には生命を危険な状態におちいらせることもあるからです。

　そのため，信頼できる医師や看護師等から医療を受けなければなりません。現実には，私たちは病院で初対面の医師の診療を受け，処方箋をもらい（服用する薬を決めて

もらう），場合によっては看護師から薬を注射してもらいます。ここには，患者は初対面であっても医療にあたる医療職（医師や看護師など）が適切に医療を行える人たちであることを信頼しているから成り立つ関係があります。

国家資格制度は，国民が初対面であっても，医師や看護師として信頼してもよいことを示すために，医師や看護師等の免許を与え，信頼を損なった場合には業務の停止や免許の取り消しを行っているものです。免許は，法で定めた知識や技術を習得して，国家試験でそれを確認し，国民に対してそれらのことを示す保証書の一種ともいえます。また，医療法等により，病院や診療所では医師の仕事は医師だけに，看護師の仕事は看護師だけに行わせるよう規定されています。

医療は人の生命と健康にかかわる行為です。医療をになう医師，看護師等は，免許をもっているだけではなく，国民が自身の生命や健康をかけて信頼していることに対して謙虚にこたえなくてはなりません。これが医療の倫理です。国民の信頼にこたえる誠実な医療を行うために，次のような倫理上の原則を守ることが求められています。

喀痰吸引や経管栄養も医行為ですから，喀痰吸引や経管栄養を行う介護福祉士等も医療の倫理を理解し倫理上の原則を守ることが求められます。

(2) 倫理上の原則

介護福祉士が業務を実施するうえで規範とする倫理原則には日本介護福祉士会の倫理綱領がありますが，医療に関する業務を実施するうえでも倫理上の原則があります。

介護福祉士の倫理的原則と，具体的な場面では，少し相違があると感じられるかもしれませんが，介護福祉士であっても，医療的ケアを行う際には，医療の倫理上の原則をふまえることが必要です。

医療の倫理上の原則としては，1979年にビーチャム（Beauchamp, T.L.）とチルドレス（Childress, J.F.）が提唱した4原則がおもに用いられています。その原則は次のとおりです。

① 自律尊重原則（自律的な患者の意思決定を尊重する）
② 無危害原則（患者に危害を及ぼすのを避ける）
③ 善行原則（患者に利益をもたらす）
④ 正義原則（利益と負担を公平に配分する）

喀痰吸引や経管栄養を行う場面をイメージして，それぞれの倫理上の原則について，考えておくことが大切です。

(3) 自己決定の権利

自立した生活のためには，自分にかかわる事柄については，自分で決定できること（自己決定）が必要です。自己決定の権利は，憲法が保障する幸福追求に対する権利に含まれると考えられています。

自己決定の権利は，高齢者や障害者を含むすべての人がもっています。また，子ども

についても，その成長に応じて自己決定を尊重することが必要です。

　ただし，自己決定には，決定の意味や効果を理解できるだけの判断力が必要です。自分で適切に判断できない子どもの場合は，**親権** [3]（→ p.86 参照）を行う者が代わりに判断する必要があります。認知症等の精神上の障害がある場合も，必要に応じて，**成年後見人** [4]（→ p.86 参照）等が判断すべき場合があります。

　さらに，自己決定の対象は，個人が決定できるものに限られます。生命の尊重を理念とするこの社会では，たとえば，自己決定の名のもとに死を選択する決定を認めることはありません。

(4) 個人情報の保護

　個人情報とは，生存する個人に関する情報であって，氏名，生年月日等により特定の個人（本人）を識別できるものです。病名，病状，病歴等も個人情報に含まれます。

　医療のにない手が，良質かつ適切な医療を行うには，これらの医療にかかわる個人情報を検査等により取得して，治療のために利用し，ほかの医療関係者等に提供しなければならないことがあります。しかし，自己決定の観点からは，自己の個人情報は自分で管理し，みだりに取得，利用または提供等されないようにする必要があります。

　そこで，個人情報の保護に関する法律（個人情報保護法）は，個人情報を扱う事業者に対し，個人情報の利用目的を可能な限り特定（医療サービス提供のため，などと特定）することおよびその公表等を求めています。目的外の利用や，第三者への提供については，原則として本人の同意が必要です。例外は，①法令にもとづく場合，②人の生命，身体または財産の保護に必要がある場合であって，本人の同意を得ることが困難なとき，などです。また，個人情報の開示を本人から求められたときは，原則として応じなければなりません。

(5) 利用者・家族に対する説明と同意

　自己決定の前提には，決定に必要な情報がわかりやすく提供され，自由に決定できる環境が必要です。決定に必要な情報をわかりやすく提供することが説明です。説明は，医療法に定められている事柄であり，医療を提供する者全員に求められていることです。

　自己決定を保障するために，医行為を行う場合には，医師等が，利用者や家族に対して十分に説明しなければなりません。治療等を受ける側からいえば，病名等を知る権利があります。そして，治療等を受ける本人が，その説明を理解したうえで，同意すること（インフォームド・コンセント）が必要です。

　子どもの場合，判断力の程度と治療や検査の内容によっては，同意ができることもあります。しかし，そのような場合でも，親権を行う者にも説明し，その同意や理解を得る配慮が基本的に必要です。みずから適切に判断できない子どもの場合は，親権を行う者の同意が必要です。

認知症等の精神上の障害により判断力が不十分な成人の場合は，家族等と十分に話し合い，本人の意思が推定できる場合はその意思を尊重し，本人にとって最善の方針をとることが基本です。喀痰吸引や経管栄養を介護福祉士等が行う場合についても同様です。

また，実施に際しては，必ず「これから痰の吸引をします。少し苦しいけれど協力してくださいね。よろしいですか」というような声かけを行って，そのときの実施についての同意を得ます。経管栄養の場合などには，利用者が「トイレに行ってくるのでそのあとにしてほしい」などの意向や意見があるかもしれません。それを無視して行うと，経管栄養の実施中にトイレに行きたいという要求が出たり，その際，私は経管栄養を始める前にトイレに行きたかったのに行かせてくれなかったなどと不満が出たりします。利用者の協力が得られなくもなります。利用者の意向や意見を受けとめて，納得（同意）を得てから実行に移すことが必要です。

▶▶ 個人の尊厳と自立

(1) 個人の尊厳と自立

人はそれぞれ，年齢，性別，病気や障害の有無など，さまざまな違いがあります。病気や障害などがあっても，人は自分の能力をできるだけ発揮して，自分が大切に思うものを自分なりに実現しようと，さまざまな形で努力して生きています。このように，自分の能力をできるだけ発揮して自分らしく生きることを自立した生活ということもできます。

このようにすべての人が，それぞれに「自立した生活」を営むことにかけがえのない価値を等しく認め，一人ひとりのあり方を尊重しようという考えを個人の尊厳といいます。日本国憲法は，「すべて国民は，個人として尊重される」とうたい，「個人の尊厳」を確認しています。そして，「個人の尊厳」を守るため，「生命，自由及び幸福追求に対する国民の権利」や「健康で文化的な最低限度の生活を営む権利」（生存権）を保障しています。「幸福追求」には自立した生活を求めていくことも含まれます。

日本国憲法
第13条　すべて国民は，個人として尊重される。生命，自由及び幸福追求に対する国民の権利については，公共の福祉に反しない限り，立法その他の国政の上で，最大の尊重を必要とする。
第25条　すべて国民は，健康で文化的な最低限度の生活を営む権利を有する。
2　国は，すべての生活部面について，社会福祉，社会保障及び公衆衛生の向上及び増進に努めなければならない。

(2) 利用者の尊厳を守り，自立を助ける支援

　　医療の提供の理念等を定めた法律は医療法です。医療法は，憲法による「個人の尊厳」の確認を受けて，医療を提供する理念として，「医療は，生命の尊重と個人の尊厳の保持」を旨として行われるべきであると定めています。介護保険法や障害者の日常生活及び社会生活を総合的に支援するための法律（障害者総合支援法）が，個人の尊厳の尊重にもとづいて支援を行うよう定めているのと同じです。個人の尊厳を法の理念として，病気や障害があっても，利用者一人ひとりにかけがえのない価値があることを，医療や介護のにない手がこころにきざんで医療や介護を行うよう，とくにかかげたものとみることができます。

　　医療や介護は，病気や障害のために，日常生活または社会生活を営むのに支障がある人を支援します。このような人々の個人の尊厳を守るには，できるだけ住み慣れた居宅や地域社会において自立した生活を送れるように支援することが不可欠になります。

　　介護保険法では，介護が必要な人が可能な限り，その居宅において，その能力に応じ自立した日常生活を営むことができるよう，サービスを提供するものとしています。障害者総合支援法も，障害者や障害児が基本的人権を享有する個人としての尊厳にふさわしい日常生活または社会生活を営むことができるような支援を法の目的としています。医療も「生命の尊重と個人の尊厳の保持」を提供の理念として，自立した生活の実現を目標として行われます。利用者に対するサービスを提供する基本理念は共通の考え方です。

医療法

第1条の2　医療は，生命の尊重と個人の尊厳の保持を旨とし，医師，歯科医師，薬剤師，看護師その他の医療の担い手と医療を受ける者との信頼関係に基づき，及び医療を受ける者の心身の状況に応じて行われるとともに，その内容は，単に治療のみならず，疾病の予防のための措置及びリハビリテーションを含む良質かつ適切なものでなければならない。

介護保険法

（目的）

第1条　この法律は，加齢に伴って生ずる心身の変化に起因する疾病等により要介護状態となり，入浴，排せつ，食事等の介護，機能訓練並びに看護及び療養上の管理その他の医療を要する者等について，これらの者が尊厳を保持し，その有する能力に応じ自立した日常生活を営むことができるよう，必要な保健医療サービス及び福祉サービスに係る給付を行うため，国民の共同連帯の理念に基づき介護保険制度を設け，その行う保険給付等に関して必要な事項を定め，もって国民の保健医療の

向上及び福祉の増進を図ることを目的とする。

障害者の日常生活及び社会生活を総合的に支援するための法律

（目的）

第1条 この法律は，障害者基本法（昭和45年法律第84号）の基本的な理念にのっとり，身体障害者福祉法（昭和24年法律第283号），知的障害者福祉法（昭和35年法律第37号），精神保健及び精神障害者福祉に関する法律（昭和25年法律第123号），児童福祉法（昭和22年法律第164号）その他障害者及び障害児の福祉に関する法律と相まって，障害者及び障害児が基本的人権を享有する個人としての尊厳にふさわしい日常生活又は社会生活を営むことができるよう，必要な障害福祉サービスに係る給付，地域生活支援事業その他の支援を総合的に行い，もって障害者及び障害児の福祉の増進を図るとともに，障害の有無にかかわらず国民が相互に人格と個性を尊重し安心して暮らすことのできる地域社会の実現に寄与することを目的とする。

▶▶ 利用者・家族の気持ちの理解

　利用者や家族は喀痰吸引について説明を聞いているときには，その必要性を理解して「呼吸が改善するのであれば，ぜひやってください。お願いします」などと依頼する気持ちを強く示すことがしばしばです。しかし，家族が実際に吸引の場面を見ると，モーターの音に驚いて，大変なことをされているようだ，本人がかわいそうだと感じたり，本人が苦しそうで見ていられない，やめてほしいと申し出たりすることもあります。

　　吸引の必要性を理解したのでやってくれと依頼（同意）したのに，吸引をしたらやめてくれと言い出す人がいます。どう考えたらいいのでしょうか。そのとき，そのときの感情によってやってくれ，やめてくれと言われるのは困る，これでは発言（同意）を信用できないではないかという議論が起こります。

　また，手術により胃ろう造設を行い，経管栄養を始めることについて，

　　口から食べることはもうできなくなる，口から食べられなくなったから死が近いと思いこんでいる人たちもいます。そのように思いこんでいる人たちのなかには，できるだけ経管栄養を開始したくないと考える人もいます。また，経管栄養をしてまで生きていたくないと拒否する人もいます。

　なぜ経管栄養がいやなのか，なぜ喀痰吸引をすると決めた気持ちが変わるのか，利用者や家族の話をゆっくり傾聴して変化する気持ちを理解したいものです。利用者や家族から

質問されたときや，利用者や家族の知識に間違いがある場合には医師・看護職に相談します。よりいっそうていねいな声かけで利用者の不安や緊張感をやわらげて吸引し，家族の不安を軽減できるように配慮することが大切です。具体的には，吸引が終わったときに，ちょっと呼吸の音を聞いてください，呼吸をするときにゼロゼロした音が聞こえなくなりましたね，などと吸引の効果を具体的に説明することもよい方法です。

　診療に関することは医師と，看護に関することは看護職と話し合ってチームとして適切な対応をとるよう心がけます。

　説明と同意は開始前にしておけばよいものではなく，経過にともなって新たな課題が出てくることもありますので利用者や家族の話を傾聴し，必要に応じて説明し同意を得ましょう。

4. その他の制度

❶ 社会福祉士及び介護福祉士法以外の法制度

これまで説明してきたとおり，介護福祉士が業として行う喀痰吸引・経管栄養といった医行為については，社会福祉士及び介護福祉士法にもとづいて行われます。また，医行為については，医療法や医師法，保健師助産師看護師法などにもとづいて実施されます。そのほか，介護福祉士が実際に介護を業として提供する場面には，これら以外にもさまざまな法制度が関与してきます。

このため，医行為の実施においても，こうした関連するさまざまな制度について知っておくことが必要となります。

▶▶ 介護保険法

(1) 介護保険制度とは

介護保険制度は，加齢にともなって生ずる心身の変化に起因する疾病等により要介護状態となり，入浴，排泄，食事等の介護，機能訓練ならびに看護および療養上の管理その他の医療を要する者等に対して，できる限り住み慣れた自宅において，その有する能力に応じ自立した日常生活を営むことができるように社会全体で支える制度です。

(2) 介護保険制度のしくみの概要

介護保険制度のしくみの概要は，図1-6に示すとおりです。40歳以上の人を被保険者とし，市町村・特別区（以下，市町村）が保険者となります。

被保険者が介護保険サービスを利用したいときは，まず市町村に要介護認定を申請します。申請を受けた市町村は認定調査を行い，介護認定審査会の審査判定を経て，認定通知を出します。認定通知を受けとった被保険者は，居宅サービス計画（ケアプラン）の作成を依頼し（被保険者みずからが作成することも可能），サービス提供事業者に利用の申し込みを行い，契約を交わしたうえで，サービスの提供を受けます。その際に，利用料の1割（一定以上の所得がある第1号被保険者の場合2割または3割）を支払います。

(3) 介護保険制度の保険者

介護保険制度の保険者は，市町村および特別区とされています。ただし，保険者の規模が小さいと保険運営の安定性に欠けるため，小規模な市町村の運営の安定化・効率化の観点から，広域連合や一部事務組合などの特別地方公共団体である広域自治体も保険者となることができます。

(4)　介護保険制度の被保険者

　被保険者は，第1号被保険者および第2号被保険者に分かれます。

　第1号被保険者は，①年齢が65歳以上で，②市町村の区域内に住所を有すること，の2つが要件となっています。

　第2号被保険者は，①年齢が40歳以上65歳未満で，②市町村の区域内に住所を有し，③医療保険加入者である，という3つの要件があります。住所や年齢要件を満たしていても，医療保険に加入していない場合には，第2号被保険者とはなれません。

(5)　介護保険給付の対象者

　介護保険給付の対象は，65歳以上の要介護1～5または要支援1・2と認定された第1号被保険者です。また，40歳以上65歳未満の第2号被保険者の場合は，特定疾病

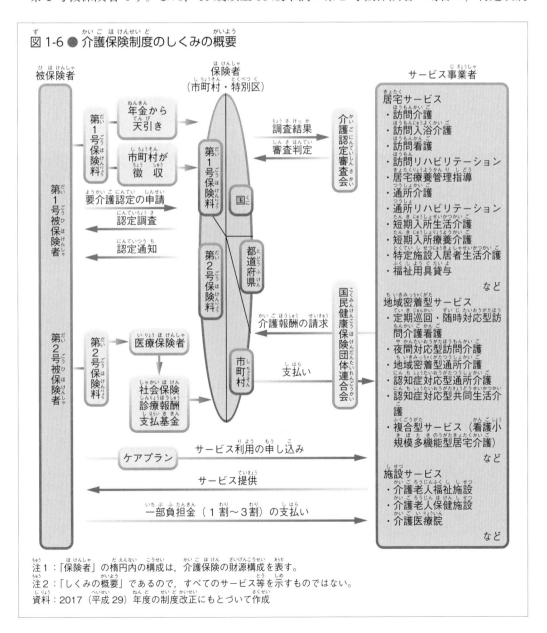

図1-6 ● 介護保険制度のしくみの概要

注1：「保険者」の楕円内の構成は，介護保険の財源構成を表す。
注2：「しくみの概要」であるので，すべてのサービス等を示すものではない。
資料：2017（平成29）年度の制度改正にもとづいて作成

によって要介護または要支援と認定されることが要件となります。

(6) 介護保険給付の種類と内容

　介護保険における保険給付には，要介護者に対する介護給付，要支援者に対する予防給付，市町村が条例で定める市町村特別給付があります。また，介護保険のサービスには，都道府県知事がサービス事業者を指定する居宅サービスと施設サービス，市町村長がサービス事業者を指定する地域密着型サービスがあります（表1-6）。

(7) 地域支援事業

　地域支援事業は，保険給付とは別の事業で，介護予防・日常生活支援総合事業，包括

表1-6 ● 介護保険サービスの種類

	都道府県・政令指定都市・中核市が指定を行うもの	市町村が指定を行うもの
介護給付	◎居宅サービス ・訪問介護 ・訪問入浴介護 ・訪問看護 ・訪問リハビリテーション ・居宅療養管理指導 ・通所介護 ・通所リハビリテーション ・短期入所生活介護 ・短期入所療養介護 ・特定施設入居者生活介護 ・福祉用具貸与 ・特定福祉用具販売 ◎施設サービス ・介護老人福祉施設 ・介護老人保健施設 ・介護医療院 ・介護療養型医療施設（2024（令和6）年3月末に廃止）	◎地域密着型サービス ・定期巡回・随時対応型訪問介護看護 ・夜間対応型訪問介護 ・地域密着型通所介護 ・認知症対応型通所介護 ・小規模多機能型居宅介護 ・認知症対応型共同生活介護 ・地域密着型特定施設入居者生活介護 ・地域密着型介護老人福祉施設入所者生活介護 ・複合型サービス（看護小規模多機能型居宅介護） ◎居宅介護支援
予防給付	◎介護予防サービス ・介護予防訪問入浴介護 ・介護予防訪問看護 ・介護予防訪問リハビリテーション ・介護予防居宅療養管理指導 ・介護予防通所リハビリテーション ・介護予防短期入所生活介護 ・介護予防短期入所療養介護 ・介護予防特定施設入居者生活介護 ・介護予防福祉用具貸与 ・特定介護予防福祉用具販売	◎地域密着型介護予防サービス ・介護予防認知症対応型通所介護 ・介護予防小規模多機能型居宅介護 ・介護予防認知症対応型共同生活介護 ◎介護予防支援

的支援事業，任意事業に分けられます。
　　地域支援事業の実施主体は市町村ですが，市町村が民間事業者等に委託をして実施される場合もあります。

▶▶ 障害者の日常生活及び社会生活を総合的に支援するための法律（障害者総合支援法）

(1) 「障害者自立支援法」から「障害者総合支援法」へ

　　以前は，障害者を社会的弱者として保護してきた経緯がありました。大きく変わるきっかけとなったのは，1981（昭和56）年，「完全参加と平等」をテーマとした国際障害者年でした。これを契機にノーマライゼーションの理念が関係者に浸透していきました。

　　障害者は保護すべき社会的弱者ではなく，自立の支援を行うべきと，国の方針も大きく変わりました。それまで，身体障害，知的障害，精神障害とそれぞれ異なる法律にもとづき行われてきた施策を，共通の制度のもとで一元的に提供する障害者自立支援法が成立しました。障害者自立支援法は，障害者自身の意向の尊重，すなわち利用者本位のサービス体系へと転換し，地域の共生社会の実現をめざしています。

　　その後，国連の障害者の権利に関する条約（障害者権利条約）の批准に向けた国内法の整備を行うため，「障がい者制度改革推進本部」が内閣府に設置され推進本部等における検討をふまえ，障害者自立支援法は障害者の日常生活及び社会生活を総合的に支援するための法律（障害者総合支援法）に改正されました。

(2) 障害者総合支援法の全体像

　　障害者総合支援法による総合的な自立支援システムの全体像は，図1-7のとおりです。

(3) 法の対象

　　障害者総合支援法の対象となる障害者および障害児は，①身体障害者福祉法第4条に規定する身体障害者，②知的障害者福祉法にいう知的障害者，③精神保健及び精神障害者福祉に関する法律（精神保健福祉法）第5条に規定する精神障害者（発達障害者支援法に規定する発達障害者を含み，知的障害者を除く），④治療方法が確立していない疾病その他の特殊の疾病であって政令で定めるものによる障害の程度が厚生労働大臣が定める程度である者，⑤児童福祉法第4条第2項に規定する障害児，です。

(4) 障害福祉サービスの支給決定の流れ

　　障害福祉サービスの利用について介護給付費等の支給を受けようとする障害者等は，市町村に対して支給申請を行います。申請を受けた市町村は，障害者等に面接を行い，その心身の状況，その置かれている環境等について調査を行い，市町村審査会が行う障害支援区分に関する審査および判定の結果にもとづき，障害支援区分の認定を行いま

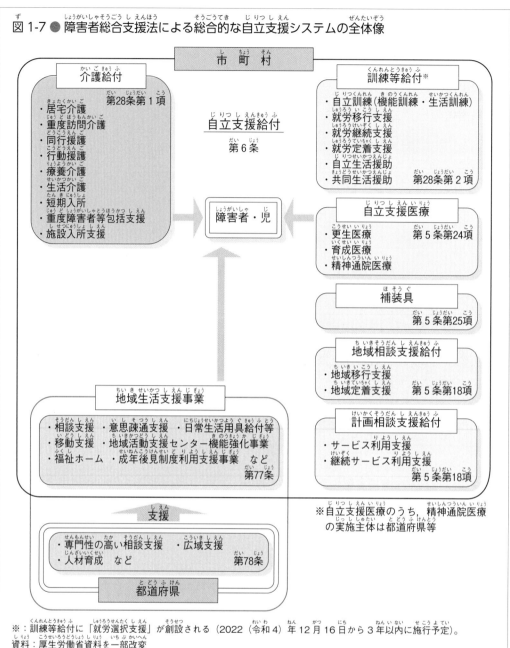

図 1-7 ● 障害者総合支援法による総合的な自立支援システムの全体像

市町村

介護給付
第28条第1項
・居宅介護
・重度訪問介護
・同行援護
・行動援護
・療養介護
・生活介護
・短期入所
・重度障害者等包括支援
・施設入所支援

自立支援給付
第6条

障害者・児

訓練等給付※
・自立訓練(機能訓練・生活訓練)
・就労移行支援
・就労継続支援
・就労定着支援
・自立生活援助
・共同生活援助 第28条第2項

自立支援医療
・更生医療 第5条第24項
・育成医療
・精神通院医療

補装具
第5条第25項

地域相談支援給付
・地域移行支援
・地域定着支援 第5条第18項

地域生活支援事業
・相談支援 ・意思疎通支援 ・日常生活用具給付等
・移動支援 ・地域活動支援センター機能強化事業
・福祉ホーム ・成年後見制度利用支援事業 など
第77条

計画相談支援給付
・サービス利用支援
・継続サービス利用支援
第5条第18項

支援

・専門性の高い相談支援 ・広域支援
・人材育成 など 第78条

都道府県

※自立支援医療のうち,精神通院医療の実施主体は都道府県等

※:訓練等給付に「就労選択支援」が創設される(2022(令和4)年12月16日から3年以内に施行予定)。
資料:厚生労働省資料を一部改変

す。市町村は，障害支援区分，介護者の状況，障害者等の置かれている環境，障害者等の障害福祉サービスの利用に関する意向等を勘案して，支給の要否の決定を行います。支給決定にあたって，市町村が必要と認めたときには，市町村審査会，身体障害者更生相談所，知的障害者更生相談所，精神保健福祉センター，児童相談所に意見を聴くことができます。

(5) サービスの種類

障害者総合支援法で提供されるサービスは，①自立支援給付と②地域生活支援事業に大きく分けられます。自立支援給付には，介護給付，訓練等給付，自立支援医療，補装具，地域相談支援給付，計画相談支援給付などがあります。地域生活支援事業には，市町村が実施するものと都道府県が実施するものがあります。

▶▶ 健康保険法

健康保険法は，事業所の雇用労働者およびその被扶養者を対象とする健康保険について定めている法律ですが，そのなかに保険診療に関する規定があります。保険診療とは，健康保険を利用して医療を受けることができるしくみのことです。

介護福祉士等による医行為（喀痰吸引・経管栄養）は，医師の指示にもとづき行われることから，こうした指示に要する費用等が制度化されています。

▶▶ 学校教育法

特別支援学校などでも医行為の実施が認められています。特別支援学校などの場合は，教員が生徒に医行為を実施することになります。

▶▶ 地域保健法

都道府県が設置する保健所と市町村が設置する市町村保健センターの役割は，地域保健法で決められています。保健所は，難病や感染症対策をになっており，市町村保健センターは，乳幼児健診，家庭訪問・電話や来所による健康相談等を行っています。

表 1-7 ● 在宅における医療保険（健康保険法等）と介護保険法および障害者総合支援法のサービスについて

項目	医療保険制度		介護保険制度	障害者総合支援制度	保健制度
法律	健康保険法等	高齢者の医療の確保に関する法律	介護保険法	障害者総合支援法	地域保健法など
保険者（給付者）	国民健康保険　被用者保険（組合管掌健康保険，協会けんぽ，共済組合など）	後期高齢者医療広域連合（47都道府県）	市町村	市町村	国等
財源	公費（国・自治体）負担，保険料	公費（国・自治体）負担，各種保険者からの支援金，保険料	公費（国・自治体）負担，保険料	公費（国・自治体）負担	公費
被保険者と負担率 注1	各種保険加入者および家族　3割負担（ただし，義務教育就学前は2割，70歳以上75歳未満は2割，現役並み所得者は3割）	75歳以上の者　1割負担（現役並み所得者は3割，一定以上の所得のある者は2割）	第1号被保険者（65歳以上），第2号被保険者（40歳以上65歳未満）原則1割負担（一定以上の所得がある第1号被保険者については2割または3割）	所得に応じて負担上限額を設定	健診等は実費負担，保健指導・相談等は無料
受給者	受診し診療等を受けた者：患者		要介護・要支援と認定された者：利用者	身体障害者・知的障害者・精神障害者（発達障害者を含む）・難病患者等	地域住民
サービスの内容	・病院・診療所（医師・看護師・理学療法士・作業療法士・言語聴覚士・薬剤師・栄養士）　往診，訪問診療，訪問看護，訪問リハビリテーション，訪問栄養食事指導，訪問薬剤管理指導など　・歯科診療所（歯科医師・歯科衛生士等）　訪問歯科診療，訪問歯科衛生指導など　・薬局（薬剤師）　訪問薬剤管理指導，緊急訪問による医学的管理および指導など　・訪問看護ステーション（保健師・看護師・准看護師・理学療法士・作業療法士・言語聴覚士）　訪問看護，訪問リハビリテーション，緊急時の訪問などを提供する注2。		・居宅サービス（訪問介護・訪問看護・通所介護など）・地域密着型サービス（認知症対応型共同生活介護など）・施設サービス（介護老人福祉施設，介護老人保健施設など）	・自立支援給付　介護給付，訓練等給付，自立支援医療，補装具費など・地域生活支援事業　地域住民を対象とした研修・啓発，障害者等による自発的活動に対する支援，相談支援，成年後見制度利用支援，意思疎通支援，日常生活用具の給付または貸与，移動支援等	・保健所（保健師等）　難病や感染症対策など・市町村保健センター（保健師等）　乳幼児健診，家庭訪問・電話や来所による健康相談など

注1：自己負担額が一定の限度を超える場合は医療保険では高額療養費，介護保険では高額介護サービス費がある。また，医療保険と介護保険の自己負担の合算額が限度額を超える場合は高額介護合算療養費，高額医療合算介護サービス費がある。

注2：これらのほか，生活保護法（医療扶助）・原爆被爆者・戦傷病者・特定疾患治療研究事業などに関する公費負担医療制度の訪問看護を行っている。

第2節 安全な療養生活

月

日

1. 喀痰吸引や経管栄養の安全な実施

❶ 安全に喀痰吸引や経管栄養を提供する重要性

「日常生活を営むのに必要な行為」として，一定の研修・教育を受け登録された介護職も医療チームの一員として喀痰吸引や経管栄養について役割をになうことになりました。医療の第1の使命は，人命を救うことです。命が危険にさらされたときに，その危険を排除し，人間がもっている自然治癒力を駆使し，生命活動が継続できるようにします。人命を救う使命をもつ「医療」が，人々の命を危険な状態にすることは許されません。安全，確実に行うことが重要です。

安全に喀痰吸引や経管栄養を提供するために重要なことは次のとおりです。

▶▶ 命を守ることを最優先にすること

喀痰吸引や経管栄養の行為は，身体に直接，管の挿入や栄養物の注入を行うため，危険をともないます。確実な方法で実施しなければ，かえって利用者の身体に危害を与えてしまうおそれがあります。医療的ケアを安全に行うには人体の生理・解剖や救急蘇生を含め必要最低限の医療の知識や技術を習得することが必要です。また，自信のない行為は原則行わないか，確実に実行できる人に頼むことが必要です。失敗した場合は1人でかかえこまずに早めに報告することが利用者の命を守ることになります。

▶▶ 介護職ができる範囲，役割を正しく理解すること

日常的に利用者の状態に関して医師や看護職と情報を共有します。介護職が実施するには医師の文書による指示と承認が必要で，吸引が必要な状態かどうかの判断・確認は看護職の役割です。介護職は，指示を受けた時点から利用者の心身の状態に変化が起きていないかどうか実施前に再度状態を観察し，ふだんとの違いや異常を発見した場合は，すみやかに医師や看護職に連絡・報告し，対応を確認します。

▶▶ 安心につながる確実な行為ができること

喀痰吸引や経管栄養の行為は危険をともなうため，緊張します。過度の緊張感や「怖い」という思いは利用者に伝わり，不安を抱かせます。不安が不信感につながることもありま

す。冷静，確実に実施できる力をつけることが重要です。

▶▶ 失敗などを隠さずに報告すること

「はずかしいから」「できない人と思われたくないから」などの理由で，失敗したことやヒヤリとしたり，ハッとしたことを，だれにも伝えず隠してしまいがちです。しかし，隠すとあやまちが共有されずくり返されます。次のときに確実にできるように，あるいはほかの人が同じあやまちをくり返さないように，倫理的な自覚をもち，隠さずに報告することが重要です。

❷ リスクマネジメントの考え方と枠組み

　リスクとは，一般的に「ある行動にともなって（あるいは行動しなかったことによって），危険にあう可能性を意味する概念」とされています。潜在的に危険の原因となり得るものと，実際にそれが起こって現実の危険となる可能性とを組み合わせたものといわれています。潜在的に危険の原因があるとしても，それがまず起こり得ないと考えられる場合のリスクは低く，一方，発生の確率が低くても起こった場合の結果が甚大であれば，リスクは高いといえます。

　事故が発生する確率を表したものにハインリッヒの法則 [5]（➡ p.86 参照）（1：29：300）があります。1件の重大な事故の背後には 29 件の軽微な事故，その背後には 300 件の事故寸前の危険な状態（ヒヤリハット）があるというものです。実際にはさらにその背後に存在する無数の「おやっ」「あれっ」「なんとなく気になる」にまで範囲を広げて目を向ける必要があります。

　突然おとずれる危険を回避することはむずかしいですが，事前に感じとれる危険は回避，あるいは発生してもその影響を最小にすることが可能です。そのためにもリスクに気づく感受性を高め，早期の段階で対応できるようにします。

　リスクマネジメントにおいて必要な対策は，おおむね次の2つで，これらを確実に実行することが重要です。

> ①　予防対策……事故を起こさないように予防策を講じること
> ②　事故対策……事故が発生したときに迅速で確実な対処を行うこと

リスクマネジメントの基本的な考え方は次のとおりです。

▶▶ 「人間はエラー（過失，間違い）を起こす」ということを前提に考える

　どんなベテランでも，だれでも，事故を起こし得るということを前提に，また，事故を完全になくすことはできないということも理解したうえで，その予防策を講じることが重

要です。

▶▶ 起きた事故には迅速・確実に対応する

　事故が起きたとき，その影響を最小にするため，迅速に確実に対処することが重要です。事故発生時の基本的な初期対応（利用者の安全確保を優先する，迅速な報告，事実を正確に報告）を徹底します。事故による被害者は，利用者だけではなく，居宅の場合などは家族や第三者，ときに自分も含めた職員（介護職，看護職，医師など）である場合もあります。冷静に対応できるように，事故の場面を想定したシミュレーション訓練を行うことも有効です。

▶▶ 事故や危険を全員で共有して分析し，課題を見つけ，対策を講じる

　事故が起きたとき，個人の責任として追及しても何も解決しません。個人の責任にしないで，組織全体の問題としてとらえることが重要です。現場では，リスクマネジメントを行うための文書（リスクマネジメント・マニュアルなど）を作成し，それを遂行する組織的な枠組みをつくることが求められます。その場合，全員が実行可能な対策から始め，徐々にレベルを上げていくことが確実性を高めます。

▶▶ 職員教育・研修体制を整え実施する

　だれにでも起こり得ることを前提に考えるならば，事前の準備として教育・研修が必須です。医療的ケアの対象者は抵抗力が低下しています。予期せず変化が起きるかもしれません。一度事故が起こると重大な結果につながりやすいです。リスクの意識やリスクに気づく感受性を高めるために，事故やヒヤリハットが発生した理由を「なぜ，なぜ，なぜ」と深く追跡して分析することや，危険予知訓練（Kiken Yochi Training：KYT）なども有効です。また，ヒヤリハットや事故の報告書の書き方もトレーニングが必要です。それは，ヒヤリハット・アクシデント報告書が，リスクマネジメントに重要な役割を果たすからです。施設・事業所の様式にもとづき，「いつ，どこで，だれがまたは何が，どのように，どうしたか，どうなったか」，事実を具体的に書けるように定期的な研修の実施が有効です。

❸ ヒヤリハット・アクシデント

　喀痰吸引や経管栄養の医療的ケアのあとには，必ず医師・看護職に実施報告を行います。ヒヤリハットやアクシデントが発生した場合は決められた手順に従い，迅速に医師・看護職に連絡し，対応します。そのあとで報告書に記載します。ヒヤリハットやアクシデントを未然に防ぎ，安全に実施するために，日常的にヒヤリハット・アクシデント報告書に記載し，事故の予防や発生時の迅速で的確な対応につなげます。

▶▶ ヒヤリハット

　ヒヤリハットとは，アクシデント（事故）にはいたっていないが，事故寸前の危険な状況で，ヒヤリとしたこと，ハッとしたことなどです。発生の理由には，観察の不十分さ，技術不足，手順の間違い，ルール違反など個人の理由だけでなく，医師・看護職との連携不足や多忙な業務など組織的な理由があります。結果として，利用者の状態の悪化を未然に防いだ場合や，すぐに回復した場合などは，一般に「出来事の影響度分類」のレベル0〜3aに分類されるものです（表1-8）。

▶▶ アクシデント

　アクシデントとは，利用者に起こってしまった事故で，利用者の身体上の損傷の程度が大きく，濃厚な治療を要するなど，ヒヤリハットよりも利用者に与える影響が大きいものです。一般に「出来事の影響度分類」のレベル3b〜5に分類されます（表1-8）。

▶▶ 「ヒヤリハット」と「アクシデント」

　実際の現場ではその区別がむずかしく，あいまいな場合も少なくありません。利用者の状態や機器等の状況が「いつもと違う」「何かおかしい」と気づいた時点で，医師や看護職と情報を共有して確認することが大事です。重要なのは，「ヒヤリハット」「アクシデント」に気づくことで，気づかないことがもっとも大きなリスクです。

表1-8 ● 出来事の影響度分類

0	エラーや医薬品・医療用具の不具合が見られたが，対象者には実施されなかった
1	対象者への実害はなかった（何らかの影響を与えた可能性は否定できない）
2	処置や治療は行わなかった（対象者観察の強化，バイタルサインの軽度変化，安全確認のための検査などの必要性は生じた）
3a	簡単な処置や治療を要した（消毒，湿布，皮膚の縫合，鎮痛剤の投与など）
3b	濃厚な処置や治療を要した（バイタルサインの高度変化，人工呼吸器の装着，手術，入院日数の延長，外来患者の入院，骨折など）
4a	永続的な障害や後遺症が残ったが，有意な機能障害は伴わない
4b	永続的な障害や後遺症が残り，有意な機能障害の問題を伴う
5	レベル4bをこえる影響を与えた

※地域医療機能推進機構の「医療安全管理指針（平成29年7月改訂版）」では，「3b」以上をアクシデントとして分類。ただし，一部の自治体や病院によってはより厳しい基準で分類し，「3a」以上をアクシデントと分類していることもある。
出典：厚生労働省参考様式「喀痰吸引等業務（特定行為業務）ヒヤリハット・アクシデント報告書」を一部改変

▶▶ ヒヤリハット・アクシデント報告書を書く目的

　報告書を書く目的は，ヒヤリハットやアクシデントの発生を個人の責任ではなく，システム上の問題ととらえ，事業所全体で事実を把握し，再発防止につなげることです。

　次の2点に留意します。

　①　発生の原因を明らかにし，なぜ発生したのか，どうすれば防げるのかを考える
　②　ほかのスタッフと情報を共有して，施設や事業所として組織的な業務の改善に

　つなげる

▶▶ ヒヤリハット・アクシデント報告書の書き方

　ヒヤリハット・アクシデント報告書はそれぞれの施設または事業所などで，その報告書の様式を決めておく必要があります。報告書には，施設名または事業所名，報告者名，管理責任者名，連携看護職員名，発生日時，発生場所，発見者，行為の種類，発生状況，対応，背景・要因などを，今後にいかせるように詳細に記録します（様式例 図1-8）。

図 1-8 ● 喀痰吸引等業務（特定行為業務）ヒヤリハット・アクシデント報告書

（別添様式 4）

喀痰吸引等業務（特定行為業務）ヒヤリハット・アクシデント報告書

報告者状況	事業所名称	
	介護職員氏名	
	管理責任者氏名	
被報告者状況	事業所名称	
	連携看護職員氏名	

発生日時	令和　　年　　月　　日（　　曜日）　　　　午前・午後　　時　　分頃
発生場所	
	□ベッド上　　　□車椅子　　　□その他（具体的に　　　　　　　　　　　　　）
対象者	氏名：　　　　　　　　　　　　　　（男・女）　年齢：
	当日の状況

出来事の情報（一連の行為につき 1 枚）

行為の種類	【喀痰吸引】 ①人工呼吸器の装着の有無　　　□なし　　□あり ②部位　　（□口腔　　　　　　　　□鼻腔　　　　　　□気管カニューレ内） 【経管栄養】（□胃ろう　　　　　　　□腸ろう　　　　　□経鼻経管）
第 1 発見者 （○は 1 つ）	□記入者自身　　　　　　　　　　□医師　　　　　　　　□家族や訪問者 □記入者以外の介護職員　　　　　□介護支援専門員　　　□その他 □連携看護職員　　　　　　　　　　　　　　　　　　　　　（　　　　　　　　　　） □連携看護職員以外の看護職員
出来事の発生状況	※誰が，何を行っている際，何を，どのようにしたため，対象者はどうなったか。
医師 への報告	□なし　　□あり
連携看護職員 への報告	□なし　　□あり
出来事への対応	※出来事が起きてから，誰が，どのように対応したか。
救急救命処置の 実施	□なし □あり（具体的な処置：　　　　　　　　　　　　　　　　　　　　　　　　　）

出来事が発生した 背景・要因	※なぜ，どのような背景や要因により，出来事が起きたか。
（当てはまる要因 を全て）	**【人的要因】** □判断誤り　□知識誤り　□確認不十分　□観察不十分　□知識不足　□未熟な技術 □技術間違い　□寝不足　□体調不良　□慌てていた　□緊張していた □思いこみ　□忘れた　□その他（　　　　　　　　　　　　　　　　　　　　　　） **【環境要因】** □不十分な照明　□業務の中断　□緊急時　□その他（　　　　　　　　　　　　　） **【管理・システム的要因】** □連携（コミュニケーション）の不備　□医療材料・医療機器の不具合　□多忙 □その他（　　　　　　　　　　　　　　　　　　　　　　　　　　　　　　　　　　）
出来事の 影響度分類 （レベル0〜5の うち一つ）	□0　エラーや医薬品・医療用具の不具合が見られたが，対象者には実施されなかった □1　対象者への実害はなかった（何らかの影響を与えた可能性は否定できない） □2　処置や治療は行わなかった（対象者観察の強化，バイタルサインの軽度変化，安全確認のための検査などの必要性は生じた） □3a　簡単な処置や治療を要した（消毒，湿布，皮膚の縫合，鎮痛剤の投与など） □3b　濃厚な処置や治療を要した（バイタルサインの高度変化，人工呼吸器の装着，手術，入院日数の延長，外来患者の入院，骨折など） □4a　永続的な障害や後遺症が残ったが，有意な機能障害は伴わない □4b　永続的な障害や後遺症が残り，有意な機能障害の問題を伴う □5　レベル4bをこえる影響を与えた

介護職員　報告書記入日　令和　　　年　　　月　　　日

医師・連携看護職 員の助言等	①医師又は看護職員が出来事への対応として実施した医療処置等について
	②介護職員へ行った助言・指導内容等について
	③その他（今回実施した行為で介護職員の対応として評価できる点など）

医師・連携看護職員　報告書記入日　令和　　　年　　　月　　　日

2. 救急蘇生

喀痰吸引や経管栄養を実施する前後，その最中には異常がないかどうかを必ず確認し報告をすることになっています。異常を発見したときはすばやく必要な対応をとらなければなりません。そのため，救急蘇生法を，喀痰吸引や経管栄養により生じる危険とあわせて学ぶことが必要です。

救急蘇生は病気やけがにより，突然に心停止，もしくはこれに近い状態になったときに胸骨圧迫や人工呼吸を行うことにより急変した人の命を守り救うための必要な知識と手技のことです。けが人や急病人（以下，傷病者）が発生した場合，その場に居合わせた人がすみやかに応急手当を行うことでその命を守ることが可能となります。それには手順の理解と技術の習得が欠かせません。

① 救急蘇生法がなぜ必要か？

図 1-9 は心臓停止，呼吸停止，出血などの緊急事態における経過時間と死亡率の関係を示したもので，フランスの医師カーラー（Cara, M.）によって作成されました。たとえば，心臓停止では 3 分間放置されると死亡率が約 50％になります。呼吸停止では 10 分間放置されると約 50％の死亡率になります。また，心筋梗塞などにより突然に心臓が止ま

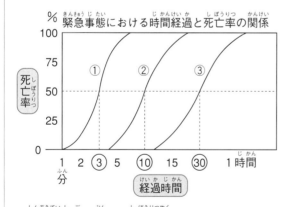

図 1-9 ● カーラーの救命曲線

緊急事態における時間経過と死亡率の関係

①心臓停止後 3 分で，死亡率約 50％
②呼吸停止後 10 分で，死亡率約 50％
③多量出血 30 分で，死亡率約 50％

この図は，心臓停止，呼吸停止，出血など緊急事態における時間経過と死亡率の関係を示したものです。たとえば，心臓停止では 3 分間放置されると死亡率が約 50％に，呼吸停止では 10 分間放置されると死亡率が約 50％になります。このことは，緊急事態が重大であるほど早く適切な応急手当をしなければ，死亡者が増加することを意味しています。

（M.Cara：1981「カーラーの曲線」一部改変）

※応急手当の開始が遅れても，その意味がまったくなくなるというわけではありません。早く応急手当が開始されれば，それだけ救命効果が高くなることは当然ですが，開始が遅れたとしても，少しでも蘇生の可能性があれば，その可能性に懸けた積極的な応急手当が望まれます。

ると 15 秒以内に意識が消失し，3 ～ 4 分以上そのままの状態が続くと脳の回復は困難となります。

心臓が止まっているあいだ，心肺蘇生によって心臓や脳に血液を送りつづけることは，AED（Automated External Defibrillator：自動体外式除細動器）による心拍再開の効果を高めるためにも，さらには心拍再開後に脳に後遺症を残さないためにも重要です。

❷ おもに市民が行うための一次救命処置

「JRC 蘇生ガイドライン 2020」による，一次救命処置の手順は次のとおりです。
①安全の確認，②反応の確認，③ 119 番通報，④呼吸の確認と心停止の判断，⑤胸骨圧迫，⑥胸骨圧迫と人工呼吸，⑦ AED，⑧ BLS（Basic Life Support：一次救命処置）の継続

なお，ガイドラインは 5 年ごとに更新されており，「JRC 蘇生ガイドライン 2020」におけるおもな変更点は，傷病者の反応の有無の判断に迷う場合にも，119 番通報と AED 要請を行うようにする，「普段どおりの呼吸」かどうかの判断に迷う場合にも，ただちに胸骨圧迫から心肺蘇生を開始することを明示，などです。

❸ 救急蘇生

傷病者が発生した場合，その場に居合わせた人が応急手当をすみやかに行えば，傷病者の救命効果が向上し，その後の治療にもよい影響を与えます。実際の応急現場においても，応急手当を行って救急隊にひきつぎ，尊い命が救われたケースが数多く報告されています。

救急の事態に遭遇した場合，適切な応急手当を実施するには，日ごろから応急手当に関する知識と技術を身につけておくことが大切です。また 1 人でも多くの人が応急手当をできるようになれば，互いに助け合うことができます。

▶▶ 応急手当の目的

応急手当の目的は，「救命」「悪化防止」「苦痛の軽減」です。

反応がない，呼吸が停止している，気道に異物がつまっているなどの生命にかかわる症状を認めた場合には，「救命」を目的とした応急手当が必要です。

すぐに生命にかかわることはないにしても，けがや病気（たとえば，出血・ショック・頭痛・胸痛・腹痛・けいれんや傷・骨折・熱傷など）の傷病者には，「悪化防止」「苦痛の軽減」を目的とした応急手当が必要となります。

（1）救命

応急手当のいちばんの目的は，生命を救うこと，救命にあります。応急手当を行う際

は，救命を目的とした救命処置を最優先します。

(2) 悪化防止

応急手当の2番目の目的は，けがや病気を現状以上に悪化させないこと（悪化防止）にあります。この場合は，傷病者の症状・訴えを十分把握したうえで，必要な応急手当を行います。

(3) 苦痛の軽減

傷病者は，心身ともにダメージを受けています。できるだけ苦痛を与えない手当を心がけるとともに，「がんばってください」「すぐに救急車が来ます」などはげましの言葉をかけるようにします。

▶▶ 応急手当の必要性

(1) 救急車到着までの救命処置の必要性

救急車が要請を受けてから現場に到着するまでの時間は，「令和4年版　救急・救助の現況」によると，全国平均約9.4分（2021（令和3）年）です。たった約9.4分，しかし，この救急車到着までの空白の約9.4分間が，傷病者の生命を大きく左右することになります。

(2) 救命の連鎖（チェーン・オブ・サバイバル）の重要性

急変した人を救命し，社会復帰をさせるために必要となる一連の行いを救命の連鎖（チェーン・オブ・サバイバル）といいます。「救命の連鎖」を構成する4つの輪（図1-10）がすばやくつながると，救命効果が高まります。

1つめの輪は心停止の予防，2つめの輪は心停止の早期認識と通報，3つめの輪は一次救命処置（心肺蘇生とAED），4つめの輪は救急救命士や医師による高度な救命医療を意味する二次救命処置と心拍再開後の集中治療です。

「救命の連鎖」における最初の3つの輪は，現場に居合わせた人によって行われることが期待されています。たとえば，心肺蘇生を行った場合は，行わなかった場合に比べて生存率が高いこと，またAEDによって電気ショックを行ったほうが，救急隊よりも早く実施できるため，生存率や社会復帰率が高いことがわかっています。

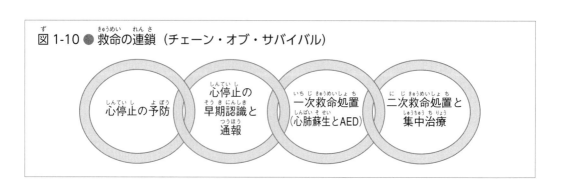

図1-10 ● 救命の連鎖（チェーン・オブ・サバイバル）

心停止の予防　｜　心停止の早期認識と通報　｜　一次救命処置（心肺蘇生とAED）　｜　二次救命処置と集中治療

とくに**バイスタンダー(bystander)**[6] (→ p.86 参照) となる人は，この救命の連鎖のうちもっとも重要な，真ん中の2つの鎖になっているのです。

(3) 自主救護の必要性

　震災や風水害等で，同時に多数の傷病者が発生したときは，平常時のように救急車を期待することは困難です。このようなときは，自主救護に努めなければなりません。

・自分たちの生命・身体は自分たちで守るという心構えをもつ必要があります。

・傷病者が発生したら，互いが協力し合って救護活動ができるよう，ふだんから近所の人に協力を求めやすい環境と態勢をつくっておくことが望まれます。

・事業所では，傷病者をすみやかに救護するため，組織的に対応する救護計画をたてておくことが望まれます。

・応急手当用品をふだんから備えておき，不測の事態に対応できるようにしておくことが望まれます。

(4) 他人を救おうとする社会が自分を救う

　傷病者が発生したとき，放置することなく，だれかがすぐに応急手当を行うような社会にすることが必要です。そのためには，まず，あなたが応急手当の正しい知識と技術を覚えて実行することが大切です。他人を助ける尊いこころ（人間愛）が応急手当の原点です。

④ 救急蘇生法の実際

▶▶ 心肺蘇生

(1) 周囲の安全確認

　倒れている人を発見したら，まず周囲の状況が安全であるかを確認し，状況に応じて安全を確保します。自分自身の安全を確保することは，傷病者を助けることよりも優先されます。

(2) 反応の確認

　「もしもし大丈夫ですか」と軽く肩をたたきながら大きな声で呼びかけ反応（目を開ける，まばたきがある，手が動くなど）を見ます。乳児の場合は足の裏を刺激する場合もあります。「反応なし」と判断した場合はもちろん，反応があるかないかの判断に迷う場合，またはわからない場合も心停止の可能性を考えて行動します。

(3) 大声で119番通報とAEDの手配を依頼する

　反応がない場合は，大声で「人が倒れています。だれか来てください」と人を呼び，「119番通報をしてください」「AEDを持ってきてください」と来た人に依頼します。

　周囲にだれもいない場合，自分で119番通報し，近くにAEDがあれば取りに行き，必要なら準備します。なお，反応の有無に迷った場合も119番通報し通信指令員の指

示に従います。また，胸骨圧迫などがわからない場合は 119 番通報した際に電話を切らずに指示をあおぎます。その際，電話のスピーカー機能を活用します。

(4) 呼吸の確認

　　反応がない場合には，胸と腹部の動きに注目して呼吸を確認します。呼吸がない，または呼吸はあるがふだんどおりではない場合，あるいは判断に迷う場合は心停止，すなわち心肺蘇生の適応と判断し，ただちに胸骨圧迫を開始します。

　　なお，突然の心停止直後には**死戦期呼吸** [7]（➡ p.86 参照）がしばしばみられますが，このような呼吸がみられたら心停止と考えて，胸骨圧迫を開始します。

　　介護職は，とくに喀痰吸引や経管栄養を必要としている利用者の日常的な呼吸状態をよく観察しておく必要があります。確認できなければ，心肺蘇生を行います。

(5) 胸骨圧迫（心臓マッサージ）（Circulation）

①　胸骨圧迫の部位は胸骨の下半分とします（図 1-11，図 1-12）。利き手の手のひらの付け根（手掌基部）を置き，その上に他方の手の手のひらの付け根を重ねます。

②　圧迫の深さは，胸が約5cm沈むように圧迫しますが，6cmを超えないようにします。圧迫のテンポは 1 分間あたり 100 ～ 120 回です。

③　沈んだ胸が元の位置まで戻るように圧迫を解除します（図 1-13）。強く押すことばかり意識していると自然と手や腕に力が入ったままになって押しっぱなしになり，ポンプとしての機能を果たせなくなります。適切な圧迫と圧の解除をしてください。

(6) 胸骨圧迫 30 回と人工呼吸 2 回の組み合わせ

　　人工呼吸の技術を身につけて人工呼吸を行う意思がある場合には，胸骨圧迫（30 回）に対して後述する人工呼吸（2 回）を組み合わせます。

(7) AED を使用する

　　AED（Automated External Defibrillator：自動体外式除細動器）は，心室細動の際に機器が自動的に解析を行い，必要に応じて電気ショック（除細動）を与え，心臓のはたらきを戻すことを試みる医療機器のことです。除細動器の 1 つですが動作が自動化されているので施術者が医師である必要がありません。

　　AED を用いた心肺蘇生の流れは図 1-14 のとおりです。

　　また，「JRC 蘇生ガイドライン 2020」においては，未就学児用モード / キーあるいはエネルギー減衰機能付き未就学児用パッドの使用年齢の区切りを，未就学児（小学校入学前）と小学生の間と規定しています。

　　未就学児（就学前の小児）に対しては，未就学児用モード / キーあるいはエネルギー減衰機能付き未就学児用パッドを用い，未就学児用パッドがない場合，小学生～大人用パッドを用います。

(8) 心肺蘇生を続ける

　　心肺蘇生は救急隊員と交代するまであきらめずに続けます。

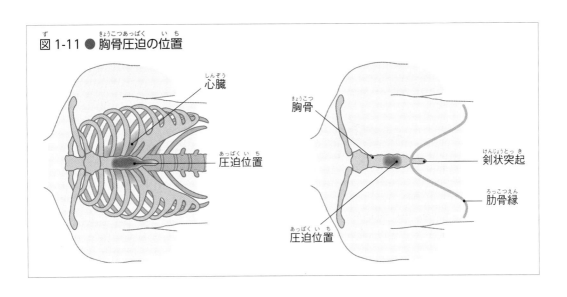

図 1-11 ● 胸骨圧迫の位置

心臓

圧迫位置

胸骨

剣状突起

肋骨縁

圧迫位置

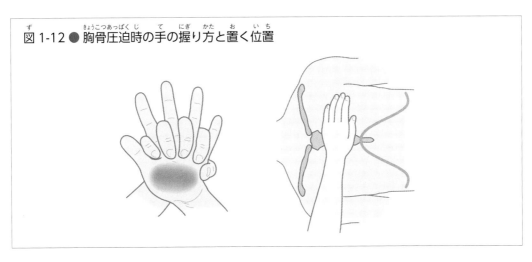

図 1-12 ● 胸骨圧迫時の手の握り方と置く位置

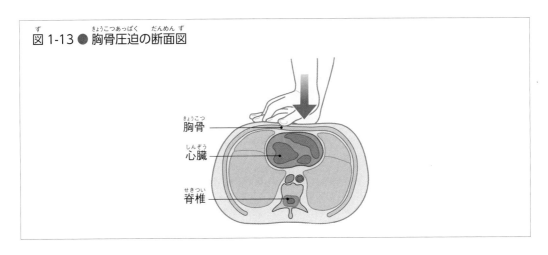

図 1-13 ● 胸骨圧迫の断面図

胸骨

心臓

脊椎

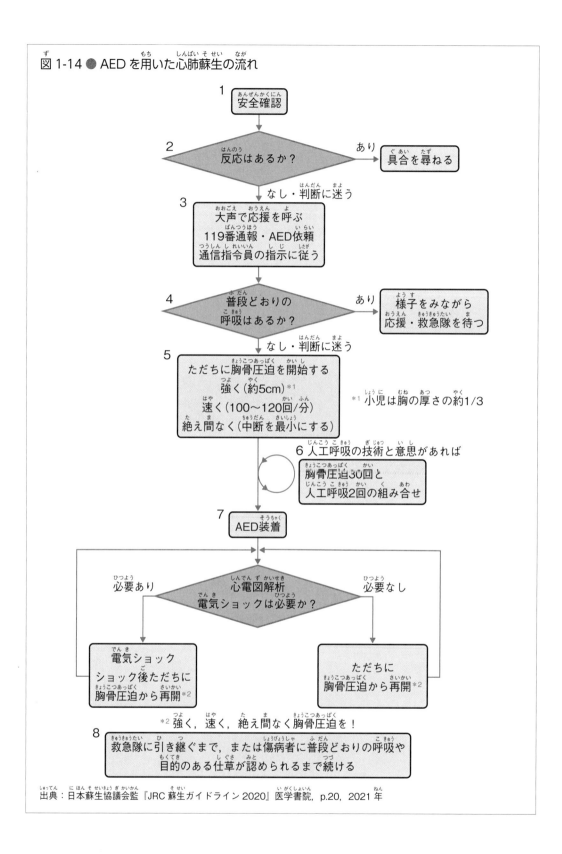

図 1-14 ● AED を用いた心肺蘇生の流れ

1 安全確認

2 反応はあるか？　→ あり　具合を尋ねる

なし・判断に迷う

3 大声で応援を呼ぶ
119番通報・AED依頼
通信指令員の指示に従う

4 普段どおりの呼吸はあるか？　→ あり　様子をみながら応援・救急隊を待つ

なし・判断に迷う

5 ただちに胸骨圧迫を開始する
強く（約5cm）※1
速く（100〜120回/分）
絶え間なく（中断を最小にする）

※1 小児は胸の厚さの約1/3

6 人工呼吸の技術と意思があれば
胸骨圧迫30回と
人工呼吸2回の組み合せ

7 AED装着

心電図解析
電気ショックは必要か？

必要あり　電気ショック
ショック後ただちに
胸骨圧迫から再開※2

必要なし　ただちに
胸骨圧迫から再開※2

※2 強く，速く，絶え間なく胸骨圧迫を！

8 救急隊に引き継ぐまで，または傷病者に普段どおりの呼吸や
目的のある仕草が認められるまで続ける

出典：日本蘇生協議会監『JRC 蘇生ガイドライン2020』医学書院，p.20，2021 年

▶▶ 人工呼吸（Breathing）の手順

(1) 気道確保（Airway）

　気道の確保とは，口・鼻から吸入された空気が気道を通って肺まで入る道を確保することです（図1-15）。意識がなく呼吸や心臓が停止すると，舌根沈下（図1-16）し気道がふさがれたり，異物（図1-17）や分泌物で気道が閉塞され，空気が肺に到達しなくなります。そのため，気道を確保する必要があるのです。

　気道の確保の方法には，手による方法，異物・分泌物を除去する方法，さらには，医療器材を用いた気道確保等があります。

① 頭部後屈顎先挙上法

　頭側にある手を額に当てます。もう一方の手の人差し指と中指を顎先に当ててこれを挙上し気道を確保する方法です（図1-18）。

② 異物・分泌物除去による気道の確保

　異物による気道閉塞を示すサインとして，意識のある人の場合，喉をつかむ，もしくはかきむしるような動作をします（図1-19）。

　異物や分泌物除去の方法には指拭法，背部叩打法，腹部突き上げ法があり，これらについて説明します。

ⅰ 指拭法による異物・分泌物の除去

　意識のない人で，口腔内，咽頭部内の分泌物や異物による気道閉塞が疑われる場合，指を入れて取り出す方法（図1-20）を用います。この際，分泌物等を奥に押しこまないよう顔は横に向けて行います。左手を用いて指交差法（図1-21）で口を開け，右手人差し指にガーゼやハンカチを巻いて口腔内の異物をぬぐい取ります。とくに高齢者がおもちなどを喉につまらせ，救急搬送されるケースが多くみられます。おもちのように粘着力があるものは，専用の吸引ノズルをつけたそうじ機で吸い出す方法もありますが，差しこみ方が十分でないと舌や口蓋垂を吸いこんでしまうなどの危険性があるため，安易に使用せず，対応については，救急隊員の助言に従います。

ⅱ 背部叩打法による除去

　意識のある人の場合で，気道が閉塞されている場合に有効な方法です。

1. 図1-22のように立位で行う場合，一方の手を傷病者の後方からわきの下に入れて，傷病者の胸部と下顎部分を支えて突き出し，顎をそらせます。
2. もう一方の手を開いた状態で手掌基部（手のつけ根）で肩甲骨の中間あたりを，迅速に叩打します。

　意識がない場合には，傷病者の横にひざまずき，傷病者のからだを自分のほうに向け側臥位にし，立位と同じように手掌基部で，左右の肩甲骨のあいだを4～5回連続して叩打します（図1-23）。

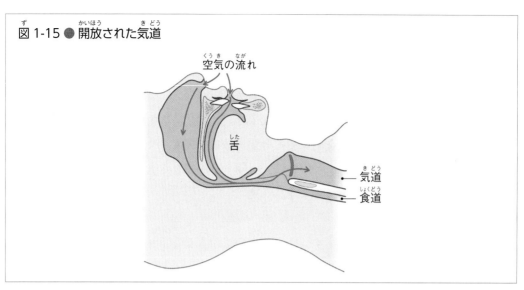

図 1-15 ● 開放された気道

空気の流れ

舌

気道

食道

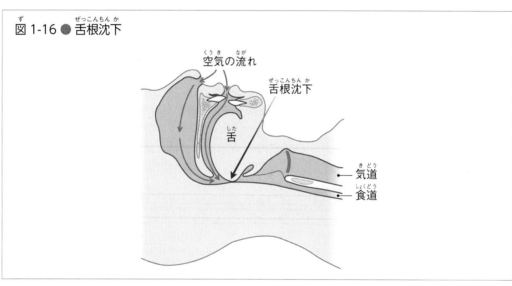

図 1-16 ● 舌根沈下

空気の流れ

舌根沈下

舌

気道

食道

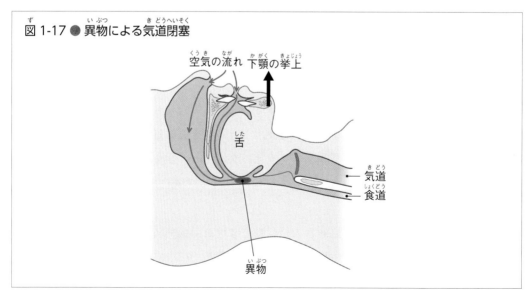

図 1-17 ● 異物による気道閉塞

空気の流れ　下顎の挙上

舌

気道

食道

異物

図 1-18 ● 頭部後屈顎先挙上法

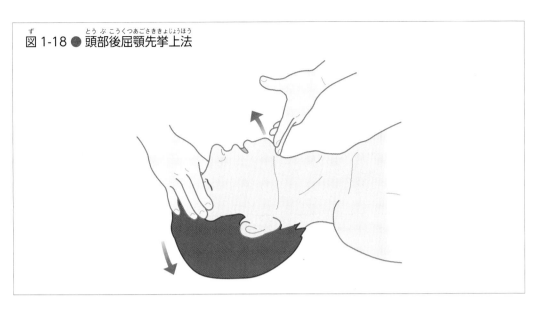

図 1-19 ● 気道閉塞を示す徴候

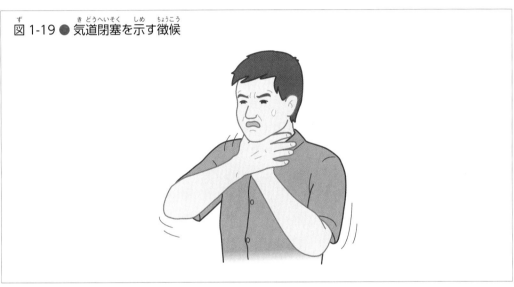

図 1-20 ● 指拭法

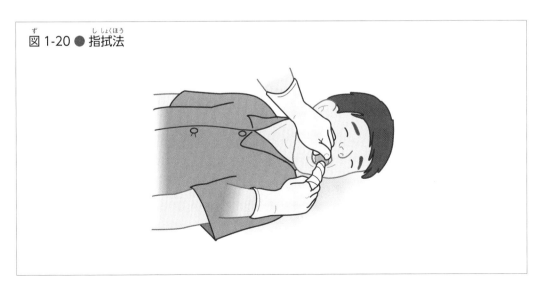

図 1-21 ● 指交差法

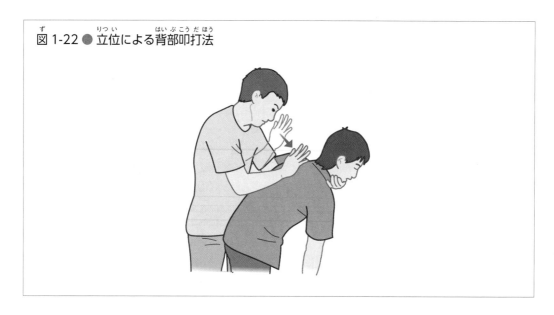

図 1-22 ● 立位による背部叩打法

図 1-23 ● 側臥位による背部叩打法

図 1-24 ● 乳児の場合の背部叩打法

　乳児の場合は，図 1-24 のように左上肢の上に乳児を乗せ，片方の手掌基部で肩甲骨のあいだを 4 〜 5 回叩打します。

ⅲ　腹部突き上げ法（ハイムリック法）

　意識のある傷病者に対して，上腹部を斜め上方に圧迫し，気道異物を取り除く方法です。これは，圧迫によって気道内圧を上昇させ，異物を排除することを目的としています。妊婦や乳児には，内臓損傷の危険があるので実施しません。

1．傷病者の後ろに回り，両方の手をわきの下から通し，片方の手をもう一方の手でつかんで，斜め上方にすばやく引き上げます（図1-25）。

2．座位の場合も立位と同様に傷病者の背部に回って手前上方に強く引き上げます（図1-26）。

図 1-25 ● 立位の腹部突き上げ法（ハイムリック法）

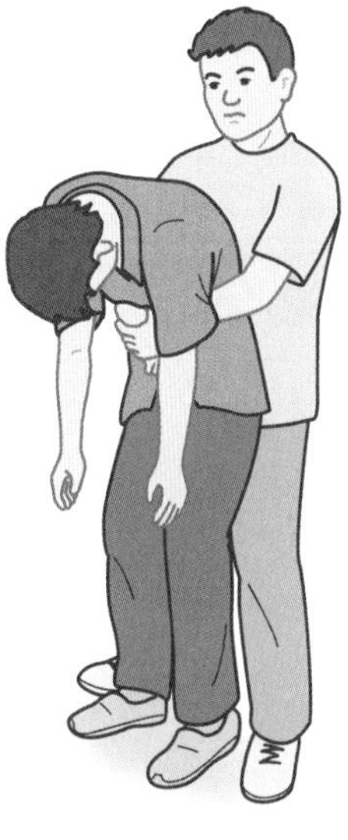

図 1-26 ● 座位の腹部突き上げ法（ハイムリック法）

3．異物が除去できても，内臓を破損している可能性があるので，医療機関を受診する必要があります。

(2) 人工呼吸

① 口対口人工呼吸法

ⅰ 図1-27のように傷病者の頭部側方に位置し，頭部後屈顎先挙上法で気道を確保したあと，前額部に当てている手の親指と人差し指で傷病者の鼻翼をつまんで鼻孔を閉じ，図1-28のようにみずからの口を傷病者の口より大きく開け，傷病者の口をすべておおって，呼吸がもれないよう密着させます。

ⅱ 胸を見ながら，胸の上がりが見える程度の量（500〜800ml）を，約1秒かけて静かに吹きこみます。吹きこみは2回までとします。

2回目の人工呼吸で胸の上がりが確認できなくても胸骨圧迫に進みます。

② 口対口人工呼吸法の長所と短所

口対口人工呼吸法は，特別な器具や，そのための準備を必要とせず，ただちに対応できます。また，1人でもできるので，効果が判定しやすいのが長所といえます。短所としては，危険性は低いものの感染の危険性があることや，服毒時の二次汚染などが心配されます。

③ 感染防止

人工呼吸を行うときは，感染の問題もあることから，可能であれば感染防護具の使用を考慮します。ただし，傷病者に危険な感染症（疑いを含む）がある場合，あるいは傷病者の身体が血液で汚染されている場合は，感染防護具を使用すべきです。直接傷病者と接することなくできる人工呼吸用携帯マスク（一方弁つき）が市販されています（図1-29）。

図 1-27 ● 気道の確保

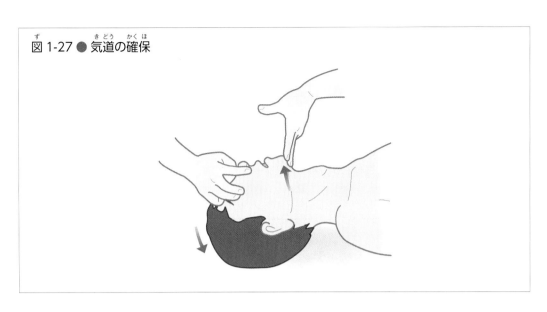

図 1-28 ● 呼気吹きこみ

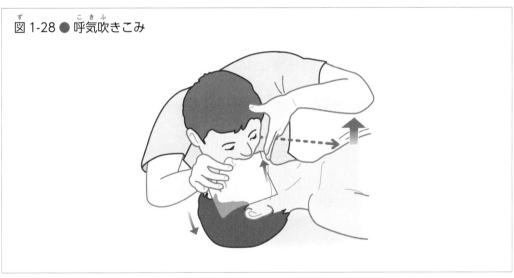

図 1-29 ● 人工呼吸用携帯マスク（例）

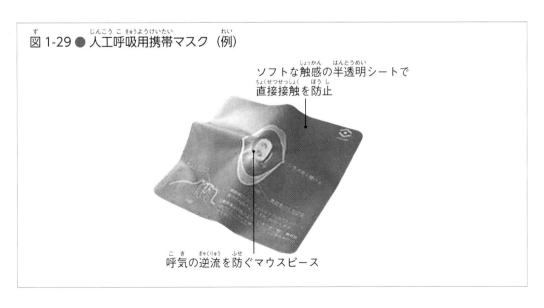

ソフトな触感の半透明シートで
直接接触を防止

呼気の逆流を防ぐマウスピース

第3節 清潔保持と感染予防

1. 感染予防

❶ 感染とは

　感染とは，病気の原因になる細菌やウイルスが人のからだの中に入りこんで，臓器や組織の中で増えつづけることをいいます。その結果として，熱が出るなど具合が悪くなることが感染症です。

　感染が起きる要因には3つあります。それは，①病原体（感染源）[8]（➡ p.86 参照），②感染経路[9]（➡ p.87 参照），③感受性のある宿主[10]（➡ p.87 参照）（感染を受けやすい人）であり，この3つの要因がそろうことで感染が起きます（図 1-30）。

図 1-30 ● 感染が成立する3つの要因と感染対策の3つの柱（イメージ）

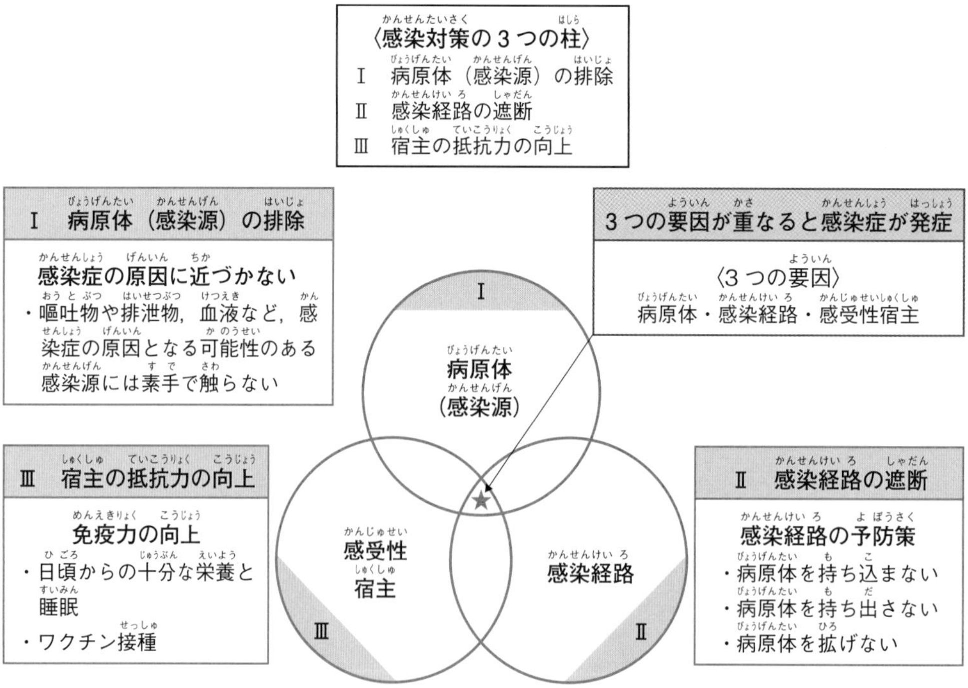

〈感染対策の3つの柱〉
Ⅰ　病原体（感染源）の排除
Ⅱ　感染経路の遮断
Ⅲ　宿主の抵抗力の向上

Ⅰ　病原体（感染源）の排除

感染症の原因に近づかない
・嘔吐物や排泄物，血液など，感染症の原因となる可能性のある感染源には素手で触らない

3つの要因が重なると感染症が発症

〈3つの要因〉
病原体・感染経路・感受性宿主

病原体（感染源）

感受性宿主

感染経路

Ⅲ　宿主の抵抗力の向上

免疫力の向上
・日頃からの十分な栄養と睡眠
・ワクチン接種

Ⅱ　感染経路の遮断

感染経路の予防策
・病原体を持ち込まない
・病原体を持ち出さない
・病原体を拡げない

〈感染対策の3つの柱〉Ⅰ　病原体（感染源）の排除，Ⅱ　感染経路の遮断，Ⅲ　宿主の抵抗力の向上
Ⅰ～Ⅲの感染対策の柱を実行していくためには，「標準予防策（スタンダード・プリコーション）」や「感染経路別予防策」と呼ばれる基本的な対応を徹底すること等が必要です。

出典：厚生労働省老健局『介護現場における感染対策の手引き 第3版』p.5，2023 年を一部改変

---

❷ 地域集団，施設・組織としての予防策

　感染の予防には，感染の原因となる細菌やウイルス[11]（➡ p.87 参照）（病原体）の排除，感染経路の遮断，宿主の抵抗力を強くすることが重要です。集団の場所ではとくに，感染予防の基本となる手洗いやうがいなどを徹底して，感染への抵抗力が低下している人に感染させないことと，手袋やガウン等の着用により自身が感染しないことが大切です。いったん感染症が介護現場に持ちこまれると集団発生となりやすいため，発生した場合は最小限に食い止めることが重要です。

　また，汚物・廃棄物の適切な処理，温度・湿度の調整，換気などの療養環境の整備により，感染のもととなる細菌やウイルスを繁殖させない環境をつくる必要があります。日ごろの感染対策として**標準予防策（スタンダード・プリコーション）**[12]（➡ p.87 参照）を実施します（表1-9，図1-31）。

　ケアを行ううえでは以下の3つがポイントです。

① 感染しているかどうかにかかわらず，血液等の体液（汗を除く）は，すべて感染性があるものとみなし，必ず手袋を着用して触れる。

② 目・鼻・口腔内等の粘膜は必ず手袋を着用して触れる。

③ 正常でない皮膚（発疹や傷等）には必ず手袋を着用して触れる。

　サービス施設および事業所においては，集団感染のリスクが高いことから，感染対策と

表1-9 ● 標準予防策（スタンダード・プリコーション）

予防方法	予防策を実施する状況
手指消毒・手洗い実施	血液，体液（汗を除く），分泌物（痰や唾液），嘔吐物，排泄物（便や尿），傷のある皮膚や粘膜に接触したときや，手袋をはずしたあとに実施する。誤って手に付着した場合には，流水と石けんでよく手洗いを行う。
手袋	血液，体液（汗を除く），分泌物（痰や唾液），嘔吐物，排泄物（便や尿），傷のある皮膚や粘膜に接触するときに装着する。汚染された寝具や衣類の交換など，これらを触るときも手袋を装着する。
マスク・ゴーグル・ガウン	血液，体液（汗を除く），分泌物（痰や唾液），嘔吐物，排泄物（便や尿）が飛び散る可能性のあるケアを行うときに装着する。
汚染した器具やリネンの消毒等	リネンや機器・器具等が汚染した場合には，決められた安全で適切な方法で消毒・処理・清掃を行う。鋭利な器材などは適切に取り扱う。
咳エチケット（マスクの着用）	風邪やインフルエンザなどの感染症症状のある人がくしゃみや咳をする場合，飛沫が飛ばないように口と鼻をティッシュペーパーでおおうようにする。口や鼻に接した部分には手を触れないように，ごみ箱に捨てるようにする。

図 1-31 ● 日頃と感染症流行時の予防策

日頃の対策	**標準予防策** （スタンダード・プリコーション） 基本的な感染予防策	汗を除く全ての体液, 血液, 分泌物, 排泄物は感染の危険性があるものとして取り扱う

		内 容
		手指衛生, 手袋, マスク, エプロンなど個人用感染防護具（PPE）の装着やケアに使用した器具の洗浄・消毒, 環境対策　など

＋

感染症流行時の対策	**感染経路別予防策** 空気予防策 飛沫予防策 接触予防策	標準予防策を行い, さらに以下の対応を行う

	内 容
	〈主な病原体〉結核菌, 麻しんウイルス等 N95マスク　など
	〈主な病原体〉インフルエンザウイルス等 マスク※1, ゴーグル　など
	〈主な病原体〉ノロウイルス, ヒゼンダニ※2等 ガウン（またはエプロン）, 手袋　など

※1：原則, サージカルマスク
※2：疥癬はヒゼンダニによる感染
出典：厚生労働省老健局『介護現場における感染対策の手引き 第3版』p.13, 2023年を一部改変

して委員会の設置・開催, 指針の整備, 定期的な研修の実施などが基準省令で求められています。通所系サービスや訪問系サービスにおいても同様な取り組みが大切です。

❸ 手洗いが感染予防の基本

　感染が起こるのは, 菌の数が一定量を超えたときです。したがって, 菌の数を減らすことが感染予防に大きくつながります。

　感染予防のもっとも有効な方法は手洗いです。手洗いは「1つのケアごと」に「ケアの前後」に行います。健康な介護職は感染しないような細菌であっても, 抵抗力の弱い状態の利用者には感染することもあります。必ず手洗いをし, 清潔な手でケアを行います。

　汚染された手を洗うことで, 介護職自身の感染を防ぎます。また, ケアの実施後に手洗いを行わないことで, 感染の**媒介**[13]（➡ p.87 参照）となってしまうことにもなります（図1-32）。これらを防ぐためにも, 手洗いは徹底しましょう。

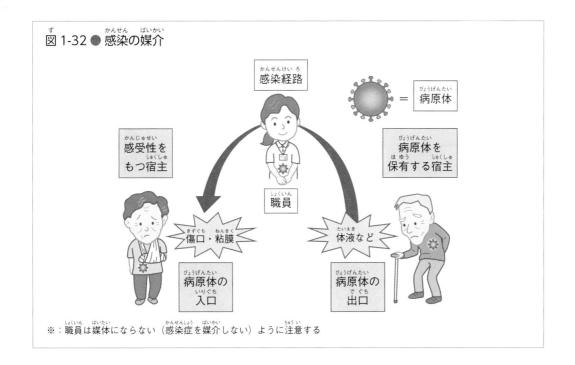

図1-32 ● 感染の媒介

病原体

感染経路

感受性を
もつ宿主

病原体を
保有する宿主

職員

傷口・粘膜

体液など

病原体の
入口

病原体の
出口

※：職員は媒体にならない（感染症を媒介しない）ように注意する

❹ 流水にまさる消毒薬はない

　手洗いの方法を図1-33に示します。基本的な手洗いは，流水と石けんでもみ洗いを行います。指のあいだや手首まで洗えるよう，指輪や腕時計ははずします。指先や爪のあいだ，指のあいだは忘れがちなので，意識して実施するようにしましょう（図1-34）。このような手洗いは15秒以上かけて行います。手洗いに使用する石けんはできれば液体のもののほうが望ましくよく泡立てて使います。手洗い後は，ペーパータオルか乾燥した清潔なタオルでよくふき乾燥させます。濡れたタオルは細菌の**温床**[14]（➡ p.87 参照）となりますので，手洗い後の手を，濡れたタオルでふくことは避けましょう。

❺ 消毒液を用いて手指消毒を行う方法

　流水の設備がない場合や，感染者への生活支援を行う場合には消毒液を用いて手指消毒をします。消毒液を使うときにも，やはりまず流水で手を洗ってから使ったほうが効果は大きくなります。

　エタノール含有の速乾性手指消毒液を手に取り，手洗いの方法同様に指先や手のひら，手の甲，指のあいだ，親指，手首まで消毒液をすりこむようにします（図1-35）。消毒液はすりこんでいるうちに乾燥してきますが，乾燥することで薬効が出ますので，途中で消毒液をふき取らないようにし，よく乾燥させてください。

　連続するケアの場面では，基本的な手洗いと手指消毒を組み合わせながら実施していき

図 1-33 ● 手洗いの方法

① 指輪や腕時計などをはずす

② 石けんをつけて手のひらをこする

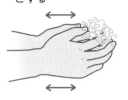

③ 手の甲をこする

④ 指先で手のひらをこする

⑤ 指のあいだを洗う

⑥ 親指をつけ根まで反対の手のひらでこする

⑦ 手首を洗う

⑧ 流水で石けんを洗い流し，ペーパータオルでよくふき乾かす

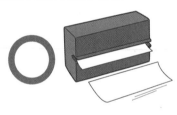

濡れたタオル

図 1-34 ● 手洗いにおける洗い残しの発生しやすい箇所

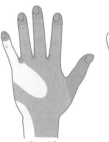

手の甲　　手のひら

■ 頻度が高い　■ 頻度がやや高い

出典：辻明良『病院感染防止マニュアル』日本環境感染学会，2001 年

ます。手に汚物等が付着しているなど，目に見える汚染がある場合には，必ず流水と石けんで手洗いを行います。最初に十分な手洗いを行ったあと，体液や汚物に触れないようなケアを行って手に汚染がない場合には，速乾性の手指消毒を行って次のケアに移ることもできます。

　速乾性の手指消毒液を使いやすい場所（利用者の誤飲につながらない場所）に置いておくか，ケアを行う介護職自身が携帯型の手指消毒液を持ち運び，ケアの途中で消毒[15]（→p.87参照）を行うなどの工夫をしておくとよいでしょう。感染予防には頻回の手洗いが欠かせませんが，肌の弱い人などは手荒れを起こしやすいので注意しましょう。荒れた手には菌がつきやすくなります。

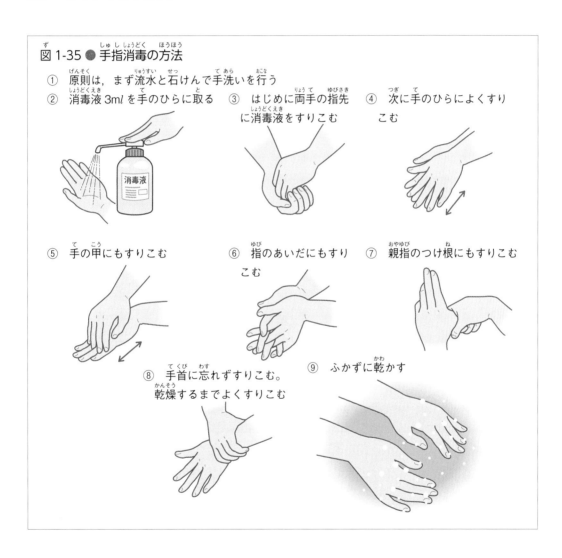

図 1-35 ● 手指消毒の方法

① 原則は，まず流水と石けんで手洗いを行う
② 消毒液 3ml を手のひらに取る
③ はじめに両手の指先に消毒液をすりこむ
④ 次に手のひらによくすりこむ
⑤ 手の甲にもすりこむ
⑥ 指のあいだにもすりこむ
⑦ 親指のつけ根にもすりこむ
⑧ 手首に忘れずすりこむ。乾燥するまでよくすりこむ
⑨ ふかずに乾かす

2. 介護職の感染予防

❶ 介護職の健康管理

　介護職は，多くの利用者や家族，ほかの職員と接触する機会があり，感染源となる細菌やウイルスを受ける危険性が高いと考えられます。このように接触する機会が多いということは，感染の媒体[16]（➡ p.87 参照）となる機会も多いということになります。「感染する」「感染させる」機会を軽減するためにも，介護職自身の健康管理が重要です。

　健康管理の方法として，規則正しい生活，ストレスを軽減できる生活を送ることが必要です。手洗いに努めるとともに，食生活を整える，十分な睡眠・休息をとるなど体調を整えます。

　また，次のような取り組みを徹底していくことが重要となります。

・標準予防策（スタンダード・プリコーション）の実施
・感染症の予防接種の実施
・定期的な健康診断の受診
・体調不良時の早期対応等の学習と実施

❷ ワクチン接種

　ワクチン接種で予防可能な感染症があります。感染症に対する自分自身の抗体[17]（➡ p.88 参照）の有無を確認し，抗体のない感染症についてはワクチンを接種することで感染を予防することができます。

　おもな予防接種には，表 1-10 のようなものがあります。ただし，予防接種を受ける場

表 1-10 ● 予防接種の種類

予防接種の種類	実施
インフルエンザワクチン	毎年接種することが推奨される
B型肝炎ワクチン	医療処置をする者の場合は，採用時までに接種することが推奨される
麻疹（はしか）ワクチン 風疹（3日ばしか）ワクチン 水痘（みずぼうそう）ワクチン 流行性耳下腺炎（おたふく風邪）ワクチン	これまでかかったことがなく，予防接種も受けていない場合は，入職時までに接種することが推奨される また，感染歴やワクチンの接種履歴が明確でない場合は，抗体検査を行って免疫の有無を確認しておくことが望まれる

合には，医師からその効果と副作用について説明を受け，相談のうえで実施することが必要です。

❸ 使い捨て手袋やガウン等の使用

▶▶ 使い捨て手袋の使用

　血液，体液（汗を除く），分泌物（痰や唾液），嘔吐物，排泄物（便や尿），損傷のある皮膚，粘膜に接触する可能性がある場合には，医師・看護職とよく相談し，その必要性や，注意するべき事柄を十分共有したうえで，使い捨て手袋を装着します。使い捨て手袋は1回のケアごとに交換することを徹底し，同じ利用者のケアであっても，ケア実施後には使い捨て手袋をはずして手洗いを行い，新しい使い捨て手袋を使用して別のケアを行います。血液や体液[18]（→ p.88参照），分泌物，排泄物等で汚染された寝具や寝衣の交換も使い捨て手袋を使用して実施します。その理由は自分自身を感染から守るため，さらに，ほかの利用者や同じ利用者のほかの部位に感染を広げないためです。

　使い捨て手袋を使用した場合でも，感染予防は万全ではありません。使い捨て手袋の製造過程や，ケアの途中で小さな穴があいてしまう場合などが考えられ，使い捨て手袋をはずしたあとは，必ず手洗いまたは手指消毒を行うことが重要です。なお，使い捨て手袋をはずすときは，汚染した側が内側になるようにはずします。

　気管カニューレ内部の吸引の場合は，利用者と自分を感染から守るために，基本的に滅菌[19]（→ p.88参照）された清潔な手袋を両手に使用します（セッシ[20]（→ p.88参照）を使用する場合もあります）。

▶▶ マスク，ゴーグル，ガウン，エプロンの使用

　目，鼻，口に血液，体液（汗を除く），分泌物（痰や唾液），嘔吐物，排泄物（便や尿）が飛び散る可能性があるケアを行うときや，粘膜に接触するときにはマスクやゴーグルを使用し防御します。喀痰吸引時にひどくむせて，痰や唾液が飛ぶ可能性がある場合，さらに吸引の刺激により嘔吐が誘発されてしまう場合，排泄物が非常にゆるい場合等が考えられます（表1-11）。マスクは，口と鼻をしっかりおおい，空気がマスクの隙間から入らないように装着し（図1-36），はずすときは片方ずつ耳のゴムひもをはずし，表面を素手で触れないようにします。

　ケアの最中に衣服や皮膚に血液，体液，分泌物，嘔吐物，排泄物が付着してしまい，すぐに洗浄することが困難な場合があります。その後そのままの状態でほかの利用者にケアを行うと，細菌やウイルスをほかの利用者に運んでしまう可能性があります。このような状況を防ぐため，ガウンやエプロンを使用する必要があります。

　マスク，ガウンやエプロンは使い捨てのものが望ましく，目に見える汚染の有無にかか

表1-11 ● ケア内容と防護の必要性

ケア内容	防護の状況			
	手袋	ガウンやエプロン	マスク	ゴーグル
汚染リネンの交換	必要	必要	必要	
血液や体液付着物の洗浄	必要	必要	飛散	飛散
排泄物処理（おむつ）	必要	排泄物がゆるい場合		
気管内・口腔内吸引	必要	飛散	飛散	飛散
経管栄養	必要			

注：飛散がありそうであれば防護が必要であることを「飛散」と表現する。

図1-36 ● 正しいマスクの着用

よくない着用
・鼻が出ている
・マスクを顎にかけている
・ひもがゆるい

① ゴムひもは外側にして，プリーツ（ヒダ）を下に伸ばしてマスク全体を広げます。

② 顔にあて，ノーズピースを鼻の形にあわせ，顎の下まで伸ばします。顔にフィットさせながら，耳にひもをかけます。

わらず，1人の利用者のケア終了後にはずすようにします。

④ 介護職に切り傷がある場合や風邪の場合

　介護職に切り傷がある場合や介護職が風邪をひいている場合には，利用者に感染させることのないように対応していく必要があります。とくに指に傷がある場合には，絆創膏をしていても必ず手袋を使用してケアを行います。経管栄養の準備の際には，手袋を必ず使用します。

　風邪をひいている場合，咳やくしゃみによる，細菌やウイルスの飛散を防ぐため必ずマスクを使用します。マスクは，できるだけ使い捨てのものとします。また，マスクをはずした際に咳やくしゃみが出るときには，すぐにティッシュペーパーで口をおおうようにし，口にあてた部分に手を触れないようにして処理します。

3. 療養環境の清潔，消毒法

清潔であるということは衛生管理がゆきとどいて，病原菌などが発生・増殖しにくい状態をさします。

❶ 居室，トイレ，キッチン

利用者が毎日過ごす居間やトイレ，キッチン，寝室などの療養環境は，利用者が感染性の疾患にかかっていなければ，特別な消毒等の必要はありません。ふだんどおりに清掃を行い，温度・湿度の調整，換気をするなど，清潔に保てば問題はありません。ドアノブ，手すり，ボタン，スイッチなどは，多くの人が頻繁に触れる部位です。適宜，消毒（消毒用エタノール等）をして清潔にすることが望ましいです。

洗濯や食器類は，家族のものといっしょに，通常の洗剤で洗って構いません。

シーツや布団カバー，枕カバーなどのリネンを取り替えるときは，室内にほこりなどを舞い上げないように注意します。また，よごれたリネンは，利用者の肌に直接触れていた面を内側にして小さくまとめ，洗濯室まで運びます。こうすることで，シーツ等に付着している細菌やよごれを室内に落とすことがありません。

トイレは，家庭用のトイレ用洗剤を用いて通常どおりの清掃を行います。

キッチンは，経管栄養の準備などを行いますので，シンクや調理台などをできる限り清潔にしておきましょう。食中毒を予防するには，栄養剤注入用の容器をよく洗浄し，乾燥させる必要があります。つるして干したり，**食器乾燥機**[2]（➡ p.88 参照）を使用したりと，十分に乾燥できるよう環境を整えます。容器によごれが残っていたり，乾燥が不十分だったりする場合には，細菌が繁殖したりかびが生えたりします。細菌やかび等は，食中毒の原因にもなりますので十分に気をつけましょう。

リネンや床，壁，カーテン等に血液，汗以外の体液（唾液，涙，鼻水など），分泌物（膿，痰），嘔吐物，排泄物（便や尿）が付着した場合には，消毒薬等を用いてふき取ったり，浸漬（つけ置き）したりして，汚染を取り除き清潔にします。

❷ 血液，体液，分泌物，嘔吐物，排泄物（便や尿）のついたもの

血液，体液，分泌物（痰や唾液），嘔吐物，排泄物（便や尿）には病原菌のある場合があります。決して素手で触ってはいけません。必ず使い捨ての手袋をして処理してください（図 1-37）。

嘔吐や下痢をした場合は，感染性胃腸炎（ノロウイルス等）を想定してすみやかに処理

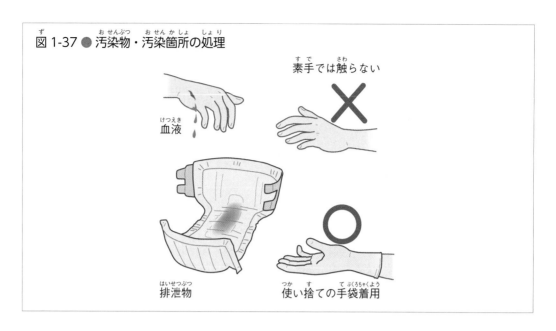

図 1-37 ● 汚染物・汚染箇所の処理

素手では触らない

血液

排泄物

使い捨ての手袋着用

します。手袋を着用し，嘔吐物を濡れたペーパータオルなどで包み，静かにふき取ります。「外側」から「内側」に向けてふき残しのないようにします。嘔吐物をふき取ったあと，うすめた次亜塩素酸ナトリウム液（0.02％）を布にしみこませて，汚染された部分をひろげないように，押さえるように床をふきます。消毒液をスプレーで吹きかけると，乾燥した病原体が舞い上がり感染の機会を増やしかねません。絶対に噴霧してはいけません。使用したペーパータオル等はビニール袋に入れて密閉して処理します。おむつ等はすみやかに閉じて排泄物等を包みこみ，ビニール袋に密閉して廃棄します。ノロウイルスの感染が疑われるときには，マスクやガウンをつけます。

　血液等の汚染物が付着しているところは，手袋を着用し，消毒薬を用いて清拭・消毒します。

　リネンや器具類は，うすめた次亜塩素酸ナトリウム液（0.05〜0.1％）につけたあとに洗浄します。次亜塩素酸ナトリウムは，哺乳びんの消毒用等で市販されています。このほか，市販されている家庭用の食器漂白剤も消毒薬として使えます。使用する際は注意書きをよく読み，手袋の装着およびマスクやゴーグルの着用も指示に従ってください。

❸ 医療廃棄物の処理

　医療廃棄物[22]（→ p.88 参照）とは，医療行為の際に使用したあとの注射器や針，ガーゼや脱脂綿，チューブ類などのことです。医療ニーズが高まっている今日，家庭等から出される医療廃棄物も増えてきています。医療廃棄物の処理については，医師・看護職とよく相談をして定められた方法で処理します。家庭から出る廃棄物は，一般ごみとしての扱いとなるので，原則として区市町村のルールに従います。廃棄前に必ず区市町村のホームペー

ジで確認をするか，直接問い合わせをします。医療廃棄物は，感染症を引き起こす原因にもなりかねません。適切に処理することが重要です。

　注射針などの鋭利なもので「感染等への留意が必要なもの」については，直接手に触れないよう，針がつき抜けないような容器に入れて，かかりつけの医療機関もしくは薬局に持参し，処理してもらいます。「感染等への留意が不要なもの」であるチューブ類，紙おむつ，ガーゼや脱脂綿については，通常，一般ごみとして処理します。このとき，吸引チューブやガーゼ・脱脂綿に血液や体液などが付着している場合などは，紙袋に入れるなど，外から見えない工夫をします。また，紙おむつの場合にも，便など排泄物はできる限りトイレに流し，紙おむつを新聞紙にくるむなど，外から見えないように工夫をして，一般ごみとして処理します（表1-12）。

表1-12 ● 医療廃棄物の処理

分類		廃棄物の種類	処理方法
鋭利なもの	取り扱いによっては感染等への留意が必要なもの	医療用注射針，注射器など（未使用の物も）	かたい容器に入れて，医療機関・薬局に持参しての処理依頼もしくは許可業者に委託して処理する
鋭利でないもの	通常，感染等への留意が不要なもの	吸引チューブ，経管栄養チューブ，脱脂綿・ガーゼ，紙おむつなど	漏れないよう袋へ密閉し，地域のルール（各自治体に確認のこと）に従って廃棄もしくは許可業者に委託して処理する

※鋭利なもののうち，ペン型自己注射針は，針ケースを装着した場合，感染等への留意は不要となる。
出典：環境省在宅医療廃棄物の処理の在り方検討会「在宅医療廃棄物の処理に関する取組推進のための手引き（平成20年3月）」(https://www.env.go.jp/content/900534296.pdf) p.12 より作成（簡略化），東京都環境局『感染性廃棄物を適正に処理するために（平成30年11月）』より一部加筆して引用

バイオハザードマーク
厚生労働省では，感染性廃棄物を入れた容器には，関係者がひと目で感染性廃棄物であることを識別できるようにバイオハザードマークを添付することを奨励しています。
バイオハザードマークは，廃棄物の種類によって3種類あります。
①赤色：血液など液状，泥状のもの
　梱包方法・容器の材質など：廃液などが漏洩しない密閉容器
②黄色：注射針，メスなど鋭利なもの，分別排出が困難なもの
　梱包方法・容器の材質など：耐貫通性のある堅牢な容器
③橙色：血液などが付着したガーゼなど固形状のもの
　梱包方法・容器の材質など：丈夫なプラスチック袋を二重にして使用するか，堅牢な容器

4. 消毒と滅菌
しょうどく めっきん

❶ 消毒と滅菌について
しょうどく めっきん

　地球上には，顕微鏡でしか見ることのできない微小の生物である微生物が存在します。
ちきゅうじょう けんびきょう み びしょう せいぶつ びせいぶつ そんざい
一般的には，細菌，かび，ウイルスなどをさします。身体にとって有害な感染症を引き起
いっぱんてき さいきん しんたい ゆうがい かんせんしょう ひ お
こす病原性のあるものもあれば，腸内細菌など身体にとって有益なものもあります。
びょうげんせい ちょうないさいきん しんたい ゆうえき

　消毒とは，病原性の微生物を死滅させること，または弱くすることです。
しょうどく びょうげんせい びせいぶつ しめつ よわ

　滅菌とは，すべての微生物を死滅させること，または除去することです。
めっきん びせいぶつ しめつ じょきょ

　つまり，消毒ではすべての微生物を死滅させることはできません。すべての微生物を死
しょうどく びせいぶつ しめつ びせいぶつ し
滅させることが必要な場合には，滅菌を行います。滅菌してあるものを使うときというの
めつ ひつよう めっきん めっきん つか
は，たとえば，気管カニューレ内部の吸引のときです。肺や気管の中には，通常，病原性
きかん ないぶ きゅういん はい きかん なか つうじょう びょうげんせい
の微生物はいませんので，外部から持ちこんではいけません。そのためには，滅菌されて
びせいぶつ がいぶ も めっきん
いる吸引チューブや手袋等の物品・器具を使用する必要があります。
きゅういん てぶくろとう ぶっぴん きぐ しよう ひつよう

　滅菌は，専用の施設・設備で，**酸化エチレンガス**㉓ (➡ p.88 参照) や **高圧蒸気**㉔ (➡ p.88 参照)，
めっきん せんよう しせつ せつび さんか こうあつじょうき さんしょう
放射線等を用いて行います。在宅においては，滅菌をすることはできません。そこで，滅
ほうしゃせんとう もち おこな ざいたく めっきん めっ
菌ずみの物品を使わなければならない場合には，かかりつけの医療機関や業者から入手す
きん ぶっぴん つか ばあい いりょうきかん ぎょうしゃ にゅうしゅ
ることになります。そして，滅菌ずみのものは，滅菌ずみであることが明確にわかるよう
めっきん めっきん めいかく
に目印があります。たとえば，滅菌検知テープの場合は滅菌ずみではテープの色が変化し
めじるし めっきんけんち ばあい めっきん いろ へんか
ます。あるいは，滅菌検知カードの場合にはカードの表示が変わったり色が変わったりし
めっきんけんち ばあい ひょうじ か いろ か
ます。また，滅菌バッグ自体に滅菌ずみだと表示の色が変わるプリントがされている場合
めっきん じたい めっきん ひょうじ いろ か ばあい
があります。いずれも，滅菌ずみだと表示がどのように変化するのかを，あらかじめ知っ
めっきん ひょうじ へんか し
ておくことが必要です。
ひつよう

　滅菌物を使用する前には，次の３つを確認します。①滅菌ずみの表示，②滅菌物の有効
めっきんぶつ しよう まえ つぎ かくにん めっきん ひょうじ めっきんぶつ ゆうこう
期限（使用期限），③開封していないことです。万が一，使用前に封が開いていたらその
きげん しようきげん かいふう まん いち しようまえ ふう あ
滅菌物は汚染しているとみなし，使用することはできません。
めっきんぶつ おせん しよう

Mini 知識
ちしき

清潔と不潔
せいけつ ふけつ

一般的に「不潔」というと，すごくきたならしいとか，衛生的ではないというイメージがあるかと
いっぱんてき ふけつ えいせいてき
思います。医師・看護職が，「それ不潔だから」というような場合，一般の人と使い方が違います。
おも いし かんごしょく ふけつ ばあい いっぱん ひと つか かた ちが
医師・看護職の言葉で「不潔」というのは，衛生的でない，という意味ではなく，「菌がついてい
いし かんごしょく ことば ふけつ えいせいてき いみ きん
るであろう」という意味で用います。逆に「清潔」とは，「無菌であろう」という意味で使います。
いみ もち ぎゃく せいけつ むきん いみ つか
たとえば，手をきれいに洗ったとしても，その手で水道の蛇口に触れれば，その手は「不潔」にな
て あら て すいどう じゃぐち ふ て ふけつ
ります。手指消毒をした手は清潔であっても，その手でどこかに触れれば「不潔」になります。
しゅししょうどく て せいけつ て ふ ふけつ

滅菌ほど厳密に微生物の侵入を阻止しなくてもよい場合の器材や体内に入れない場合の物品等は，消毒で構いません。たとえば，口腔内や鼻腔内にはすでにたくさんの**常在菌**[25]（➡ p.89 参照）がいるため，気管内のように滅菌の手袋をする必要はありません。

消毒のおもな方法には，熱水によるものと薬液によるものとがあります。熱水消毒には家庭用の食器洗浄機を利用します。すすぎ工程のところで，80℃ 10 分程度のすすぎができれば，MRSA（メチシリン耐性黄色ブドウ球菌）[26]（➡ p.89 参照）や大腸菌などの細菌のほか，B 型肝炎ウイルスや HIV（ヒト免疫不全ウイルス）などのウイルスにも効果が期待できます。薬液による消毒には，次亜塩素酸ナトリウムやアルコールを使用します。

ケアの場面では手指消毒が重要です。基本は流水と石けんによる手洗いですが，利用者の負担を考えて時間をあまりかけずにケアを終了させたい場合や手を洗いに行くことができない場合には，エタノール含有の速乾式手指消毒液を用います。この薬剤にはベンザルコニウム塩化物という消毒薬とアルコールが含まれており，**細菌叢**[27]（➡ p.89 参照）を抑制することができます。手全体に消毒薬をすりこみ，よく乾燥させます。しかし，目に見えるよごれのない場合に限ります。もしよごれている場合には，速乾性の手指消毒液ではよごれは落ちないため，石けん・流水での手洗いを必ず行いましょう。

❷ 消毒薬の使い方と留意点

おもな消毒薬とその留意点を，表 1-13 にまとめています。

次亜塩素酸ナトリウムは，「❷ 血液，体液，分泌物，嘔吐物，排泄物（便や尿）のついたもの」（☞第 5 巻 p.63）でも紹介しましたが，汚染したリネン類の洗浄や食器類の洗浄消毒に有効です。家庭用に販売されている液体の塩素系漂白剤，殺菌剤（洗濯用，キッチン用，哺乳びんの殺菌用など）などに使用されています。

しかし，次亜塩素酸ナトリウムは，市販されている漂白剤においても「**混ぜるな危険**[28]（➡ p.89 参照）」などの注意書きにあるように，塩素系漂白剤と酸性洗剤（トイレ用の洗剤など）が混ざることによって黄緑色の有毒な塩素ガスが発生し危険なので，決して混ぜることのないように，使用時には十分注意が必要です。

アルコールは，皮膚消毒としても一般的で，70 〜 95％の消毒用エタノールを使用します。部屋のドアノブ，吸引等のケアに必要な物品を並べる台等の清掃にも有効です。

ベンザルコニウム塩化物やベンゼトニウム塩化物は，速乾性の手指消毒液として使われており，器材の消毒等でも利用します。

表1-13 ● 消毒薬の種類・特徴と使用上の留意点

消毒薬	使用濃度	消毒対象	留意点
次亜塩素酸ナトリウム注1	0.0125～0.1%	経管栄養セット器具・器材	金属の腐食 強アルカリ性のため，酸性のものと混ぜると塩素ガスが発生
アルコール 消毒用エタノール	原液 (70～95%)	手指・皮膚 医療器具 器材やドアなど	引火性に注意する 粘膜や損傷部分には禁忌
ベンザルコニウム塩化物注2 ベンゼトニウム塩化物	0.1～0.5%	器材等 手指(0.1%)	誤飲に注意する 濃度間違いをしない

注1：ミルトン®やピューラックス®などが市販されている。
注2：オスバン，ハイアミン
出典：小林寛伊編『在宅ケアと感染制御』メヂカルフレンド社，p.168，2005年，服部万里子『ケアワーク・スキルアップ⑤感染症・衛生管理の知識と心構え』ひかりのくに，p.49，2006年，厚生労働省老健局『介護現場における感染対策の手引き 第3版』2023年をもとに作成

表1-14 ● 消毒液のつくり方（次亜塩素酸ナトリウムの希釈液）

〔0.1%次亜塩素酸ナトリウムのつくり方〕

原液の濃度	商品名	希釈倍数	原液	水	消毒液（希釈液注1）
1%	ミルトン®	10倍	100ml	900ml	1000ml
5%	キッチンブリーチ注2	50倍	20ml	980ml	1000ml
6%	ピューラックス®	60倍	17ml	983ml	1000ml

〔0.01%次亜塩素酸ナトリウムのつくり方〕

原液の濃度	商品名	希釈倍数	原液	水	消毒液（希釈液）
1%	ミルトン®	100倍	10ml	990ml	1000ml
5%	キッチンブリーチ	500倍	2ml	998ml	1000ml
6%	ピューラックス®	600倍	1.7ml	998.3ml	1000ml

注1：希釈液は，原液に水などを加えて薄めた液体のこと。次亜塩素酸ナトリウムの濃度はいろいろある。使用濃度を正確に守ることが重要。
注2：キッチンブリーチは，医薬品ではない。製品会社公表の濃度。

第<ruby>4<rt>せつ</rt></ruby>節

健康状態の把握

日

1. 身体・精神の健康

❶ 健康とは

　私たちが日ごろ生活しているなかで,「健康」ということを意識したり, 考えたりすることはそれほどありません。なぜなら「健康」であるということは, それを意識せず「自分らしい日常生活を送る」ことができるということだからです。私たちは, 病気やけがで治療を受けたり入院をしたりして,「自分らしい日常生活」を送れなくなったときにはじめて「健康」のありがたさを意識し, どうすれば, それを取り戻せるかを考えることになります。こう考えると, 健康には明確な定義があるわけではなく, その人が「自分らしい日常生活を送る」ことが健康なのであって, 人により**健康の定義**[20]（➡ p.89 参照）は異なるといえます。

❷ 平常状態について

　一方, こうした健康な状態と不健康な状態（病気）には明確な境界線があるのでしょうか? 　たとえば, 仕事量が増し残業が増え, ここ数日ろくに睡眠もとれていない状況を考えてみましょう。こうした日々が続けば身体がだるく感じるでしょう。仕事の能率も上がらないと思います。さらに, そのストレスから食欲も減少するでしょう。こうなってしまっては健康な生活を送っているとはいえません。しかし, 私たちは通常, 週末に身体を休めたり, ストレス発散に出かけたり, おいしいものを食べたりすることによって「自分らしい日常生活」を送れるよう, 自分自身の生活を軌道修正します。つまり, 健康と不健康（病気）のあいだには明瞭な境界線があるわけではなく, より健康な状態と, より不健康な状態の一直線上を行ったり来たりしているのです。

　生活は, 一人ひとりが営んでいます。生活している人の内部でどのようなことが起きているのか, 生活することでどのように変化しているのか日々明らかにすることが必要です。自分で健康を維持したり回復したり, 動的に変化させられる力に注目したフーバー (Huber, M.) らは, 2011 年に「**適応してセルフマネジメントする力**[30]（➡ p.89 参照）」としてみることを提唱しています。

　このように健康とは, その人らしく日常生活を送ることであり,「その人」の年齢や生活様式, さらに価値観によっても異なってきます。健康状態とは, 健康という境界線で仕

第 1 章　医療的ケア実施の基礎　　69

切られた領域にいるのではなく，健康－不健康（病気）という天秤のバランスによって決められており，常に身体が平常状態を保てるように行動でき，またそのバランスを保てる能力があることが，健康であるともいえるのです。

2. 健康状態を知る項目（バイタルサインなど）

❶ 健康な状態

　健康とは「自分らしい日常生活を送ることができる」ことです。自分らしい日常生活を送るための行動を動機づけるのが意欲です。健康であることが意欲を生みだすことになります。健康でない状態は，意欲を失う状態にもなるということを介護職は理解しておくことが必要です。

　介護職が，人間を社会生活のなかで「生きていく存在」としてとらえるならば，「健康状態」を知ることが重要な観察項目になります。「健康状態」がよいということは，その人に意欲があり，自分らしい日常生活が送れているということになります。

❷ 生活行動のなかでの観察

　測定器具を使わなくても，その人と話をする，外観や行動をよくみるだけでも，多くの情報を得ることができます。

　たとえば，ある利用者の自宅をはじめて訪問し，呼び鈴に応じ玄関まで出てきたという状況を想定してください。あいさつのあと，部屋に招いてくれました。ここからも多くのことがわかります（表1-15）。

表1-15 ● 状況からわかること

状況	わかること
【聴覚・言語の状態】 ・呼び鈴に応じている ・あいさつができている	・聴覚や言語能力は日常生活上問題ない ・見当識障害に支障はない
【移動の状態】 ・玄関まで出てきた ・部屋に招いてくれた	・視覚は保たれ，移動を支える筋・骨格系，神経系に関して問題はみられない。室内では，支障なく移動できる

❸ 身体，生活状況の観察

　介護職が利用者とかかわる場面では，多くのことを観察できます。例として，表1-16に示す内容が想定できます。

　入浴や排泄，衣服の着脱など介護職が行う生活支援場面で，行動や姿勢などを観察する

表 1-16 ● 観察の視点とわかること

観察する点	観察する内容	わかること
顔	・顔貌が仮面のように表情がとぼしくないか ・顔全体にむくみはないか ・顔色が，紅潮していないか，蒼白ではないか	・意欲の状態 ・健康状態
食事の場面	・食欲はあるか ・食事を口に運ぶ動作 　箸が使いづらそう 　手にふるえがある	・身体機能のおとろえ ・ストレスの有無 ・筋・骨格系や神経系の状態
皮膚の状態	・皮膚の張りやつやはあるか ・乾燥していないか	・栄養状態 ・水分摂取状態

ことは，利用者の状態を知ることになり，転倒や転落などの事故を未然に防ぐ介護行為につながります。

　さらに，利用者の生活行動をみるなかで，いつもと異なる点やちぐはぐな点がないかも確認します。もし，問題がある場合には認知症や**高次脳機能障害**[31]（→ p.89 参照）などが疑われます。認知症や高次脳機能障害の有無は健康に社会生活を営むうえで，大きく影響するものです。介護職の日常生活における観察が，他職種への報告につながり，利用者の生活を支える際の重要な情報となることを確認しましょう。

❹ バイタルサイン（vital signs）

　バイタルサインは，人が生きていくうえで最低限必要な生体情報です。人間を「生物として生きている存在」と考えるならば，呼吸によって取り入れた酸素が血液によって全身をめぐり，さらに体外からの異物に抵抗できる能力があることが「健康」といえます。その観察項目がバイタルサイン（vital signs），「生命（vital）徴候（signs）」です。バイタルサインには生きている私たちが外に向けて発しているサインすべてが含まれます。バイタルサインは異常の早期発見のための重要な観察項目であり，一般には体温，脈拍，呼吸，血圧をさし，場合によっては意識の状態も含めます（表 1-17）。

　バイタルサインを測定する目的は，①健康状態や平常状態の把握，②異常の発見，③異常の程度の把握などです。

▶▶ 体温

　体温とは生体の温度のことです。体温は，脳の視床下部にある体温調節中枢のはたらきにより，体内で産生された熱（熱産生）と，体外へ放出する熱（熱放散）によって一定に

表 1-17 ● 「いつもと違う状態に気づくための目安」バイタルサインの正常値（基準値）

	正常値	測定方法（目安）
体温	36 〜 37℃	平熱からどの程度変化しているかに注意する。個人差がある。早朝は比較的低く夕方になるにつれ高くなる性質がある。
脈拍	60 〜 80 回 / 分	1 分間の測定数をはかり，同時にリズムが一定であるかも確認する。
血圧	120mmHg 未満（収縮期）/ 80mmHg 未満（拡張期）	平常時の数値を把握し，変化の幅に注意する。時間帯や緊張する場所での測定でも値が変化する。
呼吸	呼吸回数 12 〜 18 回 / 分	呼吸回数と呼吸の方法をみる。「吸って吐く」を 1 回と数える。1 分間測定しながら，上下する胸郭および腹部をみる。ゼーゼー，ヒューヒューなどの異常音の有無や，苦しそうでないか，いつもと違う呼吸ではないかを確認する。
酸素飽和度（SpO$_2$）	95 〜 100%	パルスオキシメーターを装着した指先を水平もしくは下に下げ，指先を挙上しないようにする。
意識レベル	意識清明	呼びかけに対する反応をみて確認する。反応がある場合，はっきりした反応か，鈍くないかを確認する。反応がない場合，大きな声をかけたり痛みに対する反応をみることがある。身体を揺さぶって反応をみることは，状態によって危険なこともあるので注意が必要である。

注：数値は成人を対象。

コントロールされています。正常体温（腋窩温）は成人で 36.0 〜 37.0℃です。体温は基礎代謝の影響を受け，乳幼児では高く，高齢者では低めになります。また，外気温にも影響を受け，午後 2 〜 6 時がもっとも高くなり，運動や食事，精神的興奮によって上昇する傾向にあります。

体温測定[82]（➡ p.89 参照）は，わきの下（腋窩という）で行うのが一般的ですが，耳腔内や口腔内，場合によっては直腸で行うこともあります。体温を測定する体温計の種類には，腋窩体温計，耳式体温計，口腔体温計，直腸体温計などの種類があります。もっとも多く用いられる体温計である腋窩体温計には，「予測式」と「実測式」があり，測定時間や値に差が生じます。使用する体温計の説明書をよく読み使用します。いつも同じ部位で同じ体温計を使用して測定するようにします。利用者の年齢や状態から，医師から体温計の種類について指示があった場合は，その指示に従い測定します。

腋窩で測定する場合，発汗していると気化熱[83]（➡ p.90 参照）により実際の体温より低く測定されてしまうので注意が必要です（図 1-38）。また，高齢者や，やせている利用者の場合は正確に腋窩に密着せず，不正確な測定値になることがあります。介護職は腋窩に密

着しているか，角度は正しいかを確認する必要があります。

(1) 体温上昇

　体温上昇は，その原因によって「からだの中に熱がこもってしまって出る熱」と「感染などにより熱産生が増加して起こる発熱」に大別されます。

(2) からだの中に熱がこもってしまって出る熱

　「からだの中に熱がこもってしまって出る熱」の原因は病気によるものではなく，外部環境に影響されたものです。たとえば真夏の炎天下で長時間外出していたり，高温・多湿の部屋に長時間いたりすることによって生じます。高齢者では，加齢により暑さ寒さを感じにくくなり着衣や室温の適度な調節ができずにうつ熱を生じることもあります。体内の熱は体温調節機構によって体外へ放熱されますが，外部環境が高温・多湿・無風という条件下においては，放熱効率が悪くなり，結果として体温上昇を招くことになります。その体温調節機構に重要な役割を果たしているのが水分です。この対策としては，こまめな水分と塩分の補給，外部環境の整備があります。

(3) 感染による発熱

　一方，何らかの細菌やウイルスによる感染でみられる体温上昇（感染症による発熱）は，体内における熱産生のいちじるしい増加と末梢血管収縮による放熱の抑制によって

図1-38 ● 体温測定の方法

腋窩体温計の場合

① 体温をはかる前に汗をふく

② わきの下の中央より，やや前よりに下のほうから，くぼみに向かって差しこむ

③ 利用者自身で行う場合，体温計をはさんだ腕を上から押さえる

利用者自身ができない場合，体温をはかる側の腕を介護職の手でしっかり押さえる

非接触型体温計の場合

測定値は外気温など環境に左右される

起こります。特徴的な症状として，高熱であるにもかかわらず，体温上昇期では寒さ（これを悪寒という）を感じ，全身のふるえ（これを戦慄という）がみられます。また，放熱を抑制するために末梢血管が収縮するので，血流量が減少し，末梢の手や足は冷たく，また発汗がみられないのが特徴です。逆に体温下降期では，末梢血管が拡張し，血流量が増加するため，末梢の手や足は温かく，発汗が増大するのが一般的です。

悪寒や戦慄がみられた際は，全身を十分に保温し，体温上昇を手助けする必要があります。一方，体温下降期には，着替えを頻回に行って発汗を助けるとともに，失った水分と塩分を十分に補う必要があります。悪寒や戦慄の症状があるときは，感染が疑われるので，そのままにせず早急に医療との連携をはかることも重要です。

▶▶ 脈拍

心臓の収縮により血液が動脈に送りだされ，体表近くの血管壁がその弾性によって拍動し，脈拍として触れることができます。一般には橈骨動脈や上腕動脈にそって第2～4指の3指を触れて観察しますが，緊急時には総頸動脈で確認することもあります（図1-39）。正常は成人で1分間に60～80回程度ですが，運動や入浴，食事のあとには増加するので注意が必要です。なお，脈拍数が1分間に100回以上の状態を頻脈といい，リズムが乱れる場合を不整脈といいます（表1-18）。

表1-18 ● 脈拍の異常

頻　脈	脈拍が100回/分以上
不整脈	リズムが乱れる

▶▶ 呼吸

呼吸とは，肺において酸素を取り入れ，二酸化炭素を排出するはたらきであり，外呼吸

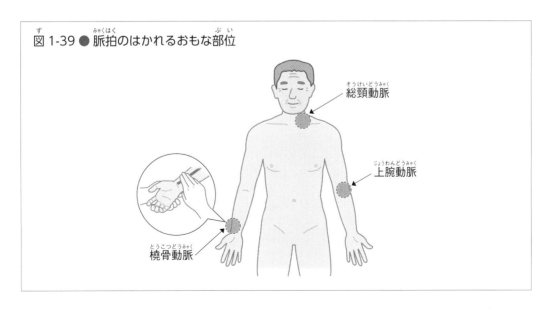

図1-39 ● 脈拍のはかれるおもな部位

総頸動脈

上腕動脈

橈骨動脈

（肺呼吸）と内呼吸（組織呼吸）からなります。1分間に12〜18回程度の規則的な呼吸が正常の目安とされています。ただし、呼吸は本人の意思で回数が変えられるので、観察しているということを意識されないように測定することが重要です。

　なお、換気（空気を吸って吐く）が不十分になると、肺胞から血中に入る酸素の量が減るため、低酸素状態となりますが、こうした状況を把握する手段として、チアノーゼ（口唇や爪床が青紫色になる）の有無を観察します。また、医師の指示にもとづき、経皮的に（皮膚表面から）測定する機器であるパルスオキシメーター[34]（➡ p.90参照）（図 1-40）を用いて、動脈の血液中の酸素の量（動脈血酸素飽和度）を調べる方法があります。パルスオキシメーターで測定した値を「経皮的動脈血酸素飽和度（SpO_2）」といい、基準値はおおよそ 95〜100％です。肺炎などで肺がダメージを受けると酸素飽和度が下がります。しかし、全身状態を観察し飽和度の値だけで状態を判断しないようにします。測定値は、医師・看護職に報告します。

▶▶ 血圧

(1) 血圧とは

　血圧とは、心臓が全身に血液を送りだすときに動脈壁を押す圧力のことです。左心室の収縮によって生じる圧力が、大動脈を経て全身の動脈へと伝わり、これが血圧として測定されます。心臓の収縮力や血液の量、血液の粘り気および末梢血管の抵抗が血圧に影響を及ぼします。血圧には個人差や1日のなかでの変動があり、その人の正常値を知ることが何より重要です。1つの基準として、日本高血圧学会の『高血圧治療ガイドライン 2019』では、収縮期（最大）血圧 120mmHg 未満かつ拡張期（最小）血圧が80mmHg 未満を正常血圧、収縮期血圧が 140mmHg 以上または拡張期血圧が 90mmHg 以上を高血圧としています。

(2) 血圧の測定方法

　血圧は電子血圧計で簡便に測定できますが、動脈を圧迫するマンシェットの巻き方が適切でないと、正確な血圧が測定できません（図 1-41）。また、測定する人の不用意な言葉が血圧に影響する場合もあるので注意しましょう。拘縮があり、上腕で測定できない場合は、手首用の血圧計を用いるなどを検討します。

図1-40 ● いろいろなタイプのパルスオキシメーター

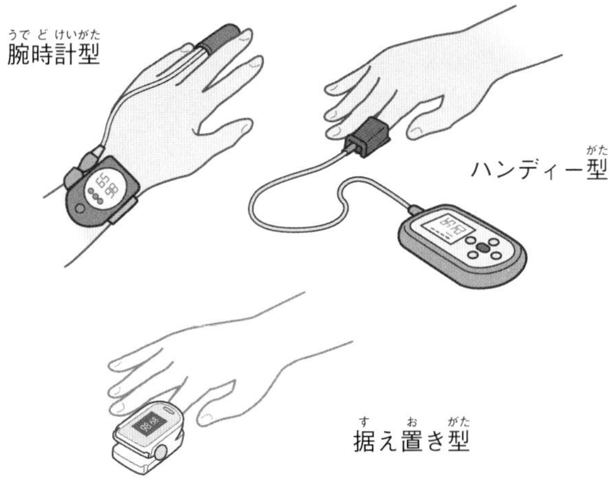

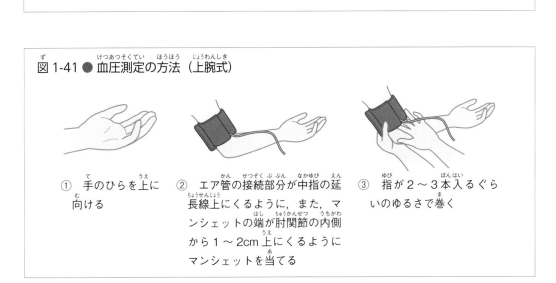

腕時計型

ハンディー型

据え置き型

図1-41 ● 血圧測定の方法（上腕式）

① 手のひらを上に向ける

② エア管の接続部分が中指の延長線上にくるように，また，マンシェットの端が肘関節の内側から1～2cm上にくるようにマンシェットを当てる

③ 指が2～3本入るぐらいのゆるさで巻く

3. 急変状態（きゅうへんじょうたい）について

❶ 急変状態（きゅうへんじょうたい）（意識状態（いしきじょうたい），呼吸（こきゅう），脈拍（みゃくはく），痛（いた）み，苦痛（くつう）など）

　急変状態（きゅうへんじょうたい）とは，急激（きゅうげき）に意識（いしき）の状態（じょうたい）が悪（わる）くなる，呼吸（こきゅう）が浅（あさ）くなる，脈拍（みゃくはく）が弱（よわ）くなる，それまでにない強（つよ）い痛（いた）みを訴（うった）える，苦痛（くつう）の表情（ひょうじょう）が強（つよ）くなるなど，通常（つうじょう）の介護（かいご）では対応（たいおう）しきれない状態（じょうたい）です。救急車（きゅうきゅうしゃ），もしくは医師（いし）や看護職（かんごしょく）にすぐに連絡（れんらく）をしなければならないような状態（じょうたい）をさします。そのなかでも意識（いしき）がない，呼吸（こきゅう）をしていない，脈（みゃく）が触（ふ）れないなどは，生命（せいめい）に直結（ちょっけつ）する重大（じゅうだい）な変化（へんか）です。観察方法（かんさつほうほう）と応急手当（おうきゅうてあて）について熟知（じゅくち）しておくことが重要（じゅうよう）となります。

　介護（かいご）の対象（たいしょう）である高齢者（こうれいしゃ）や障害者（しょうがいしゃ）の多（おお）くは，身体（しんたい）の諸機能（しょきのう）がおとろえており，身体（しんたい）の急激（きゅうげき）な変化（へんか）により，全身（ぜんしん）が**急変状態（きゅうへんじょうたい）**[35]（➡ p.90 参照（さんしょう））に移行（いこう）し，場合（ばあい）によっては死（し）にいたるケースも少（すく）なくありません。早期発見（そうきはっけん）のために観察項目（かんさつこうもく）を明確（めいかく）にしておくことや，急変時（きゅうへんじ）にできる対策（たいさく）や緊急時（きんきゅうじ）の連絡網（れんらくもう）など，日（ひ）ごろから利用者（りようしゃ）にかかわる人々（ひとびと）で話（はな）し合（あ）っておきます。その結果（けっか），決（き）めたことなどは，わかりやすい場所（ばしょ）に表示（ひょうじ）しておくことが重要（じゅうよう）です。

❷ 急変時（きゅうへんじ）の対応（たいおう）と事前準備（じぜんじゅんび）（報告（ほうこく），連絡網（れんらくもう），応急手当（おうきゅうてあて），記録（きろく））

▶▶ 報告（ほうこく）

　目（め）の前（まえ）にある状況（じょうきょう）が，すぐにでも連絡（れんらく）をしなければいけない急変状態（きゅうへんじょうたい）なのか，もう少（すこ）し様子（ようす）をみてもよい状態（じょうたい）なのか，その判断（はんだん）は非常（ひじょう）にむずかしいものです。連絡（れんらく）をためらったために，手遅（ておく）れになる可能性（かのうせい）もあります。そのため能力（のうりょく）や経験（けいけん）の有無（うむ）にかかわらず，少（すく）なくとも身体（しんたい）にかかわるわずかな変化（へんか）であっても，必（かなら）ず担当（たんとう）の医師（いし）・看護職（かんごしょく）に連絡（れんらく）することが重要（じゅうよう）です。また，それが介護職（かいごしょく）の業務上（ぎょうむじょう）課（か）せられた重要（じゅうよう）な仕事（しごと）だと考（かんが）えることが必要（ひつよう）です。

▶▶ 連絡体制（れんらくたいせい）

　介護職（かいごしょく）は，キーパーソンあるいは医師（いし）や看護職（かんごしょく）を中心（ちゅうしん）に連絡網（れんらくもう）をつくり，連絡体制（れんらくたいせい）を整（ととの）えておくことが重要（じゅうよう）です。連絡体制（れんらくたいせい）を整（ととの）えておくことは，介護職自身（かいごしょくじしん）はもとより，利用者（りようしゃ）およびその介護者（かいごしゃ）にとっても不安（ふあん）を解消（かいしょう）させるものとなります。確認（かくにん）しておく内容（ないよう）や連絡（れんらく）すべき内容（ないよう）は整理（せいり）して，関係者（かんけいしゃ）が連絡体制（れんらくたいせい）を実行（じっこう）できるように見（み）えやすいところに貼（は）りだすなど工夫（くふう）しておきましょう。

表 1-19 ● 危険な状態の徴候（サイン）

- ●呼吸の状態
  - ・1 分間に 24 回以上の頻回な呼吸
  - ・明らかに浅い不十分な呼吸
  - ・安静呼吸では使わない呼吸筋を動員して行う努力呼吸
  - ・呼吸時に聞こえる異音・雑音
  - ・動脈血酸素飽和度の急激な低下
- ●末梢循環の状態
  - ・皮膚の蒼白，顔・口唇・手足先のチアノーゼ
  - ・冷感，冷汗
  - ・脈の状態（速さ・強さ）
- ●意識
  - ・刺激に対する反応
  - ・呼びかけに対する反応
  - ・会話の可否

事前に確認しておくべき内容

① ケア実施時の個別の注意すべき事項を明記しておく

② 療養者ごとに，どのような状態を急変とするか共有する

③ 救急車対応について確認し，連絡網に明記する

④ それぞれの連絡先を明記しておく

連絡すべき内容

① 急変の状態（何が）

② 急変後の状態の変化（どうした）

※具体的，正確に伝える。

▶▶ 応急手当

　急変の状態によって，その処置・対応はまったく異なりますが，共通する心得を以下に記します。急変時の基本として確認しておきましょう。

応急手当共通心得

① 落ち着くこと

　介護職があわててしまうと冷静な判断力を失うだけでなく，さらに状態を悪化させてしまう可能性もあります。何が起きているのか，状況の観察や確認をします。

② 自己判断で行動しないこと

　「報告・連絡・相談」が大切です。緊急連絡網に従って行動します。とくに疾病の悪化については，医師・看護職および救急隊員の指示に従います。

③ 複数の職員で対応すること

　とくに緊急時は利用者の状態把握や処置，電話連絡などやらなければならないことが次々と生じますので，正確な情報を共有しながら，手際よく正確にことを進めていくためには，複数の職員で対応しましょう。

　その際に，1人は必ず利用者のそばにいて，状態の経過を確認します。日ごろから緊急時の動き方について，イメージトレーニングをしておきましょう。

④ 利用者（家族）の同意を得る

　緊急時においても，基本的には利用者の同意を得ることが前提です。ただし本人の意識がなく，家族が不在の場合もあるので，事前に急変時の具体的な対応について，話し合っておきます。

▶▶ 記録

　急変状態のような緊迫した状況において，メモをとることはむずかしいと考えるかもしれませんが，時間やバイタルサイン等を記録に残すことは重要です。メモをとることで頭の中を整理でき，そのことが冷静な判断・行動につながります。また，メモに残した記録を医療従事者に提供することが，治療のための重要な情報につながることになります。

　状況が落ち着き，メモをもとに記録に残す際は「何時何分，どのような状態になり，それに対してどのような対応をとったか」が基本となります。そのためには介護職は，常に筆記用具を持参しておくことと，時計を身につけること，時間を確認する姿勢が必要になります。記憶が新しいうちに記録として残すことが重要です。

具体例（在宅の場合）

10：00　利用者が呼吸が苦しいと言ったため，起座位をとる。
　　　　口腔内異物等はみられず。

10：03　口唇にチアノーゼがみられ，呼びかけにこたえなくなる。
　　　　家族を呼び，状態確認，承諾を得て 119 番に電話

10：04　気道確保の姿勢をとる。呼びかけに応答がみられる。
　　　　気道確保を継続，担当訪問看護ステーションに連絡

10：20　救急隊到着

10：25　病院搬送

記録はあとで，急変時の状況を正確に説明したり，ケアをふり返ることに活用できます。

第1章 学習のポイント 重要事項を確認しよう！

第1節 医療的ケア

■喀痰吸引等制度（社会福祉士及び介護福祉士法の改正）

● 介護福祉士等が実施可能となった行為の範囲は「喀痰吸引その他の身体上又は精神上の障害があることにより日常生活を営むのに支障がある者が日常生活を営むのに必要な行為であって，医師の指示の下に行われるもの（厚生労働省令で定めるものに限る。）」です。 → p.7

● 医師の指示のもとに行われる行為は，①口腔内の喀痰吸引，②鼻腔内の喀痰吸引，③気管カニューレ内部の喀痰吸引，④胃ろうまたは腸ろうによる経管栄養，⑤経鼻経管栄養です。 → p.9

● 喀痰吸引については，咽頭の手前までを限度とするとされています。 → p.9

● 胃ろうまたは腸ろうによる経管栄養の実施の際には，胃ろう・腸ろうの状態に問題がないことの確認を医師または看護職（保健師，助産師，看護師および准看護師）が行います。 → p.9

● 経鼻経管栄養の実施の際には，栄養チューブが正確に胃の中に挿入されていることの確認を医師または看護職（保健師，助産師，看護師および准看護師）が行います。 → p.9

■医行為について

● 「喀痰吸引」と「経管栄養」は医行為の範囲に含められます。 → p.18

● 医行為は，「医師が行うのでなければ保健衛生上危害を生ずるおそれのある行為」「医師の医学的判断および技術をもってするのでなければ人体に危害を及ぼし，または危害を及ぼすおそれのある行為」とされています。 → p.18

● 医療をになう医師，看護師等は，免許をもっているだけではなく，国民が自身の生命や健康をかけて信頼していることに対して謙虚にこたえなくてはなりません。 → p.20

● 自立した生活のためには，自分にかかわる事柄については，自分で決定できること（自己決定）が必要です。 → p.20

● 個人情報とは，生存する個人に関する情報であって，氏名，生年月日等により特定の個人（本人）を識別できるものです。 → p.21

● インフォームド・コンセントとは，治療等を受ける本人が，その説明を理解したうえで，同意することをいいます。 → p.21

- 自分の能力をできるだけ発揮して自分らしく生きることを自立した生活ということもできます。 → p.22
- すべての人が，それぞれに「自立した生活」を営むことにかけがえのない価値を等しく認め，一人ひとりのあり方を尊重しようという考えを個人の尊厳といいます。 → p.22
- 医療法は，医療を提供する理念として，「医療は，生命の尊重と個人の尊厳の保持」を旨として行われるべきであると定めています。 → p.23

第2節 安全な療養生活

■喀痰吸引や経管栄養の安全な実施

- リスクマネジメントにおいて必要な対策は予防対策と事故対策の2つで，これらを確実に実行することが重要です。 → p.34
- ヒヤリハットとは，アクシデント（事故）にはいたっていないが，事故寸前の危険な状況で，ヒヤリとしたこと，ハッとしたことなどです。 → p.36
- アクシデントとは，利用者に起こってしまった事故で，利用者の身体上の損傷の程度が大きく，濃厚な治療を要するなど，ヒヤリハットよりも利用者に与える影響が大きいものです。 → p.36
- 利用者の状態や機器等の状況が「いつもと違う」「何かおかしい」と気づいた時点で，医師や看護職と情報を共有して確認することが大事です。 → p.36

■救急蘇生

- 救急蘇生は病気やけがにより，突然心停止，もしくはこれに近い状態になったときに胸骨圧迫や人工呼吸を行うことにより急変した人の命を守り救うための必要な知識と手技のことです。 → p.40
- 応急手当の目的は，「救命」「悪化防止」「苦痛の軽減」です。 → p.41
- 急変した人を救命し，社会復帰をさせるために必要となる一連の行いを救命の連鎖（チェーン・オブ・サバイバル）といいます。 → p.42
- 「救命の連鎖」を構成する4つの輪とは，心停止の予防，心停止の早期認識と通報，一次救命処置（心肺蘇生とAED），救急救命士や医師による高度な救命医療を意味する二次救命処置と心拍再開後の集中治療です。 → p.42
- 心室細動の際に機器が自動的に解析を行い，必要に応じて電気ショック（除細動）を与え，心臓のはたらきを戻すことを試みる医療機器のことをAED（Automated External Defibrillator：自動体外式除細動器）といいます。 → p.44
- 気道の確保とは，口・鼻から吸入された空気が気道を通って肺まで入る道を確保することです。 → p.47

■感染予防

● 感染とは，病気の原因になる細菌やウイルスが人のからだの中に入りこんで，臓器や組織の中で増えつづけることをいいます。　　　　　→ p.54

● ①病原体（感染源），②感染経路，③感受性のある宿主の 3 つの要因がそろうことで感染が起きます。　　　　　→ p.54

● 手洗いは「1 つのケアごと」に「ケアの前後」に行います。　　　　　→ p.56

■介護職の感染予防

● 使い捨て手袋は 1 回のケアごとに交換することを徹底し，同じ利用者のケアであっても，ケア実施後には使い捨て手袋をはずして手洗いを行い，新しい使い捨て手袋を使用して別のケアを行います。　　　　　→ p.61

■療養環境の清潔，消毒法

● 医療廃棄物とは，医療行為の際に使用したあとの注射器や針，ガーゼや脱脂綿，チューブ類などのことです。　　　　　→ p.64

■消毒と滅菌

● 消毒とは，病原性の微生物を死滅させること，または弱くすることです。　　　　　→ p.66

● 滅菌とは，すべての微生物を死滅させること，または除去することです。　　　　　→ p.66

● 滅菌物を使用する前には，①滅菌ずみの表示，②滅菌物の有効期限（使用期限），③開封していないことを確認します。　　　　　→ p.66

● 次亜塩素酸ナトリウムは，汚染したリネン類の洗浄や食器類の洗浄消毒に有効です。家庭用に販売されている液体の塩素系漂白剤，殺菌剤（洗濯用，キッチン用，哺乳びんの殺菌用など）などに使用されています。　　　　　→ p.67

● アルコールは，皮膚消毒としても一般的で，70 〜 95％の消毒用エタノールを使用します。部屋のドアノブ，吸引等のケアに必要な物品を並べる台等の清掃にも有効です。　　　　　→ p.67

● ベンザルコニウム塩化物やベンゼトニウム塩化物は，速乾性の手指消毒液として使われており，器材の消毒等でも利用します。　　　　　→ p.67

第4節 ▶ 健康状態の把握

■健康状態を知る項目（バイタルサインなど）

● 観察では，測定器具を使わなくても，その人と話をする，外観や行動をよくみるだけでも，多くの情報を得ることができます。　　　　　→ p.71

● バイタルサイン（vital signs）は「生命（vital）徴候（signs）」のことをいい，異常の早期発見のための重要な観察項目であり，一般には体温，脈

拍，呼吸，血圧をさし，場合によっては意識の状態も含めます。　→ p.72

●正常体温（腋窩温）は成人で 36.0 ～ 37.0℃です。体温は基礎代謝の影響を受け，乳幼児では高く，高齢者では低めになります。また，外気温にも影響を受け，午後 2 ～ 6 時がもっとも高くなり，運動や食事，精神的興奮によって上昇する傾向にあります。　→ p.73

●心臓の収縮により血液が動脈に送りだされ，体表近くの血管壁がその弾性によって拍動し，脈拍として触れることができます。正常は成人で 1 分間に 60 ～ 80 回程度ですが，運動や入浴，食事のあとには増加するので注意が必要です。　→ p.75

●呼吸とは，肺において酸素を取り入れ，二酸化炭素を排出するはたらきであり，外呼吸（肺呼吸）と内呼吸（組織呼吸）からなります。1 分間に 12 ～ 18 回程度の規則的な呼吸が正常の目安とされています。　→ p.75

●血圧とは，心臓が全身に血液を送りだすときに動脈壁を押す圧力のことです。血圧には個人差や 1 日のなかでの変動があり，その人の正常値を知ることが何より重要です。1 つの基準として，日本高血圧学会の『高血圧治療ガイドライン 2019』では，収縮期（最大）血圧 120mmHg 未満かつ拡張期（最小）血圧が 80mmHg 未満を正常血圧，収縮期血圧が 140mmHg 以上または拡張期血圧が 90mmHg 以上を高血圧としています。　→ p.76

■急変状態について ───────────────────────────

●急変状態とは，急激に意識の状態が悪くなる，呼吸が浅くなる，脈拍が弱くなる，それまでにない強い痛みを訴える，苦痛の表情が強くなるなど，通常の介護では対応しきれない状態で，救急車，もしくは医師や看護職にすぐに連絡をしなければならないような状態をさします。　→ p.78

１ 医行為

いこうい
➡ p.2, p.18 参照

医師の医学的判断および技術をもってするのでなければ人体に危害を及ぼし，または危害を及ぼすおそれのある行為のことをいう。法的には「医行為」と呼ばれる。

２ 処方箋

しょほうせん
➡ p.19 参照

医師，歯科医師が特定の患者に与える薬品の名称，分量，用法，使用期間などを記載した書類。

３ 親権

しんけん
➡ p.21 参照

父母が未成年の子に対して有する，身分上・財産上の保護・監督・教育などに関する権利・義務の総称。

４ 成年後見人

せいねんこうけんにん
➡ p.21 参照

成年後見制度において成年被後見人の保護を行う人のこと。成年被後見人の意思を尊重しながら法律行為の代理・取り消しや財産の管理，療養看護の事務を行う。

５ ハインリッヒの法則

はいんりっひのほうそく
➡ p.34 参照

ハインリッヒ（Heinrich, H.W., アメリカの研究者）が労災事故の発生確率をもとに導きだした法則で，１件の重大な事故の背後には29件の軽微な事故，その背後には300件の事故寸前の危険な状態があるというもの。

６ バイスタンダー（bystander）

ばいすたんだー
➡ p.43 参照

救急現場に居合わせた人（発見者，同伴者等）のこと。

７ 死戦期呼吸

しせんきこきゅう
➡ p.44 参照

しゃくりあげるような不規則な呼吸で，心停止直後の傷病者でしばしば認められる。

８ 病原体（感染源）

びょうげんたい（かんせんげん）
➡ p.54 参照

病原体とは，ウイルス，細菌，真菌などの病原性をもつ微生物等のこと。感染者やその人のからだから出される尿，便，血液など，菌で汚染された器具や物（感染者が使用したタオルや食器など）などは感染源と

なる。

9 感染経路

かんせんけいろ
➡ p.54 参照

おもな感染経路には，以下の 3 つがある。
①飛沫感染
咳やくしゃみ等で飛沫粒子（5 μm 以上）
により感染（病原体：インフルエンザウイ
ルス，新型コロナウイルスなど）
②空気感染
空気中の飛沫粒子より小さい病原微生物を
同じ空間にいる人が吸いこんで感染（病原
体：結核菌，麻疹ウイルス，水痘ウイルス
など）
③接触感染
感染している人との接触や汚染された物と
の接触による感染（病原体：ノロウイルス，
ヒゼンダニ，MRSA，新型コロナウイルス
など）

10 宿主

しゅくしゅ
➡ p.54 参照

ウイルス，細菌，真菌などが寄生する生物
のこと。

11 ウイルス

ういるす
➡ p.55 参照

はしか，日本脳炎，インフルエンザなどの
病気を起こすもとになる生物。細菌より小
さくふつうの顕微鏡では見えない。

12 標準予防策（スタンダード・プリコーション）

ひょうじゅんよぼうさく（すたんだーど・ぷりこーしょん）
➡ p.55 参照

1985 年に CDC（米国国立疾病予防セン
ター）が病院感染対策のガイドラインとし
てユニバーサル・プリコーション（一般予
防策）を提唱。1996 年に進展した予防策
がスタンダード・プリコーションである。

13 媒介

ばいかい
➡ p.56 参照

感染経路のなかだちをするはたらき。感染
している者から感染していない者に病原性
の細菌やウイルスなどをうつしてしまうこ
と。

14 温床

おんしょう
➡ p.57 参照

よくないことが起きたり育ったりしやすい
ところ。

15 消毒

しょうどく
➡ p.59 参照

病原体を死滅させ感染を防ぐ方法。

16 媒体

ばいたい
➡ p.60 参照

感染のなかだちをするもの。

17 抗体

こうたい
→ p.60 参照

抗原の侵入を受けた生体がその刺激でつくりだすたんぱく質の総称。その抗原（生体内に侵入して抗体をつくらせ，その抗体とだけ結合して反応する物質）だけに結合する性質があり，結合によって抗原である細菌などを溶解したり，毒素を中和するなどして生体を防御する。

18 体液

たいえき
→ p.61 参照

生体内にある液体成分の総称で，細胞内液と細胞外液に大別できる。細胞内液は，細胞内に含まれる水分のことである。細胞外液は管内液と管外液に分けられ，管内液は管の中を流れる液体で，血管を流れる血液，リンパ管を流れるリンパ液，脳内を流れる脳脊髄液などがある。管外液は細胞の外にあり，管腔を流れない液体のことで，組織液（間質液，組織間液）という。

19 滅菌

めっきん
→ p.61 参照

微生物の生細胞を殺すことを殺菌といい，一方，滅菌とは非病原菌，病原菌，細胞胞子もすべて殺すことをいう。

20 セッシ

せっし
→ p.61 参照

セッシ（鑷子）とは，吸引チューブをはさんで持つ大きなピンセット状の器具である。

21 食器乾燥機

しょっきかんそうき
→ p.63 参照

洗った食器を乾かす電気機器のこと。食器を洗う機能のついた食器洗い乾燥機もある。

22 医療廃棄物

いりょうはいきぶつ
→ p.64 参照

法律（廃棄物の処理及び清掃に関する法律）では，医療機関などから生じ，感染もしくは感染のおそれのある病原体が含まれる廃棄物等を感染性廃棄物としているが，一般に医療廃棄物といわれている。

23 酸化エチレンガス滅菌

さんかえちれんがすめっきん
→ p.66 参照

エチレンオキサイド（Ethylene Oxide）ともいわれ，頭文字をとってEOと略される。医療器具の滅菌に用いられるガス滅菌。

24 高圧蒸気滅菌

こうあつじょうきめっきん
→ p.66 参照

オートクレーブともいう。100℃以上の温

度で加熱することで，微生物を完全に死滅させる。

25 常在菌

じょうざいきん
→ p.67 参照

人の身体に存在する微生物（細菌）のうち，多くの人に共通してみられ病原性をもたないもの。

26 MRSA（メチシリン耐性黄色ブドウ球菌）

エムアールエスエー（めちしりんたいせいおうしょくぶどうきゅうきん）
→ p.67 参照

多くの抗菌薬に対して耐性を示して難治性の感染症を生じる細菌。咽頭や鼻腔粘膜，皮膚などに常在する場合もある細菌で，健康な人に危険性はないが，抵抗力の弱い場合には治療が困難な場合がある。

27 細菌叢

さいきんそう
→ p.67 参照

細菌の塊のこと。

28 混ぜるな危険

まぜるなきけん
→ p.67 参照

家庭用洗浄剤・漂白剤等の製品容器等に義務づけられている表示。

29 健康の定義

けんこうのていぎ
→ p.69 参照

世界保健機関（WHO）では，「健康とは，肉体的，精神的及び社会的に完全に良好な

状態であり，単に疾病又は病弱の存在しないことではない」としている。

30 適応してセルフマネジメントする力

てきおうしてせるふまねじめんとするちから
→ p.69 参照

健康を「力」としてとらえ直した。健康を「状態」とするのではなく，それを個人や社会で変化させられるものであるとした考え方。

31 高次脳機能障害

こうじのうきのうしょうがい
→ p.72 参照

脳の損傷によって起こる症状で，損傷部位によってその症状が異なる。見当識，記憶，情緒の障害や言葉を発することができない，学習した行動がうまく行えない，得た情報の意味がわからないなどといった障害が単独あるいは一部限局的に出現している状態をいう。

32 体温測定

たいおんそくてい
→ p.73 参照

介護職が行う体温測定については，厚生労働省医政局長通知「医師法第17条，歯科医師法第17条及び保健師助産師看護師法第31条の解釈について」（平成17年7月26日医政発第0726005号）において，「原則として医行為ではないと考えられるもの」として次のように示されている。「水銀体温計・電子体温計により腋下で体温を計測すること，及び耳式電子体温計により外耳道で体温を測定すること」

33 気化熱

きかねつ
➡ p.73 参照

液体は蒸発するために熱が必要となる。液体が気体になるときに周囲から吸収する熱のことをいう。

34 パルスオキシメーター

ぱるすおきしめーたー
➡ p.76 参照

酸素は，血液中の赤血球中のヘモグロビンによって運ばれる。動脈の血液中のヘモグロビンの何％が酸素と結合しているのかを「酸素飽和度」という。血液を採取しなくても酸素飽和度を測定できる機械をパルスオキシメーターという。センサーを手足の指などにあてて経皮的に（皮膚表面から）測定する。

35 急変状態

きゅうへんじょうたい
➡ p.78 参照

呼びかけに反応がなく，十分な呼吸がなければ救急対応が必要。

第2章

喀痰吸引
（基礎的知識・実施手順）

第1節 高齢者および障害児・者の喀痰吸引概論

第2節 高齢者および障害児・者の喀痰吸引実施手順解説

【到達目標】

● 呼吸のしくみとはたらき，吸引を受ける人の気持ちの理解など，喀痰吸引の基本的知識を理解している。

● 喀痰吸引における急変・事故発生時の対応などについて理解している。

● 喀痰吸引の実施手順（口腔内・鼻腔内・気管カニューレ内部）を理解している。

月

日

❶ 呼吸のしくみとはたらき

▶▶ 生命維持における呼吸の重要性

呼吸とは，口や鼻から肺に空気を吸いこみ，肺から口や鼻に空気を送り，吐き出すことをいいます。

人間の細胞が活動するには，常に新しい酸素を必要とします。呼吸により，生命の維持に必要な酸素をからだの中に取りこみ，肺に吸いこまれた酸素が血液中に混ざり，からだ中に運ばれます。からだの中の細胞で酸素が使われたあとは，二酸化炭素となって再び血液に混ざり，肺に受け渡されて，肺から口・鼻を通ってからだの外に吐き出されます。

人間のからだは，酸素と二酸化炭素の適切なバランスを失うと，さまざまな部分に支障が出て，生命が維持できなくなったりしてしまいます。呼吸ができなくなったり，空気の吸いこみ，吐き出しのどこかで不具合が生じた場合には，呼吸の苦しさを感じたり，からだの中で酸素不足による障害が起こってきます。また，「呼吸（息）が苦しい」などといった訴えがないからといって，呼吸器の病気をもっていないとは限らず，からだの中で異常が起きている可能性があります。

このように，呼吸を正常に保つことは，生命維持において非常に重要です。

▶▶ 呼吸のしくみとおもな呼吸器官各部の名称・機能

呼吸のはたらき（酸素の取りこみと二酸化炭素の吐き出し）にかかわるからだの器官を呼吸器官といいます。呼吸器官は，いくつかの部分で成り立っています。呼吸の際の空気の流れと各部位の名称は，図 2-1 に示すとおりです。なお，呼吸には外呼吸と内呼吸があります。吸いこんだ空気が肺胞に達して，血管とのあいだで酸素・二酸化炭素を受け渡すことを外呼吸といいます。一方，血液によって運ばれる酸素・二酸化炭素を全身の細胞とのあいだで受け渡すことを内呼吸といいます。

空気の流れにそってその名称とそれぞれの機能を説明します。

空気を吸うと，空気は，口腔・鼻腔から吸いこまれ，咽頭，喉頭，気管，気管支を経て，肺胞まで取りこまれ，肺胞から血液中に入ります。肺胞から酸素を受け取った血液は，いったん心臓に戻ってから全身の細胞に送り届けられます。二酸化炭素を吐き出すと

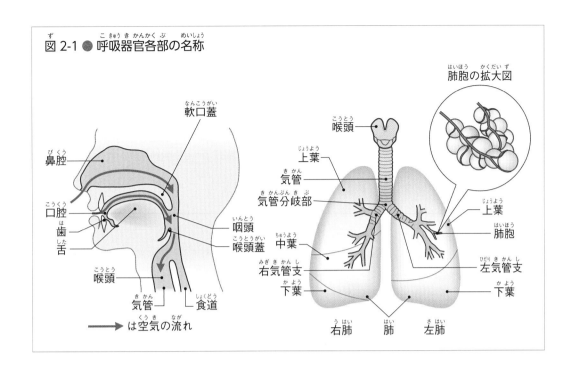

図 2-1 ● 呼吸器官各部の名称

肺胞の拡大図

軟口蓋

喉頭

鼻腔

上葉

気管

気管分岐部

口腔
は歯
舌

咽頭

喉頭蓋

上葉

肺胞

中葉

左気管支

喉頭

右気管支

気管

食道

下葉

下葉

→ は空気の流れ

右肺　肺　左肺

きは，この逆の順番で，細胞から受け取った二酸化炭素を含む血液が肺胞に運ばれ，吐き出されることになります。

　前述のとおり，空気は口腔・鼻腔を通り，喉の奥の部分の咽頭を通りますが，咽頭までは食物も同じ場所を通ります。

　図 2-1 のとおり，空気の通り道と食物の通り道はこのあと，枝分かれをして，食物は食道に，空気は気管に流れていきます。この枝分かれ部分まで（鼻腔・咽頭・喉頭）を上気道といいます。枝分かれ部分である喉頭の入り口には喉頭蓋[1]（➡ p.155 参照）（ふたのようなもの）があり，食物が通る場合は，喉頭蓋でふたをして食物が気管へ入らないようにします。ここで食物の通り道と区別された空気は喉頭を通過して，ホースのような気管を通ります。成人の場合，気管の長さは10〜12cm，太さは16mm程度といわれていますが，病気の種類や体格などによって個人差があります。気管は，胸の真ん中あたりで左右の気管支に枝分かれしています。それぞれの気管支に入った空気は，左と右の肺[2]（➡ p.155 参照）に入ります。肺に入った空気は気管支の先にある肺胞に入ります。左右の気管支の形状は異なり，右の気管支のほうが太くて短く，枝分かれの傾斜は垂直に近いので，誤って気管に入ったものは右の肺に吸いこまれやすくなります。左右の肺は，右の肺で上葉・中葉・下葉の3つ，左の肺で上葉・下葉の2つの部分に分かれています。

　気管・気管支を下気道と呼び，上気道とは区別しています。下気道には，原則として病原性の微生物はいない状態です。図 2-1 に示すとおり，口腔や鼻腔からの空気の通り道は非常にせまく，咽頭では急に曲がる構造になっています。吸引などで口腔や鼻腔から管を挿入するときは，口腔や鼻腔・咽頭などの内側の表面部分（粘膜という）を傷つけない

よう注意が必要です。

とくに鼻腔は鼻中隔によって左右に分かれています。鼻毛が生えており，吸いこむ空気を暖めたり加湿する役割があります。鼻腔は見えにくいうえに，非常に細い血管がたくさんあるため出血しやすく，器具を挿入する際には慎重に行わなければなりません。

また，口の中（口腔という）には歯や舌，唾液を分泌する唾液腺があります。口腔ケアの実施にあたり，器具などが舌の奥や咽頭の奥に触れた場合は，嘔吐（吐いてしまうこと）が誘発されることがありますので，注意が必要です。

▶▶ 呼吸器官のはたらき（換気とガス交換）

呼吸器官のおもなはたらきは，換気とガス交換です。呼吸の正常なはたらきは，換気とガス交換が適切に行われることによって維持されています。

空気を体内に取りこみ，体外に吐き出すはたらきを**換気**といいます。

換気をするには肺をふくらませるための呼吸運動，すなわち胸をふくらませたり，縮めたりする筋肉（横隔膜や肋間筋）による運動が必要です。呼吸運動は，自分の意識によって胸をふくらませたり縮ませたりできるほか，脳からの指令によって自動的に調整もされています。そのため，胸や腹部を動かすはたらきが低下したり，空気の通り道がせまくなったりすると，換気がうまくできなくなり，呼吸に問題が起きます。換気のはたらきが低下する病気には，**筋萎縮性側索硬化症（ALS）**[3]（➡ p.155 参照）や**気管支喘息**[4]（➡ p.155 参照）などがあります。

呼吸運動によって1回に吸いこめる空気の量は，年齢・体格や病気などによって大きな個人差があります。一般的に高齢者では低下します。

換気を行うにはすべての呼吸器官が正常にはたらき，正常な呼吸運動をすることが必要であり，どこかに病気などがあると呼吸に問題が起きてきます。

もう1つの呼吸器官のはたらきは**ガス交換**です。換気が空気の出し入れのはたらきであ

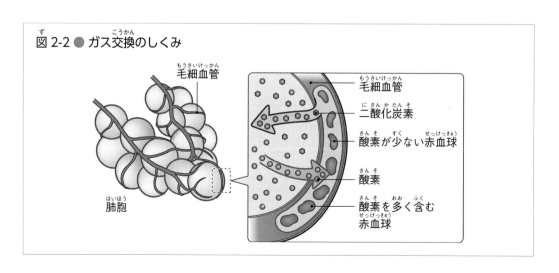

図 2-2 ● ガス交換のしくみ

毛細血管

毛細血管

二酸化炭素

酸素が少ない赤血球

酸素

肺胞

酸素を多く含む赤血球

るのに対して，ガス交換は肺胞に運ばれた空気と血液とのあいだで，酸素や二酸化炭素の受け渡しをするはたらきをいいます。肺では直径 0.1 〜 0.2mm ほどの肺胞がぶどうの房のように密集し，肺胞と肺を通っている非常に細い血管とのあいだで，ガス交換は行われます（図 2-2）。

　ガス交換は，肺胞の数が少なくなったり，肺胞のふくらみが悪くなったりする**慢性閉塞性肺疾患**[5]（→ p.155 参照）などの肺の病気や，肺以外の病気によってはたらきが低下し，呼吸に問題を生じてきます。

❷ いつもと違う呼吸状態

▶▶ いつもと違う呼吸状態

いつもと違う呼吸状態かどうかをみるときは，以下を観察します。

・呼吸の回数が増えたり減ったりしていないか
・呼吸の音の異常を感じるか
・呼吸の仕方はおかしくないか（リズム・呼吸法）
・苦しさを感じていないか（呼吸困難）

　以下に，正常な呼吸の状態と，いつもと違う呼吸について具体的に説明します。

(1) 呼吸の回数

　呼吸の回数は，正常の場合，成人は 1 分間に約 12 〜 18 回程度，5 歳児では約 25 回／分，乳児では約 30 回／分といわれています。しかし，何らかの呼吸器官の障害や発熱などによって，いつもより体内で酸素を必要とするときには，不足する酸素を補うために呼吸回数が増えることがあります。とくに呼吸器の病気のある人では，歩行や入浴などの際に，活動のための体内の酸素の必要量が多くなるため，呼吸の回数が増えることがあります。また，体内（脳）の酸素が不足しすぎている場合には，呼吸の回数が減ったり，停止してしまうことがあります。

(2) 呼吸の音

　正常な呼吸の音は，スースーといった空気の通るかすかな音が聞こえる程度です。しかし，空気の通り道である「口腔・鼻腔・咽頭・喉頭・気管・気管支」のいずれかで，空気の通りが悪くなった場合に，呼吸の音が変化します。

　たとえば，気管支喘息などの病気は気管支が細くなることで呼吸にあわせて「ヒューヒュー」「ゼーゼー」という音が聞こえたり，さらに，痰や分泌物で空気の通りが悪くなると，ゴロゴロとした音がしたりします。

(3) 呼吸の仕方（リズム・呼吸法）

　正常な呼吸の仕方は，安静時には胸部や腹部が，呼吸にあわせて比較的一定のリズムでふくらんだり縮んだりします。しかし，このリズムが速くなったり，呼吸の間隔が不

規則に長くなったり短くなったりする場合は、体内の酸素が非常に不足してきた状態を示している可能性があります。さらに、呼吸の仕方が胸部や腹部だけの動きでなく、肩を上下させたり、口をすぼめて呼吸したりする場合も呼吸が困難な状態と考えて対処します。

(4) 呼吸の苦しさ（呼吸困難）

呼吸器官に異常がない場合、通常は呼吸の苦しさを感じません。しかし、呼吸器官やその他の病気などによって「息がうまく吸えない」「呼吸がしづらい」など、呼吸がうまく行えない場合には、呼吸することが非常に苦しく不快と感じることがあります。これを呼吸困難といいます。本人が「苦しい」と訴えることができる場合だけでなく、意識がない状態の人や「苦しい」と訴えない人であっても、観察によって苦痛の表情や胸をかきむしるなどの行為がみられたり、息が荒くなっていたりする場合は呼吸困難があると考えて対処します。呼吸困難には、軽い息切れの状態から、息ができないと感じるほど重篤[6]（⇒ p.155 参照）な状態まで、さまざまな状態があります。

これまでに述べた、呼吸の回数、呼吸の音、呼吸の仕方、呼吸の苦しさについて、いつもの状態との違いを観察し、おかしいと感じた場合は、重篤な状態を示している可能性があります。医師・看護職に連絡して適切な対処をしてもらうことが大切です。

▶▶ 呼吸困難がもたらす苦痛と障害

呼吸が困難となり、苦しさを感じると、これまで意識せずに行えていた呼吸が思うようにできないことから、「息が止まるのではないか」「死ぬのではないか」という、生命がおびやかされるような恐怖を感じることがあります。このような恐怖や不安に加えて、呼吸の苦しさが改善されない場合は心身ともに衰弱してしまい、精神的に非常に不安定な状態となります。

また、呼吸困難となり、体内の酸素が不足していくことで、行動や意識にも変化が生じてきます。たとえば、軽度の酸素不足の場合は階段などで息切れを自覚したり、注意力・判断力の低下や、行動が落ち着かなくなるなどの変化がみられます。重症になると身のまわりのことをするだけで息苦しさを感じ、日常生活の活動がむずかしくなります。さらに、酸素不足が長期化した場合には、意識が薄れて反応がとぼしくなってきたり、呼びかけに反応を示さなくなったりすることもあります。

このように、呼吸の苦しさは身体へ重篤な影響を与えたり、精神的にも不安や恐怖心をもたらしたりすることが考えられるため、早急に医師・看護職による医療的対応を行うとともに、苦痛を受けとめる支援をすることが必要です。

❸ 喀痰吸引とは

▶▶ 痰を生じて排出するしくみ

　呼吸器官の内部の表面は，分泌物によって常に湿った状態になっています。この分泌物は呼吸器官が乾燥するのを防ぐとともに，吸いこんだ空気中に含まれるちりや微生物・異物をとらえて，気管や肺の奥深くに入らないようにしています（図2-20（☞第5巻p.146））。一方，気管の内部の表面では，線毛という細かい毛が一定方向に動くことにより，分泌物がベルトコンベアーに乗ったように気管の奥深くに入らないように，喉のほうに押し上げるような動き（線毛運動）をしています。そして気管から喉の部分まで押し上げられた分泌物は，通常，無意識のうちに食道のほうに飲みこんでいます。ちりや異物をとらえた余剰な分泌物を痰といいます。喉や気管にからまった痰は，通常は咳や咳払いをして排出することができます。

　しかし，ちりや微生物・異物をとらえた分泌物が増加したり，粘り気（粘性という）が増したりすると，排出されずに空気の通り道（気管・喉など）にたまってしまいます。痰の性状は分泌物が取りこんだちり・微生物・異物の種類や量によって変化します。通常の痰の性状は無色透明またはやや白色ににごっていて，強いにおいはありません。気道の内部の湿った状態が正常に保たれていれば，粘性はやや粘り気がある程度です。ふつうは，痰の排出については意識していません。

　痰がいつもと違うと気づくには，いつもと比べて痰の色に変化がないか，粘り気に変化がないか，痰のにおいがおかしくないかに注意しておくことが必要です（表2-1）。また，いつもと違うと感じたときには，必ず医師・看護職に連絡をするとともに，痰の性状を記録しておくことが重要です。

▶▶ 痰の貯留を示す状態

　痰がたまっている（貯留する）状態とは，痰の量が増えたり，粘性が増したりして，分泌物を食道のほうに飲みこめずに，気道や喉，口腔・鼻腔に停滞している状態をいいます。空気の通り道に痰が貯留すると，通り道がせまくなり，呼吸にあわせて音が聞こえることがあります。痰が貯留している場所や量によって音は異なりますが，たとえば，口の中や喉でゴロゴロと聞こえたり，鼻の奥のほうでズルズルという音が聞こえたり，もっと奥のほうで，ゼロゼロという音がすることがあります。

　また，痰が貯留すると，人間のからだは痰を異物と判断して，反射的に体外に排出しようとして咳 [7]（➡ p.155参照）が出ます。痰がからむような音をともないながら咳をくり返している状態のときは，気管の奥のほうで痰が貯留している可能性があります。

　さらに，痰が貯留して空気の通り道をふさいでいる状態（気道閉塞という）のときには，呼吸の苦しさや呼吸の仕方，顔色が変化するということが起こります。まったく空気が入

表 2-1 ● いつもと違う，痰の性状の変化

痰の観察項目	性状の変化	推測される状態
色	白色のにごりが強くなる	・何らかの感染がある
	黄色っぽくなる	
	緑色っぽくなる	
	うっすら赤くなる	・口腔・鼻腔・喉・気管などに傷がある
	赤い点々が混ざっている	・口腔・鼻腔・喉・気管などに傷がある
	鮮やかな赤色が混ざっている	・口腔・鼻腔・喉・気管などから出血している
	黒ずんだ赤色が混ざっている	・口腔・鼻腔・喉・気管などから以前に出血していた
粘性（粘り気）	サラサラしている	・透明で量が増える場合：急性の気道の炎症など ・鮮やかな赤色：緊急対処を要する出血がある
	粘り気がある	・体内の水分が不足して乾燥している ・色の変化（黄色・緑色）をともなう場合は何らかの感染がある
におい	腐敗臭	・何らかの感染がある
	甘酸っぱいにおい	

らなくなった場合は，窒息する可能性もあります。自分で「痰がたまっている」「息が苦しい」などと伝えられる人もいますが，伝えられない人もいます。このような状態のときには，痰を除去して，酸素の取りこみを正常に戻すような対処が必要になりますので，迅速に医師・看護職に連絡することが大切です。また，痰の貯留などによって，からだの中の酸素が不足してしまう状態を低酸素状態といいます。気道閉塞は，痰の貯留のほかに気管に食物などが入らないようにするための咽頭の下にある喉頭蓋がうまくはたらかず，気管に何らかの物が入ってしまった場合（誤嚥など）でも起こります。

▶▶ 喀痰吸引とは

　貯留している痰を迅速に除去しなければ人間のからだは酸素を取りこむことが困難になり，場合によっては死にいたります。貯留している痰を出しやすくするには，環境調整や体位の工夫などを行います（「❸ 喀痰吸引にともなうケア」（☞第5巻 p.145）参照）。しかし，それでも自力で痰を出すことがむずかしい場合に，器具を使って痰を吸い出します。これを喀痰吸引といいます。

　喀痰吸引は，医行為であり，「医師の医学的判断および技術をもってするのでなければ人体に危害を及ぼし，または危害を及ぼすおそれのある行為」です。介護職が喀痰吸引を

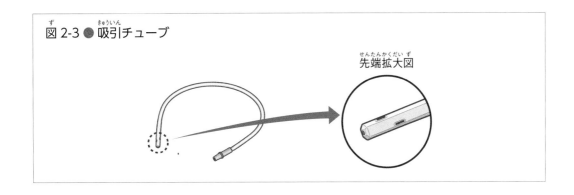

図 2-3 ● 吸引チューブ

先端拡大図

実施する場合は，必ず医師の指示書が必要です。

　喀痰吸引は，吸引器につないだ管（吸引チューブ（図 2-3）という）を口腔や鼻腔から挿入して，痰を吸い出します。口の中から管を挿入する場合を口腔内吸引，鼻の穴から挿入する場合を鼻腔内吸引といいます。口腔から吸引した場合でも，鼻腔からの吸引が不要なわけではありません。また，鼻腔から吸引した場合でも，口腔からの吸引が不要なわけではありません。医師・看護職の指示に従い実施します。

　介護職の実施できる範囲は，口腔内・鼻腔内吸引では，咽頭の手前までを限度とし，気管カニューレからの吸引は，吸引チューブの先端が気管カニューレを超えない気管カニューレ内部の吸引とされています。

　喀痰吸引は，吸引チューブを口や鼻から挿入するため，使用する器具や実施する人の清潔を保持しておくことが大切です。また，かたい管を挿入しますので，口腔や鼻腔を傷つけないよう，静かに挿入するとともに個々の利用者によって決められた吸引チューブの挿入の深さや痰を吸い取る圧（吸引圧という）を守ることが必要です。吸引中，利用者は十分な呼吸ができなくなります。したがって，からだの中の酸素が不足して生命に危険を及ぼす可能性もありますので，吸引前後の利用者の状態を十分観察するとともに，吸引チューブの挿入時間（吸引する時間）を確実に守ることが非常に大切です。

　喀痰吸引は，痰を除去することによって利用者の呼吸をしやすくするために行うものです。しかし，正しい方法で実施しなければ，かえって利用者の身体に危害を加えてしまうおそれがありますので，十分注意することが大切です。

▶▶ 喀痰吸引が必要な状態

　喀痰吸引が必要な状態とは，以下のような状態です。よく観察することが重要です。
・痰が増加している状態
・咳をするための喉の反射や咳の力が弱くなり，痰を排出しにくい状態
・痰がかたくなり，排出しにくい状態
　次に，それぞれの状態について説明します。

(1) 痰が増加している状態

　　痰が増加する原因は，おもに口腔や鼻腔から呼吸器官に細菌などが入りこむことによって起こる感染症や，食物を誤って食道ではなく気管に送りこんでしまったときに起こる誤嚥性肺炎，からだが異物と判断してしまうような治療の器具等が口腔や鼻腔から入れっぱなしになっていることなどが考えられます。これらは，からだに侵入しようとしている細菌や異物を除去しようとする，自分のからだを守るためのはたらきで，痰をつくり出し，排出しようとしている反応です。いつもより痰が増加していて，さらに自分の力で痰の排出が間に合わない場合やできない場合に，喀痰吸引が必要となります。

　　このほか，ケアによってはそのあとに痰が増加する場合があります。たとえば，食後などは食事によって唾液の量が増えたり，少量の食物が喉にひっかかったりすることによって増えます。清拭などでからだを動かしたあとは，からだの向きを変えることで，肺の奥底にたまっていた痰が喉のほうに上がってくることがあります。また，入浴後は湿度が上がる関係もあり，痰がやわらかくなり痰が増えることがあります。これらのケアをする場合は，その前後で痰を除去しておくことが必要になります。

(2) 咳をするための喉の反射や咳の力が弱くなり，痰を排出しにくい状態

　　咳には，人間のからだに細菌などの異物が入りこまないように排出するはたらきがあります。咳は，自発的におなかや胸の筋肉を使って出す場合と，痰が貯留した際に，無意識のうちに神経を通じて「反射」で出す場合があります。

　　しかし，咳を出す反射を引き起こす神経のはたらきが低下したり，自発的に意識して咳を出そうと思っても，咳を出す力が弱くなったりした場合には，痰を機械的に吸い上げる喀痰吸引が必要となります。

(3) 痰がかたくなり，排出しにくい状態

　　痰を排出するための咳の力があったとしても，痰が呼吸器官にへばりつくような粘り気の強いものであると，痰がかたくなり，十分出しきれなくなります。痰の粘り気は，痰に含まれる細菌・異物の種類や水分の量によって変わってきます。からだの中の水分が不足していたり，乾燥した外気を吸ったりしている場合などにも痰が乾燥して粘り気が強くなりますので，喀痰吸引が必要となります。

　　以上のそれぞれの状態に対する治療や処置などは，医師・看護職によって行われますが，並行して喀痰吸引による除去をしていく必要があります。

　　実際の喀痰吸引については，医師の指示のもとで看護職等と相談して決めます。

❹ 人工呼吸器と吸引 ::

▶▶ 人工呼吸器が必要な状態

呼吸器官のはたらきは，前述のとおり，体内への空気の取りこみと吐き出しをする「換

気」と，肺と血管との間で酸素や二酸化炭素の受け渡しをする「ガス交換」があります。何らかの理由で換気が十分にできなくなった状態の人に対して，人工的に換気を補助するために人工呼吸器を装着します。人工呼吸器による呼吸の補助では，全面的に呼吸のはたらきを助ける場合と，本人の呼吸にあわせて一部分を補助する場合があります。人工呼吸器を装着する時間が決められており，24時間装着している人もいれば，夜間のみに装着している人もいます。全面的に呼吸のはたらきを助ける場合は，喀痰吸引のために人工呼吸器をはずせる時間が非常に短くなります。そのため，喀痰吸引は，非常に短い時間で確実に行うことが必要になります。

　長期間，人工呼吸器を装着する場合には，手術により気管に穴をあけて管を挿入し，人工呼吸器を装着します。

　人工呼吸器は，急激な呼吸状態の悪化によって緊急で装着する場合と，療養経過が比較的ゆるやかで，時期をみて装着する場合があります。いずれの場合でも，利用者は人工呼吸器を装着することの意思を決定するにあたって，そのあとのからだのことや人工呼吸器の装着にともなうさまざまな問題に対して，多くの不安や葛藤などをかかえています。

▶▶ 人工呼吸器のしくみ

　人工呼吸器とは，圧力をかけて酸素を肺に送りこむ医療機器です。人工呼吸器を装着して呼吸の維持・改善をする治療を人工呼吸療法といいます。人工呼吸療法には，気管に空気を出入りさせる穴をあけて（気管切開という），チューブ（気管カニューレ）を挿入し，そこから管（蛇管という）を通して空気を送りこむ侵襲的な人工呼吸療法と，口・鼻または鼻のみをマスクでおおい，そのマスクを通して空気を送りこむ非侵襲的な人工呼吸療法があります。

　人工呼吸器のしくみは，図2-4に示すとおりです。人工呼吸器は，人工呼吸器本体と蛇管や加温加湿器などの付属品を接続して使用しています。人工呼吸器本体は利用者それぞれの呼吸状態に応じて換気回数や量などが設定され，室内の空気をいったん本体に吸いこみ，フィルターを通して体内に送りこみます。設定の変更は医師が行います。

　人工呼吸器の電源には，通常，居宅の場合は家庭用電源が用いられます。また，停電時に備えた電源の確保（バッテリーなど）が必要です。人工呼吸器から送り出される空気は，蛇管を通して運ばれます。蛇管は，いくつかのホース状の管のほかに，空気を一定方向に流すための弁，感染を予防するためのフィルター，空気を一定の温度・湿度に保つための加温加湿器，ホース内にたまる水滴を集めて廃棄するための部品（ウォータートラップという）を接続して使用します。利用者の気管切開部，または非侵襲的な人工呼吸療法で使用する口鼻マスク，および鼻マスクは，コネクタでこの回路とつなげます。また，人工呼吸器の本体には，空気の送りこみが設定どおりに作動していない場合に鳴る，アラームがついています。

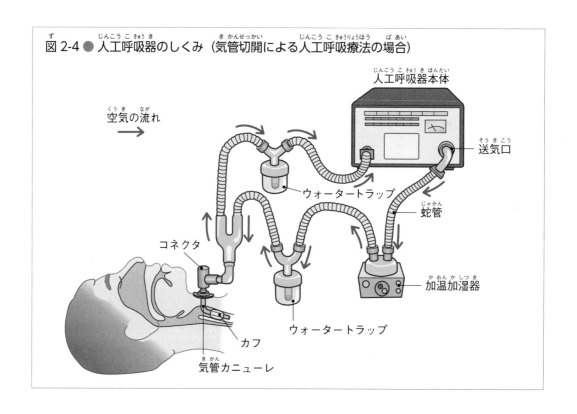

図 2-4 ● 人工呼吸器のしくみ（気管切開による人工呼吸療法の場合）

空気の流れ

人工呼吸器本体

送気口

ウォータートラップ

蛇管

コネクタ

加温加湿器

ウォータートラップ

カフ

気管カニューレ

　人工呼吸器の管理は，基本的に医師や看護職が行うものです。しかし，介護職が人工呼吸器を装着した利用者の喀痰吸引を行ううえで，最低限知っておくべき注意点もあります。

　多くの付属品を接続して使用する回路は，接続がゆるんだり，ねじれたり，破損したりすることによって容易に空気がもれてしまいます。また，加温・加湿や呼吸の状況によって，回路内に水がたまってしまうので，適切にその水を捨てなければなりません。

　また人工呼吸器には多くの機種があり，それぞれ特徴や取り扱い方法が異なります。小型の人工呼吸器などもあり，全身の状態が安定している場合には，人工呼吸器を装着したまま外出をすることが可能な場合もあります。また，病院内で使用する機種と，居宅において使用する機種が異なる場合もあります。

　以上のとおり，人工呼吸器は，適切に作動しなければ利用者の身体に悪影響を及ぼすだけでなく，生命への危険を生じかねません。そのため，医師や看護職，医療機器提供会社による定期的な点検・整備によって，故障やトラブルを未然に防ぐように管理します。十分に点検・整備を行っても，予期せずに故障する場合があるので，予備などの備えを確保しておくことが必要です。また，回路などの付属品についても，細菌などが付着して，それを吸いこむことになると，感染の原因になりますので，消毒や定期的な交換などにより常に清潔に保つとともに，破損や不具合がないかどうか，医師や看護職により確実に管理される必要があります。

▶▶ 非侵襲的人工呼吸療法の場合の口腔内・鼻腔内吸引

(1) 口鼻マスクおよび鼻マスク

　呼吸の補助を必要とする人に対して，人工呼吸器から空気を送りこむために，口や鼻をおおったマスク（口鼻マスク）や鼻のみをおおうマスク（鼻マスク）を顔に装着して呼吸を補助する非侵襲的人工呼吸療法を行います（図2-5）。マスクは，利用者の状態によって，24時間装着している場合や一定時間のみ装着する場合があります。

　口鼻マスクや鼻マスクは，空気が多量にもれ出さないように顔の皮膚に密着させて，ベルト（ヘッドストラップ）で頭のまわりに固定しています。一方，マスクを密着しすぎてしまうと，接触している皮膚の部分が傷ついてしまうため，適度な装着が必要です。からだを動かしたり，おむつを交換したりするなどのケアの際には，顔の向きや動きによってマスクがずれないように注意することが大切です。なお，マスクは，常に顔の皮膚に密着して接触している状態となりますので，顔の皮膚が赤くなるなどの変化がないかどうか観察し，医師・看護職に連絡しましょう。

　さらに，口腔や鼻腔の状態の観察や，喀痰吸引のあとで，取りはずしたマスクを再度装着するときは，適度に顔の皮膚に密着していなければ空気がもれてしまい，十分な酸素が送りこまれないことになってしまいますので，確実な装着を心がけましょう。

　マスクを取りはずしているあいだは，利用者に必要な空気が送られないことになります。とくに，マスクを介して人工呼吸療法を受けている場合，気管切開をしている人の

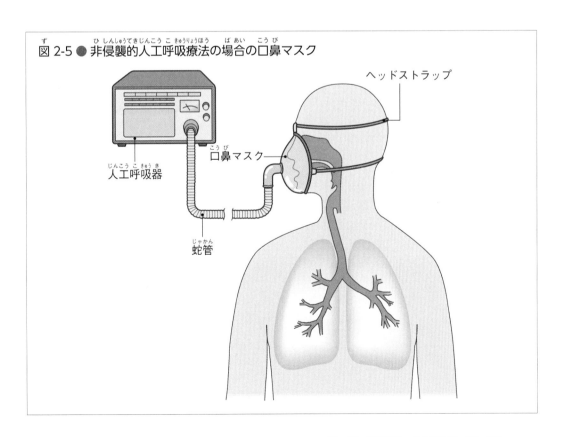

図2-5 ● 非侵襲的人工呼吸療法の場合の口鼻マスク

ヘッドストラップ

口鼻マスク

人工呼吸器

蛇管

ように，口・鼻以外の気道が確保されているわけではありません。吸引や口腔内の観察時には，必要に応じて医師・看護職の判断のもと，鼻のみをおおう鼻マスクに変更して，空気の送りこみを確保しておくこともあります。

(2)　口鼻マスクまたは鼻マスク装着者に対する口腔内・鼻腔内吸引の留意点

　　口鼻マスクまたは鼻マスクを装着している場合には，マスクを通して，圧力をかけられた空気が送りこまれてきます。前述のとおり口腔内・鼻腔内吸引では，マスクを取りはずしているあいだ，必要な空気が十分供給できない状態となります。

　　とくに，気管切開をしている場合と違って，気道が十分に確保されていない状態でマスクの取りはずしをすることになるため，確実ですみやかな操作が必要です。

　　したがって，まず，吸引を実施する前に，人工呼吸器による呼吸の状態や口腔内・鼻腔内を観察することが重要になります。このほか，人工呼吸器の作動状況，口鼻マスクおよび鼻マスクの位置や，顔の接触部分の皮膚に異常がないかどうかについて観察します。実施前の段階でこれらに異常を感じたときには，吸引する前に医師・看護職に連絡をして，対処してもらうことが重要です。また，口鼻マスクの場合，マスクの装着によって口腔内の観察が困難な場合があります。場合によっては，口の中の観察時および吸引をするあいだ，鼻のみをおおう鼻マスクに変更する場合もあります。この方法については，事前に十分，医師・看護職に相談して，連携をはかっておくことが重要です。

　　次に，吸引を実施する際には，気管切開をしている場合と違って，ほかに空気の通り道が確保されていないため，吸引による嘔吐の誘発によって気道がふさがれないように，顔を横に向けて姿勢を整えることが重要です。

　　また，吸引後に状態を確認する際にも，一度，空気の送りこみが途絶えることによって呼吸の状態に異常をきたす可能性があるので，口鼻マスクまたは鼻マスクを装着するときは，固定する位置・固定の強さ，顔の接触部分の皮膚の状態などを確認して，確実に装着します。そして，人工呼吸器による空気の送りこみにともなって胸が上がっているかなどを確認することで，人工呼吸器が正常に作動しているかどうかを確認します。そして，吸引の実施前と変化がないかどうかを確実に観察することが重要です。

　　このように，口鼻マスクまたは鼻マスクを使用している人に対する口腔内・鼻腔内吸引は，人工呼吸器を装着していない人に対する口腔内・鼻腔内吸引に比べて，口鼻マスクおよび鼻マスクを装着して換気することにともなう危険性があることを理解し，適切な着脱による呼吸の安全性に十分留意する必要があります。とくに，24時間人工呼吸療法を要する場合や，病状の不安定な場合については，医師・看護職による慎重な対応が必要となります。

　　緊急時のみに限らず，日常的に医師・看護職と確実に連携しておくことが重要です。

▶▶ 侵襲的人工呼吸療法の場合の気管カニューレ内部の吸引

(1) 気管カニューレと気管切開部

　　空気を送りこむために気管に穴をあけて，そこから呼吸を補助する侵襲的人工呼吸療法があり，気管に穴をあけることを気管切開といいます。通常，気管切開をすると声を発することが困難になります。気管切開をしている場合の気管カニューレは，首の中央部から気管に挿入されています（図2-6，図2-7）。気管カニューレの先端近くには，気管カニューレの外側周囲に小さい風船のようなものをふくらませる部分があり，これをカフといいます。カフは，チューブがずれないよう固定したり，十分な換気を維持したり，口や鼻からの分泌物が気管に入りこまないようにしたりするためのものです。カフの中には，利用者の状態にあわせた設定の空気が入っています（空気はパイロットバルーンというところから注射器で入れます）。空気が多すぎると，気管の表面を圧迫して傷つけてしまいます。また，カフの中の空気が抜けてしまうと，送りこまれるはずの空気が気管から肺へ十分届かず，もれ出してしまうので，注意が必要です。

　　気管カニューレの種類には，カフがついていない気管カニューレ，カフつき気管カニューレ，カフとサイドチューブつき気管カニューレがあります。サイドチューブとは，気管カニューレの外側であるカフの上部にたまっている分泌物等を吸い出すための細い管のことです。また，利用者の状態によっては，医師の判断により人工呼吸器や気管カニューレを装着せず気管切開の穴をあけたままの状態にしている場合があります。

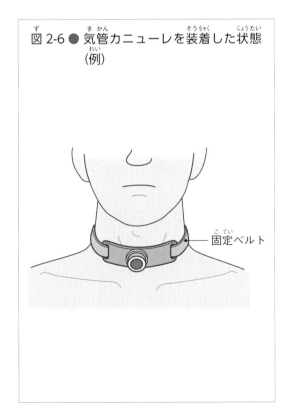

図2-6 ● 気管カニューレを装着した状態（例）

固定ベルト

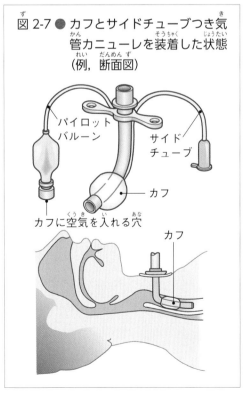

図2-7 ● カフとサイドチューブつき気管カニューレを装着した状態（例，断面図）

パイロットバルーン

サイドチューブ

カフ

カフに空気を入れる穴

カフ

通常，気管切開をしている人は，声を発することが困難ですが，発声を可能にする器具を挿入して会話ができるようにする場合もあります。気管カニューレは，医師が定期的に清潔なものと交換します。

気管カニューレは，固定ベルトを首のまわりに通して，ずれたり抜けたりしないように固定します。利用者の体動や頭の向き，回路が引っ張られることなどによってずれることがありますので，注意が大切です。また，気管カニューレの挿入部の皮膚は，長期間にわたりかたい器具が接触しているために，ただれや出血，滲出液がみられることがあります。気管カニューレの周囲は，常に清潔に保つことが重要です。

なお，皮膚に異常がみられるときには，医師や看護職による皮膚の処置や対処が必要になりますので，医師や看護職に連絡をします。

(2) 気管カニューレ内部の吸引の留意点

介護職が実施する気管カニューレ内部の吸引とは，気管カニューレからはみ出さない深さまでの吸引をいいます。気管カニューレより先の気管の部分には，迷走神経[8]（→p.155参照）という神経があり，この部分を刺激してしまうことで心臓や呼吸のはたらきを停止させてしまう危険性があります。このため，吸引チューブの挿入は，気管カニューレの先端を超えないよう十分注意が必要です。

人工呼吸器装着者のうち，気管切開をしている場合は，気管にカニューレ（異物）が入っているために，痰が増えたり，吸いこんだ空気が口や鼻を通過しないために乾燥し，痰がかたくなったりします。また，細菌などが空気とともに侵入しやすく，痰が増加したり，空気の出口が大きいために咳をしにくくなり，痰を吐き出しにくいといった状態になります。

気管カニューレ内部の吸引では，通常，病原性の細菌等がない気管に，感染の原因となるような分泌物や細菌を付着させたり，落としこまないように，清潔な吸引チューブや滅菌精製水[9]（→p.156参照）等を用いた無菌的な操作が必要です。

吸引の際は，一度，気管カニューレと回路をつなぐコネクタをはずすことになります。

コネクタをはずす際は，清潔に取り扱い，はずした回路内の水滴が気管カニューレや利用者の口に入らないように留意します。コネクタについている痰は，清潔なもの（清浄綿[10]（→p.156参照）など）でふき取ります。吸引前後に利用者の状態をしっかりと確認することと，吸引後，すみやかに，かつ確実に人工呼吸器回路を接続することが非常に重要です。人工呼吸器の着脱にともなってアラームが鳴るしくみになっています。吸引後に人工呼吸器を装着するまでのあいだ，利用者には人工呼吸器からの空気の送りこみはなく，まったく呼吸のない，もしくは呼吸が弱い状態になっているため，利用者は非常に苦しい状態になります。再び人工呼吸器を装着してもアラームが鳴りやまない場合は，緊急を要する状態の可能性もあり，医師・看護職に連絡をする必要があります。

人工呼吸器を装着している人は，呼吸の補助が必要な状態の人です。そのような人に対する気管カニューレ内部の吸引は，吸引の圧が高すぎたり，吸引時間が長すぎたりすると，利用者の体内の酸素量をさらに低下させてしまうことにつながります。さらに，気管の粘膜を傷つけて出血させてしまう危険もあります。適切な吸引圧と吸引時間を守ることが非常に重要です。

　また，気管カニューレ内部の吸引の場合，吸引チューブを深く挿入しすぎて，気管カニューレ内部を超えてしまうと，気管に吸引チューブが当たって迷走神経を刺激してしまい，突然の心停止や血圧の低下などを起こす危険性があります。気管カニューレ内部の長さには個人差がありますので，利用者によって決められた挿入の長さを確実に守る必要があります。

　カフとサイドチューブがついている気管カニューレを装着している利用者の場合には，サイドチューブからカフの上部にたまっている分泌物等を吸い上げる場合があります。サイドチューブから分泌物等を吸い上げるということは，吸引圧が直接気管の内壁（粘膜）にかかるということになります。カフ上部にたまる分泌物の量や性状は利用者の状態によって異なります。また，呼吸にともなう貯留物の音の変化の確認が困難であったり，利用者自身でカフ上部の貯留物を自覚しにくいうえ，分泌物が視覚的に確認できない状況で吸い上げることになりますので注意が必要です。

　また，分泌物等の性状によってはサイドチューブがつまりやすくなったり，利用者の誤嚥の有無によっては吸い上げる内容物の量や性状が変わったりします。効果的に吸い上げるには，カフの中の空気圧が適切に保たれていることが必要です。カフの管理については，事前に医師・看護職と連携して相談しておきましょう。

　サイドチューブから分泌物等を吸い上げる場合は，その方法について事前に医師・看護職に確認するとともに，吸い上げた分泌物等の量や性状についても観察して医師・看護職への報告を行うことが必要です。

　人工呼吸器を装着している状態では，言葉によって訴えることが困難となりますので，吸引前と吸引後に，十分な説明や声かけ，意思確認を行う必要があります。さらに，吸引前と吸引後の呼吸状態や顔色・表情などを観察して，いつもと違う状態ではないか確認することが必要です。

　また，介護職による喀痰吸引の範囲は気管カニューレ内部となっているため，十分痰が吸い取りきれない場合があります。そのような場合は医師・看護職に対応を依頼します。

　以上のように，人工呼吸器の着脱をともなう気管カニューレ内部の吸引には，多くの重篤な危険をともなうため，医師・看護職との連携を密にはかり，安全を確保することが重要です。

▶▶ 人工呼吸器装着者の生活支援上の留意点

すでに述べたように，人工呼吸器は複雑なしくみをもっています。したがって，人工呼吸器を装着している人に対する生活支援の場面では，トラブルを防ぐための注意が必要です。

たとえば，人工呼吸器本体は，室内の空気を吸いこみ，フィルターを通して空気を送りこみます。したがって，人工呼吸器本体と周囲の壁などとのあいだには，一定の隙間を残しておきます。室内の空気を清潔に保ち，ほこりをたてないように気をつけます。また，回路の接続部がはずれたり，ゆるんだり，ねじれたりする場合や，非侵襲的な人工呼吸療法の口鼻マスクまたは鼻マスクがずれてしまった場合には，空気がもれ出してしまい，利用者に酸素が届かずに，生命への危険を生じるおそれがあります。とくに，おむつ交換や清拭・体位変換などの際には，回路を引っ張ったり，口鼻マスクまたは鼻マスクがずれたりしないように留意することが重要です。回路が引っ張られて，気管に挿入している気管カニューレが抜けてしまうこともあり，医師・看護職による早急な対処が必要な緊急事態となってしまいます。

さらに，人工呼吸器には多くのスイッチがあり，スイッチによって送りこむ空気を調節していますので，からだが触れることのないように注意が必要です。人工呼吸器以外のものを使用するために電源を操作する際には，誤って人工呼吸器の電源の差しこみがゆるんでしまわないよう，そのつど差しこみの確認が必要です。また，人工呼吸器を装着している場合は，利用者は声を発して会話したり，要求を正確に伝えることが困難な状態になります。苦しいということを伝えることが困難な場合もあります。必ず**意思伝達の手段**[1]（➡ p.156参照）を確保して，利用者が自分の思いや要求をしっかりと伝えられるような工夫をするとともに，十分に声かけし，表情などの変化を観察しましょう。

このように，人工呼吸器装着者に対する支援では，日常生活支援の場面においても十分な注意をしなければ，生命への危険が生じるおそれがあります。

▶▶ 人工呼吸器装着者の呼吸管理に関する医師・看護職との連携

人工呼吸器を装着する状態とは，自分の力だけで呼吸するのが困難であり，呼吸を補助してもらう必要のある状態です。また，人工呼吸器という複雑な医療機器を使用していることに加え，吸引の際にも多くの危険をともないます。医師・看護職および医療機器提供会社等による専門的な呼吸管理のもとで，適切な連携をはかり，安全を確保することが重要です。

ここでは，医師・看護職との連携のとり方について，①日常的な連携，②緊急時の対応の説明をします。

(1) 日常的な連携

人工呼吸器を装着している人の支援にあたり，吸引に関連する直接的な留意点のほか

にも，前述のとおり，生活支援場面において多くの留意点があります。日常生活の管理を確実に行うことは，多くの危険を未然に防ぎ，異常の早期発見につながります。利用者の変化の有無にかかわらず，日常的に，医師・看護職への連絡，相談，情報提供を実施しましょう。

・吸引方法の留意点（吸引チューブの種類・吸引チューブ挿入の深さ・吸引時間・吸引圧その他）は利用者一人ひとりの状態によって異なります。具体的な方法の留意点については，事前に医師（必要時，看護職）の指示を確認しておきます。また，その留意点は，利用者の状態の経過（変化）にともなって変更する必要がありますので，定期的に医師・看護職とのあいだで，相談して見直します。
・変化の有無にかかわらず，体温や呼吸の状態，痰の性状，吸引前後の利用者の様子（気持ちも含めて）については，定期的に医師・看護職に連絡が必要です。連絡を受けて，医師・看護職は，利用者の状態変化がないかどうか，対処が必要かどうかを判断します。医師・看護職は，その判断から専門的な排痰ケア（痰を出しやすくするケア）や人工呼吸器の設定の変更・薬剤の検討などを行います。そのため，医師・看護職への情報の提供は非常に重要です。
・人工呼吸器や付属品（回路など）の管理，気管カニューレの管理および周囲の皮膚の管理などは，基本的に医師・看護職が実施することです。しかし，何かいつもと違うようだと気づいた際には，医師・看護職にすぐ連絡をして，対処してもらうようにすることが重要です。

以上のように，いつ・どこで・どのような内容をどのような方法で連絡をとり合うのかということを，事前に医師・看護職とのあいだで決めておきましょう。

(2) 緊急時の対応

人工呼吸器装着者の呼吸管理および吸引に関連して，緊急の対応を要する状態とは，おもに次のとおりです。

・人工呼吸器の音にあわせて胸のふくらみがない（弱い）状態
・痰を吸引して除去したにもかかわらず「呼吸が苦しい」という訴えがある（または，苦しい表情である）状態
・顔色が青白い，気管からの吸引物が鮮やかな赤色である
・気管カニューレが抜けている
・人工呼吸器のアラームが鳴りやまない
・停電などにより，人工呼吸器の作動が停止した

このような緊急時は，生命の危険を生じる可能性があり，迅速な対応が必要です。
ふだんから，緊急時を想定して，以下のことを，家族や医師・看護職と取り決めて共

有しておくことが非常に重要です。

・緊急時の連絡先（連絡網）
・緊急時に連絡すべき内容（いつ・どこで・だれがまたは何が・どのように・どうしたか・どうなったか）
・対応方法

　このような緊急を要する状態となる原因には，利用者の病状の急激な変化や，人工呼吸器や回路などの付属品のトラブル（正常に作動していないこと），吸引の操作にともなう異常の発生などが考えられます。

　とくに，人工呼吸器は，停電時・災害時などに電源が確保されなければ利用者の生命にかかわりますので，日ごろから停電時・災害時を想定した対処や備えについて，医師・看護職に確認をしておきます。

　異常が発生した場合には，まず医師・看護職に連絡して，至急対処してもらいましょう。緊急事態にいたった原因の特定は困難かもしれませんが，医師・看護職が到着するまでの対応として，利用者の状態を常に観察しておくとともに，人工呼吸器の回路や周辺の状況にいつもと違ったことがないかどうかを確認しておくことが重要です。

　医師・看護職（または救急車）が到着したら，その異常の原因を確認したうえで，呼吸状態を回復するための治療や処置が行われます。

　緊急事態に早期に対応するには，日常的に医師・看護職との情報交換をして，緊急時に備えた事前の取り決めをしておくことが重要です。

❺ 子どもの吸引について

▶▶ 吸引を必要とする子どもとは

(1) 吸引を必要とする子どもの理解

　日常的な医学の進歩によって，NICU等に長期入院したあとに，引き続き人工呼吸器や胃ろうなどを使用して生活している，日常的に喀痰吸引などの医療的ケアの必要な医療的ケア児がいます。吸引を必要とする子どものなかには，重症心身障害児[12]（➡ p.156参照）のように運動障害や知的障害のある子どももいれば，歩ける子どももいます。吸引が必要になった原因は，脳性麻痺[13]（➡ p.156参照）や神経・筋疾患など先天性の疾患から後天性の疾患，事故によるものなどさまざまです。在宅や施設で生活するほか，特別支援学校[14]（➡ p.156参照）等に通う子どももいます。

　生活する環境や支える家族，支援にたずさわる関係者は，一人ひとり違います。子どもと家族の安全を守るための支援者間の連携が重要です。

(2) 身体的な特徴

　子どもの呼吸器官は成人に比べて組織が十分に発達していません。呼吸運動をする筋肉が未熟で呼吸の力が弱く疲労しやすいといえます。また，肺胞が少なかったり気管が細く肺のふくらみも小さいため，1回の呼吸で吸いこむ空気の量が少なく成人に比べて呼吸回数が多くなります。鼻腔や気管は細いうえに一般的にやわらかく，外力でさらにせまくなってしまうことがあり，乳幼児は，とくに寝る姿勢（首の向き）などによって呼吸がさまたげられてしまうことがないよう注意が必要です。

　また，子どもは感染への抵抗力が弱く，感染性の病気にかかったときは進行が速く容易に悪化します。気道が細くやわらかいため感染により炎症を起こすと気道がさらにせまくなり痰がつまりやすくなります。

　病気によっては，肺の大きさや気管の太さが左右で異なっていたり，背骨が曲がっていたり，気管が変形したりすることもあります。また病気によっては呼吸機能だけでなく，心臓・循環器系や内分泌系の障害などもあわせてもっていることがあるので個々の状態を事前に確認しておくことが重要です。

(3) 吸引にともなう子どもへの対応・説明

　身体的な特徴に加え，子どもは自分の体調の悪さを訴える表現力が未熟なため，異常の発見が遅れる場合があります。子どもの心停止は，呼吸不全に引き続くことも多いため，呼吸にかかわる介護には，十分な観察力が必要となります。

　吸引は，自分で咳をしたり，**体位ドレナージ**[15]（→ p.156 参照）（図2-21（☞第5巻 p.147））などのような侵襲性の少ない方法で気道内から痰や異物・血液などを出すことができない場合に実施します。子どもにとって吸引は，吸引チューブの挿入の際の違和感や，機械，吸引時の音の大きさなど，恐怖と苦痛をともなう処置であるといえます。そのため，吸引をいやがって，手で払いのけたり，顔を横に振ったり，手足をばたつかせて動いたりすることがあります。そのような場合に無理やり吸引を実施することは大変危険で，効果も期待できません。事前に子どもの理解力に応じた説明を行い，**心理的準備（プレパレーション）**[16]（→ p.157 参照）が行えるように援助します。また，安全に配慮するための最小限の抑制が必要となる場合もあります。

▶▶ 子どもの吸引の留意点

(1) 吸引に必要な物品・設定

　子どもの吸引では，子どもの身体的特徴にあわせて吸引に必要な物品を準備します。子どもには一人ひとりの成長過程にともなう体格の違いがあり，当然，呼吸機能や気管の太さ・長さにも個人差があります。吸引チューブの種類にはさまざまな太さややわらかさがあります。吸引チューブが太すぎると粘膜を傷つけてしまい，吸引チューブが細すぎると吸引物がつまりやすくなることもあります。したがって，一人ひとりの状態に

適した吸引チューブを医師の指示に従って使用します。

前述したとおり，子どもは成人に比べて呼吸機能が未熟です。そのため，吸引による呼吸への影響を受けやすく，さらに，子どもの気道の粘膜はやわらかくて傷つきやすいため，通常，吸引圧は成人よりも低く設定します。吸引後の呼吸状態の変動や出血を起こさないためにも，医師の指示による吸引圧・吸引時間を厳守するよう留意します。

(2) 吸引前の準備

吸引前には，年齢や理解力にあわせて説明し，声をかけて不安を取り除くことが重要です。子どもと，苦しくなったときは手を握るなどの合図を決めておきます。

幼く，説明が十分に理解できずに，吸引にあたって処置に協力が得られない場合には，半座位，抱っこなどで，頭部，顔などを固定します。泣いているとき，体動が激しいときは落ち着くのを待ちます。安全に行うために，家族の協力を得ることもあります。必要物品をもれなく準備し，安全に手短に実施できるよう心がけます。

(3) 口腔内・鼻腔内・気管カニューレ内部の吸引

口腔内・鼻腔内の吸引では，吸引チューブの接続部位を指で押さえ吸引圧が加わらないようにし，口腔または鼻腔より挿入します。鼻腔より吸引する際は，顔に対して垂直に咽頭の手前（口角〜耳たぶまでの長さ）まで挿入します（図2-8）。

口腔より吸引する際は，**口蓋垂**[17]（→ p.157 参照）を刺激しないように注意して挿入します。吸引圧を加えゆっくりと回しながらできるだけ短時間で（長くても10秒以内）引き上げるように実施します。痰や分泌物が取りきれていなくても長時間継続しないようにします。痰が取りきれていない場合は，間隔をおいて呼吸が安定してから再度実施します。

気管カニューレ内部の吸引では，挿入されている気管カニューレの種類や固定方法が

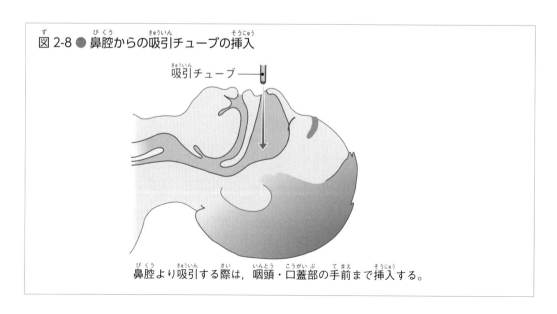

図 2-8 ● 鼻腔からの吸引チューブの挿入

吸引チューブ ——

鼻腔より吸引する際は，咽頭・口蓋部の手前まで挿入する。

それぞれ異なるので，主治医の指示を看護職とともに確認したうえで，実施する必要があります。口腔内・鼻腔内の吸引と異なる点は，吸引圧をかけながら，指示された吸引チューブの長さまで気管内に挿入することです。吸引による刺激や子どもの体動によって気管カニューレの固定がずれたり，気管カニューレが抜けてしまう危険性がありますので十分な注意が必要です。子どもの気管カニューレ内部の吸引では，吸引チューブをゆっくり回転させながら5〜10秒以内で引き上げるようにします。

実施後，呼吸状態を確認するとともに，子どものがんばりをほめてあげましょう。

❻ 吸引を受ける利用者や家族の気持ちと対応，説明と同意

▶▶ 利用者の吸引に対する気持ち

吸引を必要とする状態とは，何らかの病気や障害により，痰を自力で排出することができない状態です。利用者は，自身の病気や障害に対して，「治るのか」「悪化しないか」などといった不安や，症状にともなう苦痛をかかえています。また，吸引が必要な状態になってしまったことを受けとめるまでに，それぞれの経過にそった思いがあります。吸引は，口や鼻などからかたい管を挿入します。また，吸引のあいだ，呼吸を止めるような状態になり，苦痛をともないます。しかし，これらの苦痛があっても，「痰がつまってしまったら，呼吸が苦しくなり，生命に危険をきたしてしまう」というような思いから，吸引を受け入れていることと思います。または，このような苦痛をともなうことや，吸引の必要性が十分理解できずに，吸引に対して拒否的な気持ちを抱いていることもあります。

また，利用者は，必要時に迅速かつ安全に吸引してもらえることを望んでいます。

吸引は前もって吸引する時間が確実に推測できるものではありません。昼夜を問わず，吸引が必要な場合もあります。家族への気づかいや吸引をしてもらう者に対して申し訳ないという思いも抱きながら，療養を続けていることもあります。

昼夜を問わず吸引が必要となったり，苦痛をともなったりする「吸引」に対する利用者の気持ちは，療養生活のなかで日々変化します。喀痰吸引は，利用者の協力がなければ効果的に実施できないばかりか，危険をともなうことにもなりかねません。利用者の気持ちを受けとめるとともに，その変化にも留意しながら接しましょう。

▶▶ 家族の吸引に対する気持ち

利用者が吸引を必要とする状態になってしまうことに対して，家族も利用者本人と同じように，さまざまな不安や希望を抱いています。

利用者の病状や，障害の見通しに加えて，家族の生活や仕事のこと，経済的なことなど，さまざまな心配事や不安をかかえている可能性があります。

とくに，退院・退所により，在宅での療養を開始・継続していくには，介護の見通しに

ついて考えることが多いでしょう。喀痰吸引を必要とする利用者の介護では，昼夜を問わず吸引が必要になったり，生命にかかわる緊急事態が生じたりするかもしれません。吸引を家族が受け入れるには，その技術を習得するだけでなく，その覚悟と家族自身が精神的，身体的に健康であることが必要になります。このような家族の不安や精神的な負担感について，十分に把握しておく必要があります。また，吸引の方法や，介護の体制などについて，家族の希望も十分確認しておきましょう。療養生活の経過にともない，介護をになう家族の疲労感も増していく可能性があります。家族の気持ちの変化についても留意しておきましょう。

　また，家族が不安や負担を感じていることを把握した際には，支援の体制そのものについて関係職種を含めた検討が必要なこともあります。療養経過にそって家族の気持ちを把握し，その思いを関係職種間で共有できるように，適宜，情報を提供していくことが望まれます。

▶▶ 利用者・家族の気持ちにそった対応と留意点

　このような利用者・家族の気持ち（気持ちの変化）に対して，介護職はまず，それを否定せずに受けとめることが大切です。利用者・家族の気持ちは変化することがあることを念頭におき，療養生活のなかで，不安や希望などについて具体的な話を聞くようにしましょう。

　また，不安や希望の訴えや相談内容によっては，医療的な対処を必要とすることがあるかもしれません。たとえば，利用者が「痰を取りきるために，もっと長く深く吸引チューブを入れてほしい」と希望するかもしれません。しかし，吸引チューブを長く深く挿入することは非常に危険な行為です。そのようなときには，利用者の気持ちを受けとめたうえで，「痰が取りきれていない」という思いがあることを医師・看護職に連絡・相談をして，痰を取りやすくする別の専門的な手段を検討・対処してもらうようにしましょう。居宅などでは，日中のあいだの確実な喀痰吸引や医師・看護職等による専門的な排痰ケアによって，夜間の吸引回数を減らし，家族の負担軽減にもつなげられる場合があります。

　また，吸引の必要性を十分に理解できなかったり，吸引を受け入れられなかったりして，激しく抵抗することもあるかもしれません。抵抗する際に，かえって吸引によって身体を傷つけてしまう危険性もあります。そのような場合には，医師・看護職とともに，理解が得られるように説明したり，複数名でかかわったりするなど，安全な吸引を行うための方法について十分検討する必要があります。

　医師・看護職に対する連絡・相談を通じて利用者の気持ちを共有することは，適切な医療の対応につながりますので，非常に重要なことです。

▶▶ 吸引の実施に関する説明と同意

　吸引は，苦痛をともないます。したがって，利用者自身の協力や吸引の実施者との信頼関係が必要となります。そこで，吸引の実施に関する説明と同意，さらに，吸引を実施する前の適切な説明（声かけ）と利用者の同意を確認することが重要になります。

　説明と同意については，利用者の自己決定に必要な情報をわかりやすく提供することと，自由に決定できる環境が必要です。

吸引の実施に関する説明項目

・なぜ吸引が必要なのか（どのような病状であるから吸引が必要なのか）
・吸引の方法（どのように実施されるのか）
・吸引により予想される結果や危険性
・吸引以外にも痰を取り除く方法が可能かどうか（またその方法について）
・吸引をしないことにより予想される結果

　以上を十分に説明したうえで，利用者の同意を得なければなりません。その際，利用者それぞれの年齢や理解力に応じたわかりやすく，ていねいな説明が必要になります。説明を聞くだけでは，恐怖心を増してしまう危険性もあります。できれば，実際の吸引器具等を見せながらイメージできるように説明して，利用者の同意を得ることが必要でしょう。

　また，事前の説明と同意に加えて，吸引を実施するごとに利用者への説明（声かけ）と同意が必要です。

吸引前の声かけの例

　可能であれば，「呼吸が苦しいか」「どこにどれくらい，痰がありそうか」「痰がからむ感じがあるか」など，吸引の希望を確認します。

　利用者の希望がなかったり，意思の疎通が困難な場合でも，痰の音がしたり，呼吸の仕方や顔色に変化がみられたり，客観的にみて，吸引が必要であると考えられる場合もあります。このようなときには，その様子を利用者に伝え，吸引したほうがよい理由を説明し，同意を得たうえで，実施しましょう。

吸引の説明の例

　たとえば，「痰の音がゴロゴロとしてきましたね。痰をチューブで吸い取りましょうか？　よろしいですか」「痰を取るあいだ少しだけ苦しいかもしれませんが，痰が取れると少し呼吸が楽になりますのでがんばってください」などといった声かけをします。

　声をかけて確認する際には，吸引に関する説明と同様，利用者それぞれの状況や理解力や年齢などにあわせた説明や声かけを心がけましょう。

ただし，吸引のタイミング（喀痰吸引が必要な状態）は，利用者それぞれの状態や前後のケア（食後・体位変換後や入浴前後など）の状況によって異なりますので，事前に十分看護職と相談して確認をしておきましょう。

　前述したとおり，事前に声をかけずに実施すると，吸引の苦痛や恐怖心をさらに増すことになりますので，声かけは毎回必要になります。あわせて利用者の協力が得られるよう，はげましの言葉もかけましょう。吸引に対して否定的な思いを抱いている人や，必要性が十分理解できない人などは，吸引に対して激しく抵抗をするかもしれません。無理に吸引をしようとすると，かえって力を入れて吸引チューブをかんだり，からだの動きによって気道が傷ついてしまうなどの危険があります。吸引に協力が得られない場合は，看護職が実施する，複数名でかかわるなどの安全策が必要となりますので，看護職に連絡・相談をしましょう。

　また，吸引の際に家族が近くにいる状況では，利用者が苦痛をともなう吸引を受ける姿を目の当たりにすることになります。吸引前の利用者に対する説明と同様，家族に対しても，そのつど，吸引の必要性を説明して同意を得ることが必要です。利用者のみでなく，家族とも協力的な関係を築きましょう。

　さらに，吸引の実施後は，まず，苦痛をともなう処置を受けたことに対するねぎらいの言葉をかけたり，吸引の効果を伝えましょう。

吸引後の声かけの例

　たとえば，「お疲れさまでした。痰のゴロゴロという音がなくなりましたね」「呼吸は楽になりましたか。たくさん取れましたよ」などと声をかけます。

　居宅などで家族がそばにいるときは，家族に対しても痰が取れたことを伝えて利用者の状態を家族と共有しておくことも大切です。

吸引後の確認の声かけの例

　たとえば，「痰が十分取りきれたか」「痛いところはないか」「息は苦しくないか」ということを確認します。

　また，言葉によって不快な気持ちなどが表現できない人もいますので，表情の変化などにも留意して確認しましょう。

　なお，吸引直後には不快に感じることがない場合でも，時間の経過とともに変化が生じることもあります。吸引後は，しばらく利用者の様子をみて，通常の呼吸状態や表情に戻ったかどうかを確認します。「痰が取りきれていない」「喉が痛い」などの訴えや，その他の苦痛・不満などがあった場合には，医師・看護職に連絡・相談をして対処を検討してもらいましょう。

　利用者も家族も，療養の経過にともなって吸引に対する気持ちが変化することがあるこ

とを念頭におき，ていねいでわかりやすい説明や声かけ・はげましをしましょう。

❼ 呼吸器系の感染と予防（吸引と関連して）

▶▶ 呼吸器系の感染が起きた可能性を示す状態

　人間のからだには，細菌やウイルスなどが侵入してきたときに，それらを追い出そうとして攻撃するはたらきがあります。その際，からだの各部で炎症が起きて体温が上昇します。

　細菌やウイルスが口や鼻から侵入して，呼吸器で感染が起こることがあります。

　呼吸器で感染が起こった可能性がある場合には，口・鼻・喉・気管・肺などの内側の組織（粘膜という）が炎症により赤っぽく変化したり，腫れてきたり，分泌物が増えたりします。このような変化により，利用者には，体温が上昇したり，喉などに痛みを感じたり，痰が増えてきたり，また，その痰を排出しようとして咳が出てくるなどの症状があらわれます。

　このような症状に気づいたら，呼吸器系の感染が起きた可能性があります。感染そのものに対する治療・処置を要しますので，医師・看護職に連絡しましょう。

　痰の変化としては，量が増えるだけでなく，色が黄色や緑色っぽく変化することがあります。これらの症状は，細菌やウイルスの種類や量によって程度が異なります。

　呼吸器の感染症には，たとえば肺炎や気管支炎，インフルエンザなどがあります。もともと呼吸器の病気のない人でも，食べ物の飲みこみが悪くてむせやすい人は，本来，気管に入らないはずの食べ物が気管に入りこみ（誤嚥という），その食べ物から細菌による炎症（誤嚥性肺炎という）を起こすこともあります。

Mini 知識

医療・介護関連肺炎

近年，肺炎に対する初期治療の考え方が変わってきています。かつては肺炎の分類として，市中肺炎（CAP）と院内肺炎（HAP）の大きく2つのカテゴリーで治療が考えられていました。2005年のアメリカのガイドラインにおいて，CAPとHAPの中間に位置する医療ケア関連肺炎（HCAP）という概念が発表され，肺炎はCAP，HCAP，HAPの3群に分けて初期抗菌治療を考えるようになってきています。

▶▶ 呼吸器系の感染の予防

吸引を必要とする人が呼吸器系の感染を起こす原因として，呼吸器系の病気によって呼吸器が弱まっていること（感染しやすい状態にあること）や，吸引操作にともなって細菌やウイルスが侵入しやすいことが考えられます。

吸引にともなう感染を予防するために，とくに，留意する点は次のとおりです。

・吸引器材は，吸引実施後には毎回必ず洗浄・消毒をして，清潔に保管しておく
・吸引の器具は，生活動作などで汚染されない安定した清潔な場所に設置する
・居室の空気を清潔かつ適切な温度・湿度に保つために換気や調整をする（吸引器具にほこりなどが入らないようにする）
・吸引前後に手洗いまたは速乾性手指消毒液による手指消毒をする（吸引実施前に，おむつ交換などのほかのケアを行い，そのあとで吸引をする場合もあるため，十分清潔を保つ）
・吸引チューブの挿入部分に触れないように操作をする
・口や鼻からの細菌・ウイルスの侵入を防ぐために利用者の口腔内を清潔に保つ

図2-9に，喀痰吸引にともなって呼吸器系の感染を引き起こす原因の例を示します。
吸引を実施する介護職自身が風邪をひいているにもかかわらずマスクを着用しない，吸引チューブを不潔に扱うなどといった感染を引き起こす原因となるような行為は避けなけ

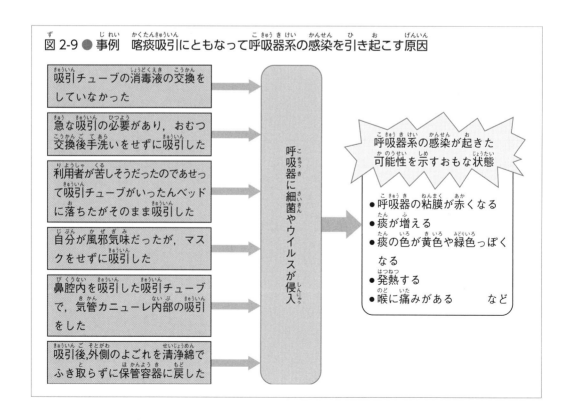

図2-9 ● 事例　喀痰吸引にともなって呼吸器系の感染を引き起こす原因

吸引チューブの消毒液の交換をしていなかった

急な吸引の必要があり，おむつ交換後手洗いをせずに吸引した

利用者が苦しそうだったのであせって吸引チューブがいったんベッドに落ちたがそのまま吸引した

自分が風邪気味だったが，マスクをせずに吸引した

鼻腔内を吸引した吸引チューブで，気管カニューレ内部の吸引をした

吸引後,外側のよごれを清浄綿でふき取らずに保管容器に戻した

呼吸器に細菌やウイルスが侵入

呼吸器系の感染が起きた可能性を示すおもな状態

● 呼吸器の粘膜が赤くなる
● 痰が増える
● 痰の色が黄色や緑色っぽくなる
● 発熱する
● 喉に痛みがある　　　など

ればなりません。また，気管カニューレ内部の吸引を必要とする利用者の場合には，口腔内・鼻腔内吸引のあとに，同じ吸引チューブで気管カニューレ内部の吸引を行ってはなりません。下気道[18]（➡p.157参照）には原則，病原性の微生物はいないことを理解し，口腔内，鼻腔内の菌が入りこむことのないよう，用途別に吸引チューブを使用したうえで，挿入の長さを厳守するとともに，正しい吸引手技で，感染を防止しましょう。

このほかにも，たとえば，居宅などで経済的な理由から，吸引器具の消毒液を使用しないでほしいと言われる場合があるかもしれません。このようなときは，別の清潔な保管方法を検討したり，吸引器具を清潔に保たなければ感染の危険性があることを家族に十分説明して理解してもらう必要があります。

このように，喀痰吸引にともなう感染は，喀痰吸引を実施する人の確実な手技と心がけで予防することが可能です。

❽ 喀痰吸引により生じる危険，事後の安全確認

▶▶ 喀痰吸引により生じる危険の種類

喀痰吸引とは，吸引器につないだ吸引チューブを口腔や鼻腔，気管カニューレから挿入して，痰を吸い出すことです。この一連の行為では，十分留意しなければ利用者のからだに危険が生じることがあります。また，十分留意していても，予期せぬ出来事が生じることがあります（表2-2）。

利用者に起こり得る危険（リスク）としては，呼吸状態が悪くなる，顔色が悪くなる，嘔吐する，出血するなどがあります。また，吸引器が正しく作動しない，痰の色がいつもと異なる，痰がかたくて吸引が困難になるなどといったトラブルも考えられます。

また，人工呼吸器を装着して口鼻マスクを使用している利用者の口腔内・鼻腔内の吸引や，気管切開をしている利用者の気管カニューレ内部までの吸引の場合には，このほかに人工呼吸器の機器や回路など付属品のトラブルや，口鼻マスクの装着の不具合，装着面の皮膚のトラブル，気管カニューレ挿入部分のトラブルが考えられます。

吸引器や人工呼吸器の回路などの付属品のトラブルについては，医師・看護職に連絡しましょう。呼吸状態や顔色が悪くなったり，嘔吐がみられたり，痰の色が赤く出血が疑われる場合には，吸引をただちに中止して，医師・看護職に連絡しましょう。呼吸状態や顔色が悪くなった状態は，吸引などにより体内の酸素が不足している状態（低酸素状態という）になっている可能性や，食後の吸引による刺激で吐き出した嘔吐物や痰が気管に入りこみ，気管をふさいでいる（気道閉塞という）可能性があります。

とくに，呼吸状態・顔色が悪いときや，嘔吐がみられるとき，出血が多いときには，医師・看護職による迅速な対応が必要です。

また，介護職による喀痰吸引の場合は，利用者の要望や独自判断によって，医師の指示

表 2-2 ● 口腔内吸引時に想定されるリスクと対応事例

リスク	介護職の対応	看護職の対応および予防策
吸引器が正しく作動しない	以下の確認を行う ・電源 ・吸引びんのふた(きちんとしまって,密閉状態になっているか) ・吸引びんの中身(いっぱいなら廃棄) ・吸引チューブの接続 ・吸引圧(チューブの接続部を折り曲げ,吸引圧が上昇するか確認)	・利用者等の全身状態の観察(顔色の変化・チアノーゼの有無・呼吸数および自覚症状の有無等を確認し,情報を介護職と共有する) ・定期的な吸引器のチェック(吸引びんのパッキン交換,吸引器と吸引チューブを連結する管の消毒等)
呼吸状態が悪くなる 顔色が悪い	・ただちに吸引を中止し,気道を確保する ・看護職に連絡する	・呼吸状態と酸素飽和度をチェック ・状況により,吸引,酸素投与,用手換気(手動式人工呼吸器を使用)を実施 ・呼吸状態の改善がみられないときは病院へ救急搬送する
嘔吐する	・ただちに吸引を中止し,誤嚥を防ぐため顔を横に向ける ・看護職に連絡する(可能な場合は,吐物を確認してもらう。確認できない場合は,吐物の内容を報告する) ・吐物は,決められた方法で片づける	・全身状態の観察 ・緊急性の判断(吸引刺激による嘔吐だったのか)
出血する	・出血が少量のとき:吸引物に少量血液が混じる程度 →ただちに吸引を中止し,看護職に連絡する ・出血が多量のとき:吸引物がすべて血性のものである場合等 →ただちに吸引を中止し,顔を横に向け,看護職に連絡する ・決められた吸引圧であったかを確認する	・出血量,出血位置の確認 ・正しい吸引操作の確認
痰がかたく,吸引が困難	・室内の空気の乾燥を防ぐ ・看護職に報告する	・摂取水分量の検討 ・気道浄化看護の実施
痰の色がいつもと異なる	・体温をはかり,看護職に報告する ・全身状態の観察	・感染徴候の観察 ・ほかの利用者等への感染を考慮する
吸引ができない(チューブをかむ,口を開けない)	・ゆっくりと吸引チューブを引き抜き,全身状態を観察する ・全身状態を観察して看護職に報告する	・痰の除去が必要な場合は看護職が鼻腔から吸引を行う

を超えた範囲や方法で行ってはなりません。医師の指示に従って実施することが介護職自身を守ることにもつながります。

▶▶ 危険防止のための医師・看護職との連携体制（日常的な報告，連絡，相談）

吸引にともなう危険は，吸引を実施する人の個人的な手技・手順の誤りだけで起こるものではありません。実際に吸引する人と，日常的な吸引器具の清潔管理をする人が異なるかもしれませんし，どの段階での誤りや不備でも危険につながる可能性があります。

介護職が喀痰吸引を実施すると，指示を出した医師に対して実施状況報告書を提出します（図 2-10）。

このような文書による報告に加えて，危険を防止するには，日常的に利用者の状態や疑問点・問題点，利用者・家族の気持ちへの対応など，ささいなことと思われるような事柄についても医師・看護職に連絡をして相談のうえ，共有しておきましょう。また，連絡・相談を受けた医師・看護職が確認・判断をしたあとは，吸引に関する留意点が見直されたり追加されたりするかもしれません。常に情報を共有できる医療職との信頼関係の構築が重要です。新たな留意点を伝えてもらうようにして，共有しておきましょう。このように，危険を未然に防ぐには，常に医師・看護職との情報の交換がきちんとされるような組織的な体制を整えておく必要があります。

▶▶ ヒヤリハット・アクシデントの実際と報告

ヒヤリハット報告は，"ヒヤリ"としたり，"ハッ"とした段階のものについて記入し，一方，アクシデント報告は，ヒヤリハットに気づかなかったり，適切な処置が行われなかったりして，問題が生じた場合に報告するものです（☞第 5 巻 p.35）。

いつもと違う変化（異常）が，利用者または使用する機器に生じた際に，「ヒヤリハット・アクシデント」に相当する出来事に気づかずに見過ごしてしまうことのないよう，利用者の状態や機器等の状況が「いつもと違う」と気づいた時点で，迅速に医師・看護職に連絡・報告をして，医師・看護職とともに確認しましょう。「ヒヤリハット・アクシデント」に相当する出来事であるのか，それが「ヒヤリハット」であるのか，「アクシデント」であるのかは，医師・看護職とともに判断することが適切です。

喀痰吸引は，どの段階の手順が欠けてしまっても，利用者の身体に危険をもたらす結果につながりかねません。吸引の手順が守れなかったことも，ヒヤリハットに相当する出来事になることを知っておきましょう。

以下に，喀痰吸引に関するヒヤリハット・アクシデントの実際について，2 つの事例を示します。

図 2-10 ● 喀痰吸引等業務（特定行為業務）実施状況報告書

(別添様式3)

喀痰吸引等業務（特定行為業務）実施状況報告書

<table>
<tr><td rowspan="7">基本情報</td><td rowspan="4">対象者</td><td>氏　名</td><td colspan="2"></td><td>生年月日</td><td></td></tr>
<tr><td>要介護認定状況</td><td colspan="4">要支援（　1　2　）　　　　要介護（　1　2　3　4　5　）</td></tr>
<tr><td>障害支援区分</td><td colspan="4">区分1　　区分2　　区分3　　区分4　　区分5　　区分6</td></tr>
<tr><td>住　　所</td><td colspan="4"></td></tr>
<tr><td rowspan="3">事業所</td><td>事業所名称</td><td colspan="4"></td></tr>
<tr><td>担当者氏名</td><td colspan="4"></td></tr>
<tr><td>管理責任者氏名</td><td colspan="4"></td></tr>
<tr><td colspan="2">担当看護職員氏名</td><td colspan="4"></td></tr>
</table>

<table>
<tr><td colspan="3">実施期間</td><td colspan="2">年　　月　　日　～　　年　　月　　日</td></tr>
<tr><td colspan="3" rowspan="6">実施日
（実施日に○）</td><td>（喀痰吸引）令和　　年　　月</td><td>（経管栄養）令和　　年　　月</td></tr>
<tr><td>1　2　3　4　5　6　7</td><td>1　2　3　4　5　6　7</td></tr>
<tr><td>8　9　10　11　12　13　14</td><td>8　9　10　11　12　13　14</td></tr>
<tr><td>15　16　17　18　19　20　21</td><td>15　16　17　18　19　20　21</td></tr>
<tr><td>22　23　24　25　26　27　28</td><td>22　23　24　25　26　27　28</td></tr>
<tr><td>29　30　31</td><td>29　30　31</td></tr>
<tr><td colspan="3">実施行為</td><td>実施結果</td><td>特記すべき事項</td></tr>
<tr><td rowspan="5">業務実施結果</td><td rowspan="3">喀痰吸引</td><td>口腔内の喀痰吸引</td><td></td><td rowspan="5"></td></tr>
<tr><td>鼻腔内の喀痰吸引</td><td></td></tr>
<tr><td>気管カニューレ内部の喀痰吸引</td><td></td></tr>
<tr><td rowspan="2">経管栄養</td><td>胃ろう又は腸ろうによる経管栄養</td><td></td></tr>
<tr><td>経鼻経管栄養</td><td></td></tr>
</table>

上記のとおり，喀痰吸引等の業務実施結果について報告いたします。

令和　　年　　月　　日

事業者名

責任者名　　　　　　　　　　　　　　　　㊞

○　○　○　○　　殿

122

事例1　嘔気の誘発の場合

　吸引中に嘔気が誘発されたため，吸引を中止して利用者の状態を観察しました。その後顔色が悪くなったり，嘔吐するなど状態が回復しなかった場合，介護職は看護職に連絡し対応します。状態が回復しなかった場合は，「アクシデント」となります。

　利用者の嘔気が治まり，状態が安定したと考えられる場合についても，介護職は看護職に嘔気が出現したことを連絡・報告します。状態が安定した場合は，「ヒヤリハット」となります。

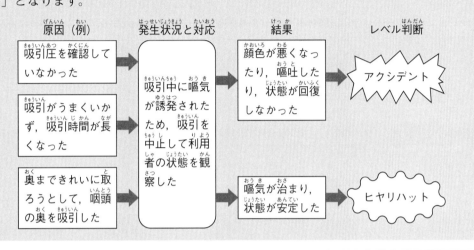

事例2　低酸素状態（体内の酸素が不足した状態）の場合

　吸引中に表情，顔色の変化がみられたため，吸引を中止して利用者の状態を観察しました。その後顔色が悪くなったり，ふだんより反応が鈍くなったり，意識状態が回復しなかった場合，介護職は看護職に連絡し対応します。状態が回復しなかった場合は，「アクシデント」となります。

　利用者の表情が落ち着き，状態が安定したと考えられる場合についても，介護職は看護職に顔色の変化が出現したことを連絡・報告します。状態が安定した場合は，「ヒヤリハット」となります。

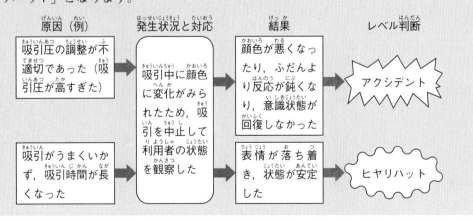

表2-3 ● 喀痰吸引により生じたヒヤリハット・アクシデントの例

原因	事例
手技や手順のミス	・吸引する時間が長く，酸欠を起こしそうになった。 ・吸引圧の確認をせず，最高の吸引圧で実施してしまった。 ・人工呼吸器を装着している人の気管カニューレ内部の吸引後に，取りはずした呼吸器の再設置が遅れアラームが鳴った。
機器や物品等の不備	・吸引器の接続ホース内腔部に変色（茶褐色様）した付着物を発見した。 ・吸引を行うときに機器の電源が入らず，吸引圧が上がらなかった。 ・吸引びんに多量の排液がたまっており，すぐ使用できず，利用者を待たせてしまった。
安全管理体制の不備	・落雷による停電があり，復旧までに40分ほど要したが，その間吸引器の使用ができなかった。
利用者自身に起因するもの	・気管カニューレの自己抜去。 ・吸引（口腔内）中，利用者が吸引チューブをかみ切って飲みこんだ。

　事例で示しているように，利用者の異常や症状が起きたあと，状態が回復したり安定したりした場合は，ヒヤリハット報告をします。状態が回復せずに悪化した場合は，アクシデント報告をします。

　このほか，喀痰吸引により生じたヒヤリハット・アクシデントの例を表2-3に示します。

▶▶ ヒヤリハット・アクシデント報告書の書き方

　ヒヤリハット・アクシデント報告書は，それぞれの施設または事業所などで，その報告様式を決めておく必要があります。ヒヤリハット・アクシデント報告書には，施設名または事業所名，報告者氏名，管理責任者氏名，連携看護職員氏名，発生日時，発生場所，第1発見者，行為の種類（どこの部位からの吸引か），発生状況，対応，背景・要因（吸引手技が手順どおりにできなかった理由）などを記載します（図2-11）。

　吸引にともなうヒヤリハット・アクシデントの「考えられる原因」として，吸引をした人自身の手技や手順の誤りなどがあります。その他，器具の点検段階でのトラブルや，周辺の環境変化にともなう要因，医師・看護職との連携がうまくいっていなかったというようなことも考えられます。これらの原因が複数からみ合って発生してしまう出来事もあるでしょう。

　同じようなヒヤリハット・アクシデントをくり返さないためには，なぜそのようなことが起きたのかを具体的に検討して，今後にいかす必要があります。そのため，ヒヤリハット・アクシデント報告書には状況を詳細に記録します。

　ヒヤリハット・アクシデント報告書は，吸引にかかわるすべての人，とくに医師・看護

職と共有して，人為的なミスはもちろん，物品管理や吸引をするための医師・看護職との連携体制などに不備がなかったかどうかなど，さまざまな視点から再発予防策を検討することが大切です。再発予防策は，吸引を実施する者のみで気をつけていくことではなく，施設および事業所内の管理体制や医師・看護職との連携体制にもかかわることですので，吸引にかかわるすべての人で共有しましょう。

❾ 急変・事故発生時の対応と事前対策

▶▶ 緊急を要する状態

　喀痰吸引により生じる危険については，「❽ 喀痰吸引により生じる危険，事後の安全確認」（☞第5巻 p.119）で説明したとおりですが，ここでは，とくに緊急を要する場合の対応と事前対策について説明します。

　喀痰吸引に関連して，緊急を要する状態とは，呼吸が停止している場合，呼吸状態が悪化している場合（苦しそうな表情や顔色が悪くなった場合），多量に出血している場合，嘔吐して気管に嘔吐したものがつまっている場合です。

　また，人工呼吸器を装着している人の緊急を要する場合とは，上記に加えて，人工呼吸器が作動していない場合や，アラームが鳴りやまず苦しそうにしている場合などです。また，急な停電などによって，人工呼吸器が作動しなくなってしまう場合には，早急な対処が必要になります。

▶▶ 急変・事故発生時の対応

　緊急を要する状態であると気づいたときには，いずれの場合もただちに医師・看護職への報告・連絡をします。その際の報告相手や報告内容については，事前に緊急時対応のマニュアルとして利用者・家族・医師・看護職と共有しておきましょう。医師・看護職への報告内容は，「いつ・どこで・だれがまたは何が・どのように・どうしたか・どうなったか」を明確に伝えます。

　たとえば，「7分前に（時間を正確に覚えておきます），吸引をしたあと2分くらいしてから（時間を正確に覚えておきます），吸引びんの中身を片づけて戻ってきたら，利用者が，居室のベッド上（いつも寝ているところ）で，呼吸を苦しがっています。唇が紫色に変化して，声をかけてもいつものような応答がなくなっています。喉の奥のほうから，いつもよりもゴロゴロと大きめな音がします…」などというように連絡・報告をします。「どのように・どうしたか・どうなったか」ということについては，わかる範囲で詳細に報告しましょう。

　また，利用者の変化に気づいた時間やそのあとの変化については，正確な時間を確

図 2-11 ● 喀痰吸引等業務（特定行為業務）ヒヤリハット・アクシデント報告書（記入例）

（別添様式 4）

喀痰吸引等業務（特定行為業務）ヒヤリハット・アクシデント報告書（記入例）

報告者状況	事業所名称	特養△△ホーム
	介護職員氏名	厚生 ○子
	管理責任者氏名	労働 ○子
被報告者状況	事業所名称	特養△△ホーム
	連携看護職員氏名	○山 省子

発生日時	令和 3 年 10 月 6 日（水曜日）　　午前 （午後） 2 時 40 分頃
発生場所	☑ベッド上　□車椅子　□その他（具体的に　　　　　　　　　　）
対象者	氏名： △田 ○蔵　　（男）女　年齢：80 歳 当日の状況： 吸引を嫌がり，実施時も首を振っていた。

出来事の情報（一連の行為につき 1 枚）	
行為の種類	【喀痰吸引】 ①人工呼吸器の装着の有無　☑なし　□あり ②部位　☑口腔　　　　□鼻腔　　　　　　□気管カニューレ内） 【経管栄養】（□胃ろう　　　　□腸ろう　　　　　□経鼻経管）
第 1 発見者 （○は 1 つ）	☑記入者自身　　　　　　□医師　　　　　　　□家族や訪問者 □記入者以外の介護職員　□介護支援専門員　□その他 □連携看護職員　　　　　　　　　　　　　　　（　　　　　　） □連携看護職員以外の看護職員
出来事の発生状況	※誰が，何を行っている際，何を，どのようにしたため，対象者はどうなったか。 口から吸引を行ったときに，チューブを奥まで入れすぎてしまい本人がおう吐しそうになった。
医師への報告	□なし　☑あり
連携看護職員への報告	□なし　☑あり
出来事への対応	※出来事が起きてから，誰が，どのように対応したか。 直ちに吸引をやめて，連携看護職員に報告した。 しばらく様子をみてから，連携看護職員が吸引した。
救急救命処置の実施	☑なし □あり（具体的な処置：　　　　　　　　　　　　　　　　　）

126

出来事が発生した 背景・要因	※なぜ，どのような背景や要因により，出来事が起きたか。 別の利用者に実施した時の吸引は大丈夫だったので，今回も大丈夫だと思った。 痰の音がしていたので急いで吸引をしなければいけないと思った。 利用者が首を動かすので，口を開いた瞬間に急いでチューブを挿入した。 利用者が吸引を嫌がっていることをあらかじめ連携看護職員に報告しておかな かった。
（当てはまる要因 を全て）	【人的要因】 ☑判断誤り　□知識誤り　□確認不十分　□観察不十分　□知識不足　□未熟な技術 □技術間違い　□寝不足　□体調不良　☑慌てていた　□緊張していた ☑思いこみ　□忘れた　□その他（　　　　　　　　　　　　　　　　　　　　　） 【環境要因】 □不十分な照明　□業務の中断　□緊急時　☑その他（利用者が首を動かしてい た。） 【管理・システム的要因】 ☑連携（コミュニケーション）の不備　□医療材料・医療機器の不具合　□多忙 □その他（　　　　　　　　　　　　　　　　　　　　　　　　　　　　　　　　　）
出来事の 影響度分類 （レベル0〜5の うち一つ）	□0　エラーや医薬品・医療用具の不具合が見られたが，対象者には実施されなかった
	☑1　対象者への実害はなかった（何らかの影響を与えた可能性は否定できない）
	□2　処置や治療は行わなかった（対象者観察の強化，バイタルサインの軽度変化， 　　　安全確認のための検査などの必要性は生じた）
	□3a　簡単な処置や治療を要した（消毒，湿布，皮膚の縫合，鎮痛剤の投与など）
	□3b　濃厚な処置や治療を要した（バイタルサインの高度変化，人工呼吸器の装着， 　　　手術，入院日数の延長，外来患者の入院，骨折など）
	□4a　永続的な障害や後遺症が残ったが，有意な機能障害は伴わない
	□4b　永続的な障害や後遺症が残り，有意な機能障害の問題を伴う
	□5　レベル4bをこえる影響を与えた

介護職員　報告書記入日　令和3年10月6日

医師・連携看護職 員の助言等	①医師又は看護職員が出来事への対応として実施した医療処置等について バイタルサインを測定し，口腔内及び全身状態を確認した。 おう吐はなかったが利用者に不安を与えないためにおう気が落ち着いてから看護 職員が吸引を行った。
	②介護職員へ行った助言・指導内容等について 呼吸器官に関する確認とおう吐の時の対応について再度確認した。 挿入する吸引チューブの長さと，看護職員に連絡する状況について確認した。
	③その他（今回実施した行為で介護職員の対応として評価できる点など） 利用者の状況はすでに落ち着いていたが，利用者が吸引を嫌がり，首を動かすよ うなことが頻回にみられるようであれば介護職員による吸引対象としてふさわし いか今一度検討の必要があるのではないか。 吸引を続けず，すぐに連絡した点は評価できる。

医師・連携看護職員　報告書記入日　令和3年10月6日

認して，随時，記録しておきます。その記録が，そのあとの医師・看護職の対応に重要な情報となるからです。

　呼吸状態や顔色が悪くなった場合，嘔吐がみられたり，痰の色が赤く出血が疑われたりする場合には，吸引をただちに中止します。

　意識がなく（通常意識のある人が呼びかけても応答しない），呼吸が停止しているような状態（胸や腹部が動いていない）で人工呼吸器を装着していない人の場合は，ただちに心肺蘇生の手順に従い，胸骨圧迫（30回）と人工呼吸（2回）を開始して，医師・看護職の到着を待ちます。在宅においては，救急車を要請することもあるでしょう。

　明らかに口の中に何かがつまっていて呼吸が苦しい様子である場合には，気道に異物が入った際の背部叩打法（☞第5巻p.47）などを開始して医師・看護職（あるいは救急車）の到着を待ちます。医師・看護職の到着を待つあいだは，利用者のそばを離れず，そのあとの状態にさらに変化がないかどうかを確認・記録します。

▶▶ 急変・事故発生時の事前対策——医師・看護職との連携体制の確認

　急変・事故発生の事態に備えて，事前に緊急時の連絡先について連絡網を用意して利用者・家族・医師・看護職と共有しておく必要があります。そして，だれに何を報告すべきかについて整理しておきます。緊急時の，医師・看護職への報告は，「いつ・どこで・だれがまたは何が・どのように・どうしたか・どうなったか」という内容です。

　たとえば，「いつ」という内容は，どのような状況のときかということです（吸引前か・吸引後か・何をしているときかなど）。「どのように・どうしたか・どうなったか」という内容は，おもに，利用者にどのような変化があったのか（たとえば，呼吸の状態，顔色，痰の色，嘔吐物の有無，出血している場合はどのくらいの量かなど），吸引器や人工呼吸器の不具合の様子などを伝えます。

　緊急時の対応方法については，事前に医師・看護職と相談して，利用者個々の「応急手当方法のマニュアル」として共有しておきましょう。

　また，急変・事故発生時の記録には，すでに，「❽ 喀痰吸引により生じる危険，事後の安全確認」の「▶▶ ヒヤリハット・アクシデント報告書の書き方」（☞第5巻p.124）で説明している内容のように，「いつ・どこで・だれがまたは何が・どのように・どうしたか・どうなったか（利用者に起こったこと，医療機器等に起こったこと）」を正確に記録します。記録は，医師・看護職がそのあとの治療や対処を決めるための重要な情報になります。さらに，急変・事故発生後には，記録を関係者・医師・看護職とともに共有して，なぜそのようなことが起こったのかということについて話し合う機会をもち，それぞれの立場からの再発防止策を共有しておくことで再発の防止につなげます。

また，急変・事故発生後の記録については，どのような急変・事故が，どのようにして起こっているのかという状況を，定期的に施設や事業所でまとめて，ふり返りや事例検討などにより評価できるようにしておきましょう。

高齢者および障害児・者の喀痰吸引実施手順解説

1. 高齢者および障害児・者の喀痰吸引実施手順解説

❶ 喀痰吸引で用いる器具・器材とそのしくみ，清潔の保持 ::::::::::::::::::::::::::::::::::

▶▶ 吸引の必要物品

吸引を行う際の必要物品を表2-4，図2-12に示します。

吸引を実施するそれぞれの部位の清潔度に見合った，適切な物品の準備が必要となります。吸引を行う部位により必要な物品の種類や，守らなくてはならない清潔度が異なることを理解しておきましょう。

▶▶ 吸引器・器具・器材のしくみ

吸引器は，小さなそうじ機のような機械です。痰などを口腔内・鼻腔内，気管カニューレ内部から吸い出します。吸引器の内部，つまり吸引びんや接続チューブの内部は陰圧[19]（➡ p.157 参照）になっているので痰を吸い出し，吸引器の中に吸いこむことができます。吸引器はさまざまな種類のものが市販されていますが（図2-13），施設や在宅で使用するものは「電動式」が主で，電源が入っていないと動きません。充電式では，充電を忘れないようにします。最近では災害時に備え，電気を必要としない足踏式，手動式の吸引器も備えておくよう推奨されています。

吸引器は，陰圧を起こすモーター部分と，痰をためる吸引びん，痰を吸い出すための管の部分（接続チューブ）から構成されています。接続部位がしっかりと接続されているかどうか，管や吸引びんに穴があくなどしていないかどうか確かめることが大切です。たとえば，そうじ機のホースに穴があいていたら，空気がもれて吸いこむ力がなくなってしまいます。吸引器のどこかに隙間や亀裂があると陰圧が正しく作動しないため，痰を吸引することができません。また，モーター部分に吸引物が入りこむとモーターが故障してしまいます。このため，吸引びんとモーターの間にはフィルターがついています。吸引びんをこまめに観察し，定期的に中身を廃棄して，逆流しないように注意することが大切です。

吸引にあたっては，吸引器の接続チューブに吸引チューブを接続して行います。接続チューブと吸引チューブが正しく接続できるかどうか確認しておきます。

吸引チューブには，材質や太さ，先端の孔の数など，さまざまな種類があります。口腔内用には，咽頭まで達しない長さのものもあります。太いチューブは吸引物を多く吸引で

表 2-4 ● 吸引の必要物品

必要物品	用途	吸引部位と必要なもの		
		口腔内	鼻腔内	気管カニューレ内部
吸引器（吸引びん・接続チューブ・連結管）注1	圧がかかる装置と排液をためるもの	○	○	○
吸引チューブ注2	人体に挿入し，分泌物を吸引する	○	○	○
保管容器（ふたつき）	再利用時，吸引チューブを保管する容器	○	○	○
清浄綿等	吸引チューブの外側を清拭する	○	○	○
洗浄水	吸引チューブの内側を洗浄する	○ 水道水	○ 水道水	○ 滅菌精製水
消毒液（浸漬法の場合）	再利用時，吸引チューブを消毒する	△	△	○
清潔な手袋，滅菌された清潔な手袋またはセッシ（鑷子）注3	吸引チューブを操作するため	○	○	○

凡例　○：必要なもの，△：適時用意するもの
注1：吸引器の種類によっては，吸引器のポンプに水分等が入らないようにするための補助びんが付属している。
注2：吸引チューブの太さや材質は吸引を行う部位別に異なる。
注3：セッシ（鑷子）とは，吸引チューブをはさんで持つ大きなピンセット状の器具である。

図 2-12 ● 吸引器と必要物品

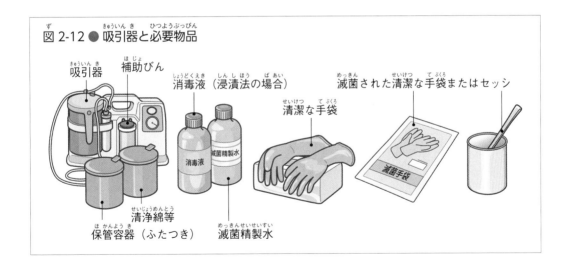

図2-13 ● 吸引器の種類

手動式吸引器

手動式吸引器

小型吸引器

足踏式吸引器

きますが，空気も多く吸引して，粘膜を傷つけたり出血させたりするなどの危険性も高くなります。医師・看護職が，吸引部位別にその人に合ったものを選定しますので，選定されたものを正しく使用できるようにしましょう。

▶▶ 必要物品の清潔保持（消毒液・消毒方法）

吸引必要物品の清潔を保持することは，非常に大切です。正しい手順で吸引を行えたとしても，不潔な物品の使用は，感染の原因となります。清潔と不潔の区別を常に意識します（☞第5巻p.66）。物品を準備する前に手洗いを行う重要性はいうまでもありません。

吸引器は，日常的に清掃します。また，定期的にメンテナンスを受けることも大切です。吸引びん・接続チューブも定期的に洗浄・交換します。

(1) 吸引チューブの清潔保持がもっとも重要

直接，利用者の体内に挿入する吸引チューブの清潔保持がもっとも重要です。呼吸器系は上気道・下気道に分かれています。上気道は，口や鼻から喉頭まで（口腔，鼻腔，咽頭，喉頭）をさし，通常多くの常在菌が存在していますが，肺に近い下気道（気管・気管支）は原則として病原性の微生物はいない無菌状態に保たれています。吸引チューブの清潔が保たれていないと，吸引時に下気道に微生物を押しこむことになりかねません。

(2) 吸引時の清潔な操作

吸引の際にセッシを使用する場合は，セッシの先端が不潔にならないように十分注意して取り扱う必要があります。具体的には，

① ほこりなどが，セッシ立てにかからないようにする

② セッシ立ての内部に触れないようにする

③ セッシ立てから出ている部分のみをつかむようにする

④ セッシの先端が下向きになるように持つ

⑤ セッシを取り出したり戻したりする際には先端がどこにも触れないようにする

などです。

　不潔になったセッシには細菌などが付着・繁殖してしまう危険性があります。不潔になったセッシは交換する，消毒するなどして清潔を保ちましょう。

　吸引部位によって清潔保持の方法は異なります。

　気管カニューレ内部の吸引では，とくに，吸引チューブの気管内への挿入部分に菌がつかないように吸引チューブを扱う必要があります。したがって，気管カニューレ用の吸引チューブは1回の吸引ごとに使い捨てが原則です。しかし，やむを得ず再度利用する場合には，利用者ごとに清潔に保管しなければなりません。

　吸引チューブの清潔保持方法には，消毒液の中に保管する浸漬法と，消毒液を用いないで保管する乾燥法とがあります。表2-5にそれらの代表的な手順等を記します。吸引後，汚染除去のため吸引チューブの外側をふく清浄綿等は，いずれも必ず1回ごとに廃棄します（表2-5の手順①）。

表2-5 ● 必要物品の清潔保持方法

	浸漬法	乾燥法
概要	吸引チューブを消毒液に漬けて保管する方法	吸引チューブを乾燥させて保管する方法
手順	①吸引後，チューブ外側の汚染除去のため，清浄綿等でふく ②チューブ内側の粘液の除去のため，滅菌精製水（口腔・鼻腔は，水道水でも可）を吸引する ③吸引チューブを消毒液にひたして保管する	①吸引後，チューブ外側の汚染除去のため，清浄綿等でふく ②チューブ内側の粘液の除去のため，滅菌精製水（口腔・鼻腔は，水道水でも可）を吸引する ③吸引チューブ内の水滴がない状態で，ふたつきの乾燥容器に保管する
交換頻度（推奨）	・吸引チューブ，消毒液は少なくとも24時間おき ・洗浄水は少なくとも8時間おき	・吸引チューブ，保管容器の消毒は少なくとも24時間おき ・洗浄水は少なくとも8時間おき
注意点	・「乾燥法」は，細菌の生存に必要な水分や痰が存在しなければ，細菌の発育がしにくいという性質にもとづいた方法で簡便であるが，実際，吸引チューブ内の乾燥を保つのは，吸引頻度によっては至難である。細菌は目に見えないため，いっそうの注意が必要である。 ・口・鼻の上気道には，常在菌が存在するため，口・鼻用のチューブを無菌状態に保つのは困難である。よく水洗いされた清潔な状態に保つように心がける。 ・気管内・口鼻用ともに，チューブ内側の粘液等を吸引圧をかけながら，十分洗い流すことが非常に大切である。	

❷ 吸引の技術と留意点

▶▶ 必要物品の準備・設置と留意点

　吸引の実施にあたり，用意した必要物品を利用者のもとへ運びます。施設などでは，吸引ごとに利用者のもとへ運ぶ場合もありますが，居宅などでは，多くの場合，あらかじめ利用者のもとに設置されています（図 2-14，図 2-15，図 2-16）。誤嚥や気道閉塞（窒息）の危険がある利用者の食事の際は，緊急時に備え，すぐに吸引できるように，あらかじめ準備をしておきます。

　吸引の必要物品の準備および設置については，次の(1)と(2)を確認しましょう。

(1)　吸引器についての確認事項

　　・吸引器本体が落下したり，吸引びんから吸引チューブに逆流したりしないように，水

図 2-14 ● 吸引セット

図 2-15 ● 吸引を行う利用者の居室図イメージ

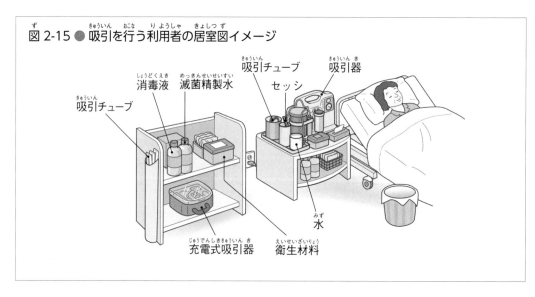

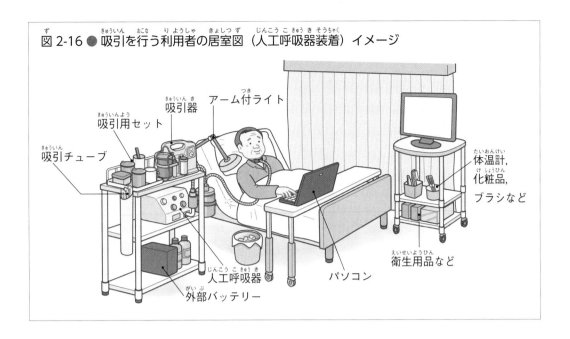

図 2-16 ● 吸引を行う利用者の居室図（人工呼吸器装着）イメージ

吸引用セット
吸引器
アーム付ライト
吸引チューブ
体温計,
化粧品,
ブラシなど
人工呼吸器
外部バッテリー
衛生用品など
パソコン

平な場所に設置する
・電源コードに引っかからないように電源を確保する
・引っ張らなくても十分届く長さの接続チューブを用意する

（2）その他の吸引必要物品についての確認事項

・気管カニューレ内部の吸引用と口腔・鼻腔内の吸引用の物品をわかりやすく区別して
おく

・トレイなどに載せ安定した台に置く

なお，吸引を実施したあとの吸引チューブを保管しておくために消毒液を使用する場合
もありますが，認知症や視覚障害のある利用者が，消毒液を誤って飲まないように工夫す
ることが必要です。

▶▶ 吸引前の利用者の状態観察（呼吸状態・口腔内・義歯など）と留意点

喀痰吸引は，利用者からの要請に応じて必要となり実施する場合と，看護職らによって
必要な状態と判断され実施する場合（「▶▶ 喀痰吸引が必要な状態」（☞第5巻 p.99））とが
あります。後者の場合，日常的・継続的な看護職らの観察によって吸引が必要か否か判断
されます。

吸引が必要な状態を判断するにあたっては，口腔内の状態に加え，全身状態も観察して
おきます（表2-6）。さらに，一人ひとりの利用者の状態や前後のケア（食後・体位変換
後や入浴前後など）の状況によって，吸引の必要性は異なりますので，事前に看護職に確
認をしておく必要があります。

また，高齢者などでは義歯（入れ歯）を装着している場合があります。義歯の装着が不

安定な場合は，口を開ける際に気道内に落ちこんでしまうことがあるので注意が必要です。義歯は，総義歯の場合と部分義歯の場合があります。義歯の種類によって義歯を取りはずす際の取り扱い方法が異なりますので，事前に確認しておきましょう。

　そのうえで，吸引を行うごとに観察を行い，ふだんと変わりないことを確認することが

表 2-6 ● 吸引前の観察項目

	口腔内吸引・鼻腔内吸引	気管カニューレ内部の吸引
観察項目	・口腔内の状態：出血や傷の有無 ・鼻腔内の状態：出血や傷の有無 ・義歯の状態（総義歯か部分義歯か，装着状況等） ・口腔内の貯留物（痰や唾液）の場所 ・口腔内の食物残渣の有無 ・鼻から喉にかけての貯留物の位置 ・顔色（青白さ，苦しそうな表情などの有無） ・むせこみの有無 ・咽頭部付近で痰のからむ音（ゴロゴロ音）の有無	・口腔内・鼻腔内・気管カニューレ内部の状態（出血や損傷の有無等） ・気管カニューレ周囲の状態（出血やびらん注1・肉芽注2の有無等）および固定の状態 ・むせこみの有無 ・痰のあふれ出しの有無 ・喉頭部以降での痰のからむ音（ゴロゴロ音）の有無 ・顔色（青白さ，苦しそうな表情などの有無） ・酸素飽和度の低下 ・脈拍数の上昇
	【口鼻マスク等における人工呼吸器装着者の場合】 ・人工呼吸器の作動状況 ・口鼻マスクまたは鼻マスクの位置 ・皮膚の状態	【人工呼吸器装着者の場合】 ・人工呼吸器の作動状況 ・気道内圧の上昇 ・吸気（陽圧）時の胸のふくらみの減少 ・吸気（陽圧）時の異常音 ※カフつき気管カニューレの場合には，カフエアの確認を行う。
	【共通】 ・全身状態（意識レベル，覚醒の状況，呼吸の状態等） ・利用者の訴え（息苦しさ，痰がたまっている，痰が出しにくい等）	
注意点	・どの場所に吸引物（痰や唾液，食物残渣など）があるかを見極めることが重要である。 ・口腔内にある場合は，ティッシュペーパーやスポンジブラシ等でかき出す方法が適切である。 ・口を開けた際，食物残渣や義歯が気道内に落ちこまないよう注意する。	・気道内に痰がたまると，十分なガス交換がされずに，低酸素におちいるため，酸素飽和度の低下や脈拍数の上昇をきたす。 ・気道を閉塞するため，とくに人工呼吸器装着者では，胸が上がりにくくなり，多くの圧を必要とする。そのため，気道内圧が上昇してしまう。

注1：びらんとは，表面の皮膚が破壊されて皮膚の下の組織が露出している状態。通常は，湿った状態で限局的にみられる。
注2：肉芽とは，外傷や炎症によって皮膚が欠損している部分に，赤くやわらかい粒状の組織ができたもの。

136

大切です。口腔内の状況は，朝など定期的に看護職が観察し，異常がないことを確認していますが，吸引の実施前に，再度，実施者の目で観察することが重要です。ふだんと違うこと，気になることなどの異常を発見したら，すみやかに看護職に連絡・報告します。

　本来は，まず，吸引器を使用しないで痰の除去を試みます。しかし，分泌物等の貯留物の量や性状（水分が多い）・貯留部位によっては，吸引器を使用して吸い出したほうが利用者の苦痛・不安が少ない場合があります。その場合，吸引を実施することになります。

▶▶ 吸引前の利用者の準備（姿勢・プライバシー確保など）と留意点

　吸引は苦痛をともないます。利用者の理解の程度や意識レベルに応じたていねいな説明が必要になります。実施の前に，次のとおり説明，確認するとともに，準備を整えましょう。

(1) 利用者に吸引の必要性について説明し，実施してよいか確認する

　吸引を何の説明もなく行うと利用者はびっくりして緊張し，顔に力が入って，口を開けなくなったり鼻腔がせまくなったりします。すると吸引チューブがうまく入らなくなり，苦痛を増大させ，吸引に対する嫌悪感にも結びつきやすくなります。しかし，一度，成功体験があると，次の吸引の協力が得られやすくもなります。

　喀痰吸引は，口を開けて行われ，苦痛をともなう処置ですので，施設等では，プライバシー保護のためカーテン・スクリーンを使用するとよいでしょう。

(2) 吸引をできる限り楽に受けられるような姿勢を整える

　口腔内吸引の場合，咳の力を利用して，痰が出せるようであれば，起きた姿勢のほうが力を入れやすいでしょう。起き上がれない場合や，唾液の吸引の場合は，枕の位置を工夫し，口を開けやすい姿勢をとります。

　鼻腔内吸引の場合には，ベッドは水平から 10 〜 15 度程度挙上させた状態が吸引チューブを挿入しやすいといわれています。また，利用者に顎を少し上げてもらうと，吸引チューブがスムーズに進みやすいでしょう。

　気管カニューレ内部の吸引の場合は，気管カニューレ部分が見えやすく清潔にチューブが挿入でき，利用者の安楽が保てる角度にベッド挙上を調節します。その際は管がはずれたり，ベッド挙上によって利用者のからだが足元にずり落ちていないか，また，背部の痛み，体位の不安定さがないか観察し，整えます（図 2-17）。

▶▶ 吸引実施手順と留意点

　吸引の実施は，①吸引実施準備，②説明と環境整備，利用者の状態観察，③吸引の実施，④吸引実施にともなう利用者の身体変化の確認と医師・看護職への報告，⑤吸引実施後の吸引物の確認と医師・看護職への報告，⑥吸引後の片づけの6つの手順に大きく分けることができます。ここでは，それぞれのポイントを最初に紹介し，次いで具体的な留意

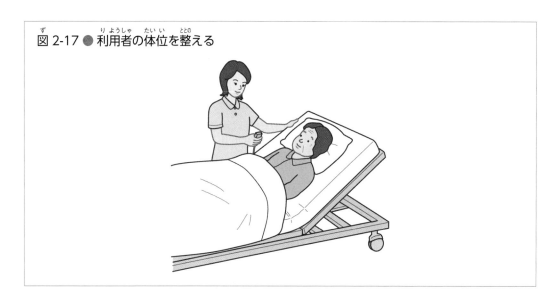

図 2-17 ● 利用者の体位を整える

点などを解説します。留意点とともに説明できるようにしましょう。

(1) 吸引実施準備

- ・医師の指示書，看護職の指示・ひきつぎ事項の確認
- ・手洗い，手指消毒
- ・必要物品の確認と設置

　吸引実施前には，必ず，医師の指示，ならびに看護職からの吸引に関する指示・ひきつぎ事項を確認します。

　次に，石けんと流水で手を洗う，または速乾性手指消毒液による手指消毒を行います。速乾性手指消毒液による手指消毒では，ふき取らずに乾燥させます。吸引を実施する前に，ほかのケア（清拭やおむつ交換など）を行い，そのあとで吸引をする場合もありますので，吸引の前の手洗いまたは手指消毒は重要です。そのうえで，必要物品をそろえて，吸引器の作動状況等を点検・確認します。そして，必要物品を利用者のもとへ運びます（「▶▶ 必要物品の準備・設置と留意点」（☞第5巻p.134））。

(2) 説明と環境整備，利用者の状態観察

- ・説明と環境整備，姿勢を整える
- ・利用者の状態観察

　まず，利用者に吸引の説明をします。次に，吸引をするために環境を整備し，吸引を受けやすいように利用者の姿勢を整えます（「▶▶ 吸引前の利用者の準備（姿勢・プライバシー確保など）と留意点」（☞第5巻p.137））。そして，利用者の口腔内の状態・義歯の状態・口腔内の分泌物等の貯留物を観察します（「▶▶ 吸引前の利用者の状態観察（呼吸状態・口腔内・義歯など）と留意点」（☞第5巻p.135））。

(3) 吸引の実施（表2-7に示す実施手順により吸引を実施）

- 清潔操作の順番に注意
- 吸引時間，カテーテル挿入の深さ，吸引圧の確認

　吸引の手順における注意点は，清潔の保持（「▶▶ 必要物品の清潔保持（消毒液・消毒方法）」（☞第5巻 p.132））です。順番を間違えると，消毒液や保管液すべてが汚染されることになりますので，気をつけましょう。吸引中に注意すべきことは，吸引の時間・挿入の深さ・吸引圧です。医師の指示書に記載されている時間で，決められた挿入位置とします。とくに口腔内・鼻腔内は，咽頭手前までとし，原則，病原性の微生物はいない下気道に分泌物を落としこまないように注意しましょう。

　1回の吸引で取りきれないこともありますので，無理をせずにいったん休み，利用者の呼吸を整えてから行いましょう。

　また，利用者の適正な吸引圧は，あらかじめ医師からの指示により個別に設定されています。介護職の判断で勝手に調整しないようにしましょう。

(4) 吸引実施にともなう利用者の身体変化（バイタルサイン・呼吸状態・顔色など）の確認と医師・看護職への報告

- 呼吸状態，全身状態，吸引による弊害[20]（➡ p.157参照）・貯留物残留の有無の確認
- パルスオキシメーターによる酸素飽和度[21]（➡ p.157参照）の確認
- 経鼻経管栄養チューブの確認（挿入している場合）
- 人工呼吸器の作動状況（回路の接続・固定など），口鼻マスクの確認

　吸引は苦痛をともないます。吸引の実施中から実施直後においては，絶えず利用者の呼吸状態，吸引による弊害の有無，痰や唾液の残留の有無など，利用者の状態が変化していないか観察します（表2-8）。低酸素状態にないかどうか，パルスオキシメーターを用いて血液中の酸素の量（酸素飽和度）を確認します。また，吸引直後は問題がなくても，その後，状態変化がみられる危険性もあります。顔色が青白くなったり，呼吸が速くなったりなどの異常がある場合は，ただちに，医師・看護職に連絡をします。

　具体的には，顔色，表情，酸素飽和度の値，声かけへの返答の有無を観察します。さらに，嘔吐やむせこみがないか，口腔内吸引では，口の中に痰が残っていないか観察し，利用者に声をかけて，発声できるかを確認します。

Mini 知識

吸引器の設定圧

医師の指示書に記載のある圧で行いますが，成人と小児の設定圧はおおよそ以下のとおりです。

成人は，20kPa（キロパスカル）　　　小児は，15〜20kPa

1kPa = 7.501torr（トル）

表 2-7 ● 吸引の実施手順

手順	口腔内吸引・鼻腔内吸引 (図 2-18)	気管カニューレ内部の吸引 (図 2-19)
① 清潔	・石けんと流水で手を洗う。 ・清潔な手袋を両手につける (または セッシを持つ)。 (補足説明：手袋の着用には，清潔に 吸引チューブを取り扱うということ， 実施者自身を痰や分泌物等から守るこ との両側面がある)	・石けんと流水で手を洗う。 ・原則として滅菌された清潔な手袋を両手 につける (またはセッシを持つ)。 (補足説明：気管カニューレ内部の吸引 については原則として滅菌手袋を使用す る。居宅において滅菌手袋を常備するこ とが困難な場合，施設・事業所の衛生・ 安全管理に関する判断にもとづいて統一 した方法で行う)
②	・保管用の容器あるいはパッケージから吸引チューブを取り出し，連結管に接続して 吸引器と連結する。(＊1) ・パッケージされた吸引チューブを単回使用する場合は，先に開封し取り出しやすく しておく。	
③	・(浸漬法の場合) 吸引チューブの外側についている消毒液を清浄綿等でふく (連結 部から先端まですべてふく)。	
④ 確認	・吸引器の電源を入れて，水の入った容 器へ吸引チューブを入れる。吸引圧が 事前に取り決められた設定になること を確認する。(＊2)	・吸引器の電源を入れて，(原則として) 滅菌精製水の入った容器へ吸引チューブ を入れる。吸引圧が事前に取り決められ た設定になることを確認する。(＊2)
⑤	・吸引チューブの先端の水をよく切る。	
⑥ 人工呼吸器装着者の場合 (＊3)	・実施前に声かけをする。 鼻・口鼻マスク式 [口腔内] ・事前の取り決めにそって，マスクをは ずすか，鼻マスクに変更する。 [鼻腔内] ・事前の取り決めにそって，マスクをは ずす。	気管切開 ・(手袋の場合) 利き手で吸引チューブを 持ち，人工呼吸器の吸気を確認してか ら，利き手と反対側で接続をはずす。 ・(セッシの場合) 利き手と反対側の手に セッシと吸引チューブを持ち，人工呼吸 器の吸気を確認してから，利き手で接続 をはずす。吸引チューブをはさんだセッ シを，再度利き手に持ち替える。 ・はずしたあとの回路は不潔にならないよ う，保持する。
⑥ 挿入 (＊4)	・実施前に声かけをする。 ・吸引チューブを静かに挿入する。 [口腔内] ・利用者の口を開け，口腔のカーブに合 わせ，粘膜を刺激しないよう静かに吸 引チューブを挿入する。肉眼で確認で きない部分までは，挿入しないように	・吸引チューブの根元を折らず，陰圧をか けた状態で，所定の位置 (分泌物のある ところで気管カニューレ内部) まで静か に挿入する。

手順	口腔内吸引・鼻腔内吸引（図 2-18）	気管カニューレ内部の吸引（図 2-19）
	注意する。 ［鼻腔内］ ・粘膜を刺激しないよう静かに吸引チューブを鼻腔に進める。鼻腔入り口は，粘膜が薄く，毛細血管があるため出血をきたしやすいので，十分注意する。	
吸引 ⑦	・吸引チューブをとどめておくと，粘膜への吸いつきが起こる場合もあるため，（手袋の場合）吸引チューブを回したり，（セッシの場合）ずらしたりしながら，吸引圧が1か所にかからないよう，まんべんなく吸引する。	・吸引チューブをとどめておくと，気管カニューレ内壁への吸いつきが起こる場合もあるため，（手袋の場合）吸引チューブを静かに回しながら，（セッシの場合）1か所にとどまらないよう気をつけて分泌物を吸引する。
抜去 （＊5）⑧	・吸引チューブを静かに抜く。	
人工呼吸器装着者の場合	鼻・口鼻マスク式 ・鼻・口鼻マスクを元に戻す。	気管切開 ・呼吸器の接続を元に戻す。 ・気管カニューレとの接続が不十分な場合，送気が十分にならないため注意が必要。回路を元に戻している際，吸引チューブを清潔に保持する。
⑨	・吸引チューブの外側を清浄綿等でふく。吸引チューブをふく清浄綿等は，必ず1回ごとに廃棄する。	
⑩	・洗浄水を吸引し，吸引チューブ内側のよごれを落とす。	
終了時の清潔 （＊6）⑪	（セッシの場合はセッシを所定の場所に戻す。） ・吸引器の電源を切る。	
⑫	・吸引チューブを連結管からはずし，保管容器に吸引チューブを戻す。または単回使用の場合は原則として廃棄する。	
⑬	・手袋をはずす。	
終了 ⑭	・吸引が終了したことを告げ，ねぎらいの言葉をかける。痰が取りきれたかどうかを確認する。	
⑮	・利用者の希望の姿勢に整える。	
人工呼吸器装着者の場合 ⑯	・人工呼吸器の作動状況を確認する（人工呼吸器回路の接続，固定位置，固定の強さ，皮膚の状態などを含む）。	
⑰	鼻・口鼻マスク式 ・口鼻マスクまたは鼻マスクの確認をする。	・気管カニューレおよび周囲の確認をする。
観察 ⑱	・吸引物および利用者の状態を観察する。吸引前と吸引後の変化に注意する。	
終了 （＊7）⑲	・石けんと流水で実施者の手を洗う。または速乾性手指消毒液による手指消毒を行う。	

手順	口腔内吸引・鼻腔内吸引（図2-18）	気管カニューレ内部の吸引（図2-19）
⑳	・次回使用物品の確認。水や足りない物品を補充する。	
注意点	*1：連結管と吸引チューブを接続したら，吸引チューブをどこにも触れないよう保持する。 *2：痰の吸引前に水を吸引することは，吸引器の正常作動の確認や，吸引チューブのすべりをよくし，（浸漬法の場合）吸引チューブ内の薬液を洗浄するなどの目的がある。この際の水は，清潔でなければ意味がない。また，気道内に水滴が浸入しないよう，挿入前にはよく水を切る。 *3：人工呼吸器装着者の場合 　鼻・口鼻マスク式 　・吸引チューブ挿入のため，マスクをはずすか，鼻マスクに変更してもらう。実施手順のうちのどの時点で行うかは，利用者のその時々の呼吸の状態によって考慮するが，呼吸状態の変動に十分な注意が必要である。 　気管切開 　・人工呼吸器の接続をはずしたりつないだりする際，気管カニューレを押さえすぎたり，引っ張りすぎたりしないように十分注意する。接続がゆるいと呼吸状態に変化をきたすため，十分注意する（「▶▶侵襲的人工呼吸療法の場合の気管カニューレ内部の吸引」（☞第5巻p.105））。 　・気管カニューレの種類によっては，サイドチューブからカフ上部にたまった分泌物等を吸い上げる（☞第5巻p.107）。 *4：口鼻腔では，粘膜の損傷や，多量の空気を吸引しないように，圧をかけずに挿入する。一方，気管カニューレ内部は粘膜がなく，分泌物の落としこみ防止のため，圧をかけた状態で挿入するのが原則であるが，利用者の主観もあり，吸引圧を弱めたり圧をかけないで挿入する場合もある。個別計画にもとづいた方法で行う（口腔内・鼻腔内吸引については，粘膜への吸いつきの危険があるため，「吸引圧をかけない」として統一している。気管カニューレ内部については，適切な吸引チューブを用いることで空気の吸引量は，わずか数十mℓであること，気管カニューレ内部であれば粘膜損傷の危険はないこと，「吸引圧をかけない」ということによる弊害として，吸引時に一気に吸引チューブを開放することによる陰圧が急激にかかり粘膜の損傷を招くということがあり吸引圧をかけたままでも問題ないことが指摘されており（*道又元裕「特集 吸引 排痰法 これで納得！“痰を出せる”技術の根拠」『Expert Nurse』第23巻第11号，p.53，2007年），「圧をかけた状態で挿入する」ことを原則としているが，個別計画にもとづいた方法で行うことが重要である）。 *5：開口しない，吸引チューブをかむなどの場合は，かんだときに隙間ができる道具（バイトブロックなど）を用いるか，2名体制で行うなど工夫する。途中で吸引チューブをかんでしまう場合は，無理に吸引チューブを引っ張らず，ずらしながら開口時にはずす。吸引中に突然口を閉じてしまうことにより，指を損傷する危険性があるため十分に注意する。 *6：分泌物は，細菌等を含んでいるため，まず吸引チューブ外側を清拭し，次に，洗浄水を通すことによって，吸引チューブ内側を清潔にし，適切に管理する。この順番を間違えると，洗浄水を汚染することになる。終了時，吸引チューブに損傷がないか，吸引チューブ内に吸引物が残っていないか，よく観察する。	

手順	口腔内吸引・鼻腔内吸引（図2-18）	気管カニューレ内部の吸引（図2-19）
	＊7：次回使用物品の確認では，吸引びんの状況や吸引チューブ・清浄綿・消毒薬入り保存液・水などの不足の有無を確認して，補充をする。次回の使用時に備えて，吸引チューブに損傷を認めた場合や，保存液（消毒液）等に浮遊物などを確認したら，すみやかに交換する。	

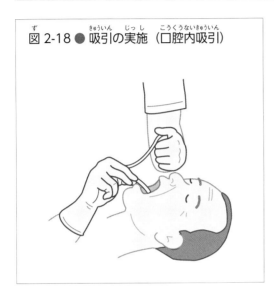

図2-18 ● 吸引の実施（口腔内吸引）

図2-19 ● 吸引の実施（気管カニューレ内部の吸引）

※セッシを使う場合

　また，経鼻経管栄養を実施している人が対象の場合は，吸引にともなう咳きこみなどによって経鼻経管栄養チューブが口腔内に出てきてしまうことがありますので，経鼻経管栄養チューブの状態についても確認します。

　これらの観察項目に異常がある，および，いつもと違う，何か変という場合には，医師・看護職に報告しましょう。

　また，人工呼吸器を装着している人の場合は，吸引後，人工呼吸器の着脱にともない，呼吸が変動する可能性があります。吸引実施後の身体変化の有無の確認については，表2-8のほか，人工呼吸器回路のコネクタ接続部からの空気のもれや，口鼻マスク等の装着感が通常どおりであること，人工呼吸器回路等が実施前と同じ状態になっていることを確認することが非常に大切です。

(5)　吸引実施後の吸引物（色・性状）の確認と医師・看護職への報告

・痰の色，粘性，においを毎回確認
・看護職への日常的な報告と連携

　吸引の実施中から実施後に吸引物を観察するのは，利用者の状態の観察の次に重要なことです。表2-1「いつもと違う，痰の性状の変化」（☞第5巻p.98）にあるように，痰の観察により，からだの変化を推測することができます。

表 2-8 ● 吸引実施中～実施後の観察

	口腔内吸引・鼻腔内吸引	気管カニューレ内部の吸引
観察項目	・利用者の呼吸状態 　表情，顔色不良（青白さ，苦しそうな表情など）の有無 　唇や爪床が青紫色（チアノーゼ）になっていないか ・全身状態（意識状態の低下はないかなど）	
	・吸引による弊害の有無 　むせこみの有無 　嘔吐・嘔気の誘発 　酸素飽和度・脈拍数の回復があるか 　口腔内の状態：出血や傷の有無 　気管孔の状態：出血や傷の有無 　鼻腔内の状態：出血や傷の有無 　鼻血や口腔内への血液の流れこみの有無	
	・貯留物（痰や唾液）の残留の有無 　貯留物（痰や唾液）が取れたかどうかの利用者の主観 　吸引前の痰のからむ音（ゴロゴロ音）の消失があるか	
注意点	・刺激で咳が誘発される場合もあり，嘔吐の出現にも十分注意する。 ・鼻腔の入り口は，粘膜が薄く，毛細血管があるため出血をきたしやすいので，十分注意する。	・吸引操作による気道粘膜の損傷，出血 ・吸引チューブが誤って深く挿入された場合の迷走神経反射の出現 ・嘔吐，嘔気の誘発 ・吸引時間が長くなることによる低酸素状態を起こす可能性があるので，十分注意して観察を行う。

　痰の色，粘性，においを毎回確認します。とはいっても，色以外の吸引物の性状を直接観察することは，なかなかむずかしいものです。吸引中の吸引チューブや，吸引器の接続チューブ内を通過する速度，つまり具合によって粘性を推測します。

　また，サイドチューブからの分泌物等についても，吸い上げた分泌物等の量や性状などについて確認をします。

　たとえば，以下のように報告します。

　××時××分に，喉のあたりからゴロゴロと音がしたので本人に確認し，吸引しました。吸引物は，黄白色のドロっとした粘性の強い痰が少量でした。血液の混入はありませんでした。咳きこみはありませんが，本人はまだすっきりしないとのことですので対応をお願いします。

　吸引の実施中・実施後の利用者の状態や，吸引した物の量，性状等については，異常

の有無にかかわらず，看護職に日常的に報告して，連携をはかります。介護職からの報告を受けて看護職は，再度観察や確認を行います。

とくに，いつもと違うことがあれば，すみやかに医師・看護職に相談しましょう。

(6) 吸引後の片づけ

・次の使用への備え
・吸引びんの中身を廃棄するタイミングと方法
・感染症の蔓延防止

一連の吸引が終了したら，片づけを行います。吸引必要物品は，次の使用に備え，清潔に保管します。洗浄用の水（水道水，滅菌精製水），浸漬用消毒液，吸引チューブは，使用頻度などを考慮して定期的に交換します。保管容器も定期的に交換，消毒を行います。

吸引びんの排液量が，びんの70～80％になる前に排液を捨てます。あるいは居宅などでは，1日1～2回，定期的に排液を捨てて，洗剤で洗浄して流水でよく洗い流します。これは，吸引モーター部への逆流を防ぐためにも必要なことです。

排液は，自宅ではトイレ等の下水に流すのが一般的です。しかし，吸引した内容物によっては感染源となる場合もあるので，施設では，施設が定めた指針に従い処理をします。吸引びんの交換時には，底から1～2cm水をはり，感染症のある場合は医師の指示により消毒薬を入れます。

とくに施設では，使用後の消毒の不備による感染症の蔓延や，後片づけを実施する者の取り扱いの不備による職員の感染などを起こすおそれもあり，注意が必要です。

物品の後片づけにあたっては，日常的に使用しやすいように配置し，機器等は，事故予防や故障予防のためできる限りすみやかに点検し片づけます。

❸ 喀痰吸引にともなうケア

▶▶ 痰を出しやすくするケア

痰を出しやすくするには，①重力，②痰の粘性，③空気の量と速さが大切といわれています。

①の重力とは，痰のある部位を上にして重力を利用し，痰を排出しやすい位置に移動させるケアのことです。これについては次の項で詳しく説明します。

②の痰の粘性とは，痰をスムーズに排出するためには適度な粘性が必要であるということです。気道粘膜の線毛運動による痰を外に出そうとするはたらき（「▶▶痰を生じて排出するしくみ」（☞第5巻p.97））を，スムーズに行うには，痰に，適度の湿性（保湿性，加湿性）が必要となります。つまり，痰の粘性が適度であれば，ベルトコンベアー機能が

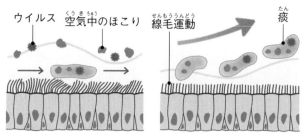

図 2-20 ● 気道粘膜の線毛運動

ウイルス　空気中のほこり　線毛運動　痰

気道粘膜にある線毛が一定方向に運動することによって，
分泌物や異物などはベルトコンベアーに乗ったようになっ
て，口腔のほうへ送られていく。

うまくはたらき，徐々に，痰は排出されるのです（図2-20）。ここで大切なことは，体液バランスを整えることです。

　体内の水分が不足している状態では，気道粘膜も同様で，痰もかたく，線毛運動機能がはたらかないことになります。身体全体の水分バランスを整える健康管理が必要になります。また，気管切開をしている場合は，口や鼻の加湿機構がありませんので，気道に適切な加湿が必要となります。しかし，その際，過剰な加湿では結露を生じさせ，水分を吸い上げるための吸引になってしまいます。一方，加湿が十分でないと，気道粘膜や痰を乾燥させてしまうことになります。

　③の空気の量と速さとは，咳の力のことです。本来，分泌物は，咳をすることによって喀出（口から吐き出すこと）されます。咳は，異物や分泌物を体外に排出するための防御反応の1つで，肺内の空気が気道を通じて爆発的に吹き出された状態です。この力を保つようなケアが重要になります。

▶▶ 体位を整えるケア

　一般的に，人は同一体位でいることに苦痛を感じます。それは単に身体的苦痛のみならず，精神的にも苦痛をともなうことが多く，そのような苦痛をやわらげるために体位の調整が必要となります。体位（姿勢）を整えるということは，非常に大切なケアの1つであるといえます。

　同一体位が持続すると，組織循環の障害が引き起こされる危険があり，褥瘡や肺の障害などが生じます。さらに，喀痰吸引が必要な人の場合には，あお向けのままで長時間寝ていると，背側の肺の奥に，痰がたまってしまいます。重力を利用した痰を出しやすくする姿勢（体位ドレナージ）をとり，少しでも痰を出しやすくします。具体的には，痰がたまっているほうを上にした姿勢をとります。おもな姿勢には，図2-21のようなものがあ

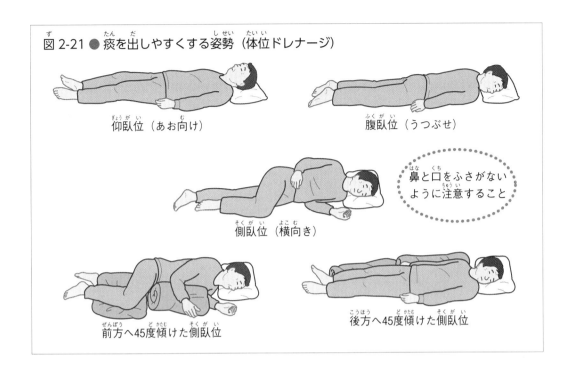

図2-21 ● 痰を出しやすくする姿勢（体位ドレナージ）

仰臥位（あお向け）

腹臥位（うつぶせ）

側臥位（横向き）

鼻と口をふさがないように注意すること

前方へ45度傾けた側臥位

後方へ45度傾けた側臥位

ります。医師や看護職と相談しながら適切な体位を整えるケアを行います。しかし，同一の姿勢を長時間続けないように配慮することが必要です。

▶▶ 口腔内のケア

口腔内には，さまざまな常在菌が存在しています。これらは口腔内に存在している分には感染症の原因にはなりませんが，誤って下気道へ侵入すると，感染の原因になります。口が十分開かない場合や，飲みこみや，うがいができない場合もありますので，体位や姿勢を整え，誤って気管に流入することがないよう，十分注意をして行います。

また，飲みこみや，うがいができない場合は，吸引器を活用しながら口腔ケアを行う場合もありますが，吸引操作が確実に行えなければ危険をともないますので注意が必要です。

口腔内の常在菌は，唾液の**自浄作用**（➡ p.157参照）や衛生習慣によって，一定以上増加しないように保たれています。しかし，吸引が必要な人や，食事が十分にとれない人などの場合，唾液の分泌も減少し，自浄作用が低下して細菌の感染・繁殖が起こりやすい状態になっています。唾液の分泌の減少，自浄作用の低下は，口臭・味覚の低下，誤嚥性肺炎を引き起こす原因になります。したがって，口腔ケアは非常に大切であるといえます（図2-22）。

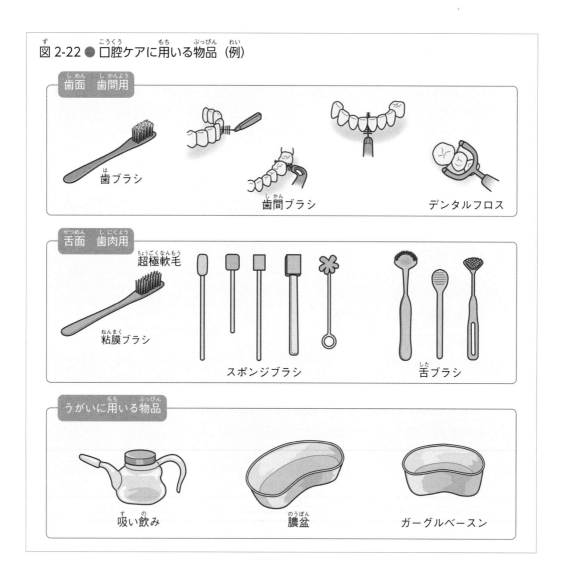

図 2-22 ● 口腔ケアに用いる物品（例）

歯面　歯間用

歯ブラシ

歯間ブラシ

デンタルフロス

舌面　歯肉用

超極軟毛

粘膜ブラシ

スポンジブラシ

舌ブラシ

うがいに用いる物品

吸い飲み

膿盆

ガーグルベースン

④ 報告および記録

▶▶ 医師・看護職への報告および連絡方法

　吸引の実施前後に利用者の状態が変化していると感じた場合，すみやかに医師および看護職へ報告する必要があります。医師・看護職への報告は，利用者の状態の把握や，異常の早期発見のために非常に重要です。それには，異常時だけでなく，日常的に医師・看護職と連携をとることが必要です。

報告する内容
・利用者の吸引前の状態と吸引後の変化
・顔色，呼吸状態，鼻血や口腔内への血液等の流れこみの有無等
・いつもと違う，何か変というときには，医師・看護職に報告する（**表 2-6**（☞第5巻 p.148））。

連絡するポイントやタイミングなどは，あらかじめ医師・看護職と具体的に確認しておきます。たとえば，「体温 37.5℃以上」など，ポイントが一覧できるようにしておくことも有効です。あらかじめチーム内で綿密な打ち合わせをして医師・看護職や家族と情報を共有し，在宅の場合はすぐに電話ができるように，連絡表の場所や内容を必ず確認します。

▶▶ 記録の意義と記録内容・書き方

記録の目的は，行われたサービスや，利用者の状態，ケアに対する反応を記録に残すことで，ケアの継続性をうながすことにあります。在宅では，家族や介護職，医師・看護職等複数の人が利用者にかかわりますが，同時に訪問する人数は限られます。そのため，記録による情報の共有が不可欠であり，ケアの評価・継続においても非常に大切になります。

記録のポイントは「いつ？　どこで？　だれが？　どのように？　どうしたか？　どうなったか？」について，主観を交えず客観的事実を，だれが読んでも同じ場面・状態をイメージできるように書き，他者へ伝えることです。

記録の内容

- 実施日時
- 吸引した内容物の種類や性状および量（そのほか，表 2-6（☞第 5 巻 p.136）の観察項目を参照）
- 一般状態
- 特記事項（異常があり，医師・看護職に連絡した場合もその旨を記載）
- 実施者名
- 利用者の訴え

記録をする際の留意事項

- 共通認識できる用語や表現を使用する
- ケア実施後はすみやかに記録する

利用者によって必要な観察ポイントは異なります。また，記録に十分な時間がとれない場合，重要な情報が抜け落ちることも考えられます。記入する内容や方法，様式については医師・看護職と十分に話し合い，それぞれの利用者・家庭に合った方法を確認してください。

だいしょう第2章 がくしゅう学習のポイント じゅうよう じ こう　かくにん重要事項を確認しよう！

だい　せつ第1節 こうれいしゃ高齢者しょうがいじ　しゃ　かくたんきゅういんがいろんおよび障害児・者の喀痰吸引概論

■こうれいしゃ高齢者しょうがいじ　しゃ　かくたんきゅういんがいろんおよび障害児・者の喀痰吸引概論

- 空気を吸うと，空気は，口腔・鼻腔から吸いこまれ，咽頭，喉頭，気管，気管支を経て，肺胞まで取りこまれ，肺胞から血液中に入ります。 → p.92
- 呼吸の正常なはたらきは，換気とガス交換が適切に行われることによって維持されています。 → p.94
- 空気を体内に取りこみ，体外に吐き出すはたらきを換気といいます。 → p.94
- 換気が空気の出し入れのはたらきであるのに対して，ガス交換は肺胞に運ばれた空気と血液とのあいだで，酸素や二酸化炭素の受け渡しをするはたらきをいいます。 → p.94
- 呼吸状態については，呼吸の回数が増えたり減ったりしていないか，呼吸の音の異常を感じるか，呼吸の仕方はおかしくないか（リズム・呼吸法），苦しさを感じていないか（呼吸困難）を観察します。 → p.95
- 呼吸の回数は，正常の場合，成人は1分間に約12〜18回程度，5歳児では約25回／分，乳児では約30回／分といわれています。 → p.95
- 正常な呼吸の音は，スースーといった空気の通るかすかな音が聞こえる程度です。空気の通り道である「口腔・鼻腔・咽頭・喉頭・気管・気管支」のいずれかで，空気の通りが悪くなった場合に，呼吸の音が変化します。 → p.95
- 正常な呼吸の仕方は，安静時には胸部や腹部が，呼吸にあわせて比較的一定のリズムでふくらんだり縮んだりします。このリズムが速くなったり，呼吸の間隔が不規則に長くなったり短くなったりする場合は，体内の酸素が非常に不足してきた状態を示している可能性があります。 → p.95
- ちりや異物をとらえた余剰な分泌物を痰といいます。 → p.97
- 痰などが貯留して空気の通り道をふさいでいる状態を気道閉塞といいます。 → p.97
- 喀痰吸引は，吸引器につないだ管（吸引チューブという）を口腔や鼻腔から挿入して，痰を吸い出します。口の中から管を挿入する場合を口腔内吸引，鼻の穴から挿入する場合を鼻腔内吸引といいます。 → p.99
- 喀痰吸引が必要な状態とは，痰が増加している状態，咳をするための喉の反射や咳の力が弱くなり，痰を排出しにくい状態，痰がかたくなり，排出

しにくい状態をいいます。 → p.99

● 何らかの理由で換気が十分にできなくなった状態の人に対して，人工的に
換気を補助するために人工呼吸器を装着します。 → p.101

● 長期間，人工呼吸器を装着する場合には，手術により気管に穴をあけて管
を挿入し，人工呼吸器を装着します。 → p.101

● 人工呼吸器を装着して呼吸の維持・改善をする治療を人工呼吸療法といい
ます。気管に空気を出入りさせる穴をあけて（気管切開という），チュー
ブ（気管カニューレ）を挿入し，そこから管（蛇管という）を通して空気
を送りこむ侵襲的な人工呼吸療法と，口・鼻または鼻のみをマスクでおお
い，そのマスクを通して空気を送りこむ非侵襲的な人工呼吸療法がありま
す。 → p.101

● 介護職が実施する気管カニューレ内部の吸引とは，気管カニューレからは
み出さない深さまでの吸引をいいます。 → p.106

● 子どもにとって吸引は，吸引チューブの挿入の際の違和感や，機械，吸引
時の音の大きさなど，恐怖と苦痛をともなう処置であるといえます。事前
に子どもの理解力に応じた説明を行い，心理的準備（プレパレーション）
が行えるように援助します。 → p.111

● 苦痛をともなったりする「吸引」に対する利用者の気持ちは，療養生活の
なかで日々変化します。利用者の気持ちを受けとめるとともに，その変化
にも留意しながら接しましょう。 → p.113

● 療養経過にそって家族の気持ちを把握し，その思いを関係職種間で共有で
きるように，適宜，情報を提供していくことが望まれます。 → p.114

● 本来，気管に入らないはずの食べ物が気管に入りこみ（誤嚥という），その
食べ物から細菌による炎症（誤嚥性肺炎という）を起こすこともあります。 → p.117

● 利用者に起こり得る危険（リスク）としては，呼吸状態が悪くなる，顔色
が悪くなる，嘔吐する，出血するなどがあります。 → p.119

● 緊急を要する状態であると気づいたときの報告相手や報告内容について
は，事前に緊急時対応のマニュアルとして利用者・家族・医師・看護職と
共有しておきます。医師・看護職への報告内容は，「いつ・どこで・だれ
がまたは何が・どのように・どうしたか・どうなったか」を明確に伝えま
す。 → p.125

● 呼吸状態や顔色が悪くなった場合，嘔吐がみられたり，痰の色が赤く出血
が疑われたりする場合には，吸引をただちに中止します。 → p.128

■高齢者および障害児・者の喀痰吸引実施手順解説 ─────────

● 吸引器は，小さなそうじ機のような機械です。痰などを口腔内・鼻腔内，気管カニューレ内部から吸い出します。吸引器の内部，つまり吸引びんや接続チューブの内部は陰圧になっているので痰を吸い出し，吸引器の中に吸いこむことができます。 → p.130

● 吸引器については，接続部位がしっかりと接続されているかどうか，管や吸引びんに穴があくなどしていないかどうか確かめることが大切です。 → p.130

● 吸引チューブの清潔保持方法には，消毒液の中に保管する浸漬法と，消毒液を用いないで保管する乾燥法とがあります。 → p.133

● 喀痰吸引は，利用者からの要請に応じて必要となり実施する場合と，看護職らによって必要な状態と判断され実施する場合とがあります。 → p.135

● 吸引が必要な状態を判断するにあたっては，口腔内の状態に加え，全身状態も観察しておきます。一人ひとりの利用者の状態や前後のケア（食後・体位変換後や入浴前後など）の状況によって，吸引の必要性は異なりますので，事前に看護職に確認をしておく必要があります。 → p.135

● 吸引を行うごとに観察を行い，ふだんと変わりないことを確認することが大切です。口腔内の状況は，朝など定期的に看護職が観察し，異常がないことを確認していますが，吸引の実施前に，再度，実施者の目で観察することが重要です。ふだんと違うこと，気になることなどの異常を発見したら，すみやかに看護職に連絡・報告します。 → p.136

● 鼻腔内吸引の場合には，ベッドは水平から 10 ～ 15 度程度挙上させた状態が吸引チューブを挿入しやすいといわれています。また，利用者に顎を少し上げてもらうと，吸引チューブがスムーズに進みやすいでしょう。 → p.137

● 気管カニューレ内部の吸引の場合は，気管カニューレ部分が見えやすく清潔にチューブが挿入でき，利用者の安楽が保てる角度にベッド挙上を調節します。 → p.137

● 「吸引実施準備」として，①医師の指示書，看護職の指示・ひきつぎ事項の確認，②手洗い，手指消毒，③必要物品の確認と設置があります。 → p.138

● 吸引実施前には，必ず，医師の指示，ならびに看護職からの吸引に関する指示・ひきつぎ事項を確認します。 → p.138

● 吸引前の留意点として，①説明と環境整備，姿勢を整える，②利用者の状態観察があげられます。 → p.138

● 吸引の手順における注意点は，清潔の保持です。順番を間違えると，消毒液や保管液すべてが汚染されることになります。吸引中に注意すべきこと

は，吸引の時間・挿入の深さ・吸引圧です。医師の指示書に記載されている時間で，決められた挿入位置とします。とくに口腔内・鼻腔内は，咽頭手前までとし，原則，病原性の微生物はいない下気道に分泌物を落としこまないように注意しましょう。 → p.139

- 吸引実施にともなう利用者の身体変化（バイタルサイン・呼吸状態・顔色など）として，①呼吸状態，全身状態，吸引による弊害・貯留物残留の有無の確認，②パルスオキシメーターによる酸素飽和度の確認，③経鼻経管栄養チューブの確認（挿入している場合），④人工呼吸器の作動状況（回路の接続・固定など），口鼻マスクの確認を行い，医師・看護職へ報告します。 → p.139

- 吸引実施後には，痰の色，粘性，においを毎回確認します。 → p.144

- 吸引の実施中・実施後の利用者の状態や，吸引した物の量，性状等については，異常の有無にかかわらず，看護職に日常的に報告して，連携をはかります。 → p.144

- 一連の吸引が終了したら，吸引必要物品は，次の使用に備え，清潔に保管します。洗浄用の水（水道水，滅菌精製水），浸漬用消毒液，吸引チューブは，使用頻度などを考慮して定期的に交換します。保管容器も定期的に交換，消毒を行います。 → p.145

- 吸引びんの排液量が，びんの 70 ～ 80％になる前に排液を捨てます。あるいは居宅などでは，1 日 1 ～ 2 回，定期的に排液を捨てて，洗剤で洗浄して流水でよく洗い流します。 → p.145

- 物品の後片づけにあたっては，日常的に使用しやすいように配置し，機器等は，事故予防や故障予防のためできる限りすみやかに点検し片づけます。 → p.145

- 痰を出しやすくするには，①重力，②痰の粘性，③空気の量と速さが大切といわれています。 → p.145

- 体内の水分が不足している状態では，気道粘膜も同様で，痰もかたく，線毛運動機能がはたらかないことになります。身体全体の水分バランスを整える健康管理が必要になります。気管切開をしている場合は，口や鼻の加湿機構がありませんので，気道に適切な加湿が必要となります。 → p.146

- 喀痰吸引が必要な人の場合には，あお向けのままで長時間寝ていると，背側の肺の奥に，痰がたまってしまいます。重力を利用した痰を出しやすくする姿勢（体位ドレナージ）をとり，少しでも痰を出しやすくします。具体的には，痰がたまっているほうを上にした姿勢をとります。 → p.146

- 吸引の実施前後に利用者の状態が変化していると感じた場合，すみやかに医師および看護職へ報告する必要があります。①利用者の吸引前の状態と

吸引後の変化，②顔色，呼吸状態，鼻血や口腔内への血液等の流れこみの有無等，③いつもと違う，何か変というときには，医師・看護職に報告します。 → p.148

- あらかじめチーム内で綿密な打ち合わせをして医師・看護職や家族と情報を共有し，在宅の場合はすぐに電話ができるように，連絡表の場所や内容を必ず確認します。 → p.149
- 記録のポイントは「いつ？　どこで？　だれが？　どのように？　どうしたか？　どうなったか？」について，主観を交えず客観的事実を，だれが読んでも同じ場面・状態をイメージできるように書き，他者へ伝えることです。 → p.149

1 喉頭蓋

こうとうがい
➡ p.93 参照

喉頭のところにある筋肉でできたふたのようなもの。食物が喉頭に入ったときに気道にふたをし，誤嚥を防ぐ。

2 肺

はい
➡ p.93 参照

肺は胸の部分に左右1つずつある。気管から分岐した気管支が，それぞれ左肺と右肺に入り，分岐をくり返し，最終的には肺胞（約3億〜7億）という袋になる。肺胞には毛細血管が網目のようになっている。

3 筋萎縮性側索硬化症（ALS）

きんいしゅくせいそくさくこうかしょう（エーエルエス）
➡ p.94 参照

運動をつかさどる神経の変性によって全身の筋力低下や運動，コミュニケーション，嚥下，呼吸の障害が進行性に生じる原因不明の難病である。からだの感覚や知能，内臓機能などは通常保たれる。

4 気管支喘息

きかんしぜんそく
➡ p.94 参照

気道が何らかの刺激を受けることで炎症を起こして，発作的に気道がせまくなりゼー・ヒューヒューという呼吸音をともなう呼吸困難が起こる病気。

5 慢性閉塞性肺疾患

まんせいへいそくせいはいしっかん
➡ p.95 参照

気道の炎症によって慢性的に痰や咳が認められたり，肺胞の破壊が進んで体動時の息切れを認めるなど，不可逆的に気道内の空気の流れや血管との酸素・二酸化炭素の受け渡しに支障を生じる病態。

6 重篤

じゅうとく
➡ p.96 参照

病気の状態が重い，または悪いこと。

7 咳

せき
➡ p.97 参照

咳は，自発的意識的に発することが可能だが，基本的には神経を介して発生する反射運動である。気道などで刺激を受けると神経を経て延髄にある咳中枢に神経の興奮が伝えられ無意識的に咳が起こる。

8 迷走神経

めいそうしんけい
➡ p.106 参照

脳神経のうちの1つで，咽頭・喉頭の筋肉

の運動に関与し，心臓・肺・消化管に分布する副交感神経を含んでいる。副交感神経とはからだを緊張状態にする交感神経と反対のはたらきをしており，血管を拡張させたり心拍数を減少させたりするなどのはたらきがある。

9 滅菌精製水

めっきんせいせいすい
➡ p.106 参照

精製水とは，常水を蒸留・イオン交換・ろ過などによって精製している水である。滅菌精製水とは，精製水を滅菌処理したものである。

10 清浄綿

せいじょうめん
➡ p.106 参照

清浄綿は，脱脂綿に殺菌消毒剤をしみこませたものである。同じく殺菌消毒剤をしみこませて使用する「消毒綿」は「手指や皮膚の洗浄・消毒など」が目的であるのに対して，清浄綿は「皮膚・口腔などの清浄・清拭など」を目的としており，殺菌消毒剤は低濃度である。

11 意思伝達の手段

いしでんたつのしゅだん
➡ p.108 参照

言葉を発することができない場合の意思伝達の手段として，文字を書くことが可能であれば筆談，文字をさすことができれば文字盤などを使用する。このほか，わずかな四肢の動きのみで意思を伝達できるようなパソコンを利用した意思伝達装置や眼球の

動きを読み取る透明文字盤などがあり，利用者の状況に応じて工夫をする。

12 重症心身障害児

じゅうしょうしんしんしょうがいじ
➡ p.110 参照

重度の知的障害と重度の肢体不自由が重複している子どものこと。

13 脳性麻痺

のうせいまひ
➡ p.110 参照

胎生期，出産時あるいは出生直後に生じた非可逆的な脳障害による運動障害の総称。

14 特別支援学校

とくべつしえんがっこう
➡ p.110 参照

学校教育法にもとづき，障害者等が幼稚園，小学校，中学校，高等学校に準じた教育を受けることと学習上または生活上の困難を克服し自立がはかられることを目的に設置される学校。

15 体位ドレナージ

たいいどれなーじ
➡ p.111 参照

重力を利用して効率よく痰を排出させる方法。痰が貯留している部位を上部にもっていく体位を保持して，痰を排出しやすいよう移動させる。

16 心理的準備（プレパレーション）

しんりてきじゅんび（ぷれぱれーしょん）
➡ p.111 参照

子どもの発達に応じて，処置についてわかりやすく説明し，子どもの正直な気持ちを表現させる。だましたりせず誠実な態度で接し，がんばる力を引き出すはたらきかけのこと。

17 口蓋垂

こうがいすい
➡ p.112 参照

口を大きく開けた際に，口腔内の後方中央部から垂れ下がる円錐形の突起。

18 下気道

かきどう
➡ p.119 参照

鼻腔から肺胞にいたる呼吸器の通路を気道といい，喉頭を境として，これより下部を下気道という。

19 陰圧

いんあつ
➡ p.130 参照

容器など内部の圧力が，外部よりも小さくなっている状態のことである。吸引器の電源を入れると吸引器の内部は陰圧となる。

20 吸引による弊害

きゅういんによるへいがい
➡ p.139 参照

粘膜の損傷や多量の空気の吸引・気管カニューレ内部の分泌物を気管内へ落としこむ等がある（表2-7，表2-8の注意点参照）。

21 酸素飽和度

さんそほうわど
➡ p.139 参照

酸素は，血液中の赤血球中のヘモグロビンによって運ばれる。動脈の血液中のヘモグロビンの何％が酸素と結合しているのかを「酸素飽和度」という。

22 自浄作用

じじょうさよう
➡ p.147 参照

自浄作用とは，みずからの力で老廃物を除去し，きれいにするはたらきをいう。唾液は，常に口の中を湿らせて粘膜の保護をしたり，口の中を殺菌するはたらきをもっている。

けいかんえいよう
経管栄養
（基礎的知識・実施手順）
き そ てき ち しき　じっ し て じゅん

だい
第1節
せつ
こうれいしゃ　　　　　　しょうがい じ　しゃ　けいかんえいようがいろん
高齢者および障害児・者の経管栄養概論

だい
第2節
せつ
こうれいしゃ　　　　　　しょうがい じ　しゃ　けいかんえいようじっ し て じゅんかいせつ
高齢者および障害児・者の経管栄養実施手順解説

とうたつもくひょう
【到達目標】

しょう か き けい
● 消化器系のしくみとはたらき，経管栄養を受ける人の気持ちの理解など，経
けいかんえいよう　　う　ひと　き も　り かい　けい
かんえいよう　き ほんてき ち しき　り かい
管栄養の基本的知識を理解している。
けいかんえいよう　　　　　　きゅうへん　じ こはっせい じ　たいおう　　　　　　　り かい
● 経管栄養における急変・事故発生時の対応などについて理解している。
けいかんえいよう　じっ し て じゅん　い　　　　　　　ちょう　　　けいかんえいよう　けい び けいかんえいよう
● 経管栄養の実施手順（胃ろうまたは腸ろうによる経管栄養・経鼻経管栄養）
り かい
を理解している。

高齢者および障害児・者の経管栄養概論

1. 高齢者および障害児・者の経管栄養概論

❶ 消化器系のしくみとはたらき

消化器系は，体内に栄養や水分を取り入れるために，食物を機械的かつ化学的に分解（消化）し，栄養や水分を吸収し，残渣物の排泄をになう器官の集まりです。口腔→咽頭→食道→胃→小腸→大腸→肛門まで続く消化管および肝臓・胆嚢・膵臓で構成されています（図 3-1）。

消化器系のはたらきは，大きく「消化管の機能」と「消化腺の機能」に分けられます。

消化管は，食物を口から摂取[1]（⇒p.213 参照）し，消化[2]（⇒p.213 参照）しながら運搬し，栄養素を吸収[3]（⇒p.213 参照）したあと，老廃物[4]（⇒p.213 参照）を便として肛門から排泄する役割があります。

消化腺は，消化液を分泌する器官で，唾液腺，胃腺，腸腺，肝臓，膵臓等があります。消化液には，食物中の栄養素を血液中に吸収しやすい物質に分解する消化酵素が含まれています。

消化器官のはたらきは，自律神経の支配を受けており，副交感神経が優位になると亢進し，交感神経が優位になると抑制されます。

▶▶ 消化器系器官各部の構造と機能（図 3-1）

(1) 口腔（①）（図 3-2）

口腔には上下の顎骨，頬，舌，歯，その周囲の粘膜，筋肉が含まれます。歯は，消化の第一歩として食物をかみ切り，細かくくだき，すりつぶす役割をになっています。

舌は味覚を感じる受容器であり，咀嚼のときに唾液を混ぜ合わせ消化を助け，食塊を形成し咽頭に食物を送ることに関与します。

口蓋は口腔の上壁となる部分で，一般に上顎と呼ばれるところです。口蓋の前方約3分の2のかたい部分を硬口蓋，後方約3分の1を軟口蓋といいます。軟口蓋の最後方にある突起状の部分が口蓋垂です。

唾液は，唾液腺から1日に 1000 ～ 1500ml 分泌され，でんぷん質を分解する消化酵素を含んでいます。唾液の作用として，消化作用，自浄作用，抗菌作用，緩衝作用，円滑作用等があります。

(2) 咽頭（②）

　　口腔と食道の中間の部分で，食物の通路であり，鼻腔から喉頭への空気の通り道とし
て気道の一部でもあります。

(3) 食道（③）

　　食道は長さが約 25cm，太さが約 2cm の器官で，咽頭の後ろ側で始まり，気管，大動
脈弓の後ろを通り，横隔膜を突き抜けて胃につながっています。食物が通過していると

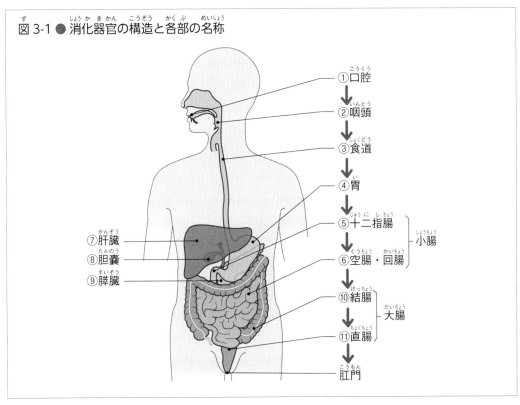

図 3-1 ● 消化器官の構造と各部の名称

①口腔
②咽頭
③食道
④胃
⑤十二指腸 ┐
⑥空腸・回腸 ┘ 小腸
⑦肝臓
⑧胆嚢
⑨膵臓
⑩結腸 ┐
⑪直腸 ┘ 大腸
肛門

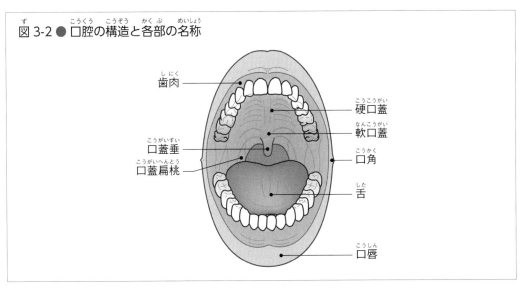

図 3-2 ● 口腔の構造と各部の名称

歯肉
硬口蓋
軟口蓋
口蓋垂
口蓋扁桃
口角
舌
口唇

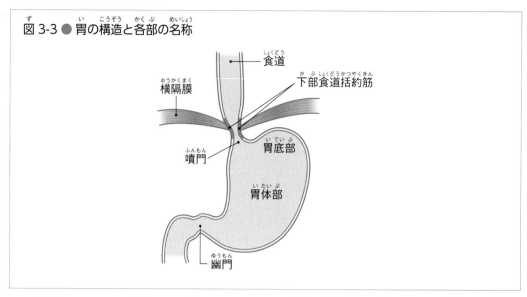

図 3-3 ● 胃の構造と各部の名称

食道
横隔膜
下部食道括約筋
噴門
胃底部
胃体部
幽門

き以外はほとんど閉鎖された形になっており，食物が食道入り口に入ると**蠕動運動**[5]（→
p.213参照）が起こり，食物を胃に押し下げ移送します。食道の下部は，平滑筋が発達し
て括約筋（下部食道括約筋）としてはたらき，食物が通過したあと，胃内容物の逆流を
防止しています。

(4)　胃（④）

　　胃は食道に続く袋状の器官で，噴門（胃の入り口）に始まり，左上方にふくれた胃底
部，それに続いて胃体部が右下方に向かい，幽門（胃の出口）で終わります（図3-3）。
空腹のときはしぼんでいますが，満腹になると消化管ホルモン等のはたらきで約1000～
1500ml の容量まで拡大します。

　　胃は食道から移送された食物を一時ためて，収縮・弛緩を規則的に行う運動や蠕動運
動等で食物と胃液をよく混ぜ合わせ十二指腸に移送します。通常食後3～6時間で移
送されますが，炭水化物食がもっとも速く，次いでたんぱく質食，脂肪食の順で長くな
ります。胃液は無色透明の強い酸性で，塩酸および消化酵素を含んでおり，1日に約
1000～2000ml 分泌されます。

(5)　小腸

　　胃の幽門に続く6～7mの器官で，十二指腸・空腸・回腸に区分されます。消化と吸
収にかかわるもっとも重要な部分です。

①　十二指腸（⑤）

　　十二指腸は胃の幽門に続き，C字型に湾曲した部分です。指の幅12本分の長さ（25
～30cm）であることから十二指腸と呼ばれています。幽門から10cmくらいのとこ
ろに膵液や胆汁の導管が開口しており，胃から送られてきた食物は，ここに注がれる
膵液や胆汁の作用により，さらに消化が進み空腸に送られます。十二指腸では脂肪，
たんぱく質，炭水化物を吸収しやすい物質に分解します。

② 空腸・回腸（⑥）

　空腸は食べ物の通過が速く，すぐに空になることから，また回腸はくねくねと曲がっていることから，こう呼ばれています。空腸と回腸にはそれほど大きな違いはありませんが，空腸では消化と吸収が行われるのに対し，回腸ではおもに吸収が行われます。腸壁から分泌される腸液は1日に1500〜3000mlです。

（6） 肝臓（⑦）

　肝臓は横隔膜のすぐ下，腹腔内の右上部を占める，重さ約1200gの器官です。大部分が肋骨の下に隠れています。肝臓は1日に約500〜1000mlの胆汁を分泌して，消化を助けるはたらきをするほか，胃や腸から戻ってくる血液中に含まれている栄養の処理，貯蔵，中毒性物質の解毒，分解，排泄，血液性状の調節，身体防衛作用などのはたらきをしています。

（7） 胆嚢（⑧）

　胆嚢は肝臓の下面につくナスビの形をした器官で，肝臓で分泌される胆汁を濃縮してためておきます。十二指腸に胃内容物が到着すると排出されます。胆汁の役割は，脂肪の消化吸収を間接的にうながすことです。

（8） 膵臓（⑨）

　膵臓は胃の下とC字型をした十二指腸のあいだに囲まれるように位置しています。膵臓には2つのはたらきがあります。

　1つは食物の消化をうながす膵液を分泌することです。膵液は三大栄養素（糖質・脂質・たんぱく質）の消化酵素を含んでおり，1日に約500〜1000ml分泌されます。弱アルカリ性で，胃液で酸性になっている消化物を中和するはたらきもしています。2つ目は，血液中のブドウ糖の量（血糖値）を調節するホルモンを分泌することです。ランゲルハンス島と呼ばれる内分泌細胞からインスリンとグルカゴンというホルモンが分泌されます。

（9） 大腸

　大腸は小腸に続く消化管の終末部で，腹腔のまわりを取り囲んで走行しています。全長が約1.5mあり，盲腸・結腸・直腸に区分されます。小腸で吸収された残りのものから，前半部で水分および電解質を吸収して糞便を形成し，後半部で蓄積，排便します。

① 盲腸

　大腸の始まりの部分です。小腸末端の回腸と盲腸の接合部にある回盲弁は回腸からの内容物の流入の調整や大腸からの逆流を防止しています。

② 結腸（⑩）

　結腸は上行結腸，横行結腸，下行結腸，S状結腸に分かれます。

③ 直腸（⑪）

　消化管の最終部で長さが約20cmあり，肛門として終わります。糞便は，下行結腸

からS状結腸にたまり，これが直腸に入ると便意をもよおし，排便反射が起こって肛門から排便します。

▶▶ 嚥下のしくみ

食物を食べて飲みこむことを嚥下といいます。嚥下は食物の認識，口への取りこみ，咀嚼・食塊形成，咽頭への送りこみ，咽頭通過，食道通過といったプロセスを経て行われます。視覚や嗅覚で食物の認識をする時期を先行期，咀嚼し食塊形成をする時期を準備期，食塊を咽頭へ送りこむ時期を口腔期，食塊が咽頭を通過し，食道へ送りこまれる時期を咽頭期，食塊を食道入り口から胃へ移送する時期を食道期ということもあります（図3-4）。

食塊の咽頭通過と食道への送りこみは，嚥下反射によって起こります。口腔内で形成された食塊が舌奥のほうに移送されてくると軟口蓋が背側に動き，鼻咽腔が閉鎖し，同時に喉頭蓋が反転し，気道をふさぎ，自然にゴクンと飲みこみます（図3-5）。食塊は0.5～1秒程度で咽頭を通過します。このとき呼吸が一瞬止まり，口唇，軟口蓋，喉頭蓋が閉じ，一定の圧が発生し送りこまれるのでうまく飲みこむことが可能となります。嚥下反射は，延髄の嚥下中枢によりコントロールされており，反射のタイミングは食塊によって変わります。

❷ 消化・吸収とよくある消化器の症状

▶▶ 消化・吸収

消化とは，消化酵素によって食べ物を分解し，栄養素の水溶液をつくる作業です。吸収は，おもに小腸や大腸で行われます。吸収された栄養素は，組織をつくったり，エネルギーとして利用されます。

▶▶ よくある消化器の症状

(1) げっぷ

飲食や唾液を飲みこむ際など，自然に飲みこまれた空気や胃内で発生したガスは，胃底部にたまっていきます。それらが一定量を超えたり満腹等により胃の圧力が高まると噴門を開きそれらを排出します。げっぷとは，胃内のガスが食道を逆流して口から吐き出されることです（おくびともいう）。胃内にガスが貯留した状態で体位を変えるなどすると，げっぷとともに胃の内容物の逆流（嘔吐）が起こることがあります。経管栄養を注入後は，しばらく上体を起こしておく，背部を軽くたたくなどして，ガスの排出をうながすようなケアが必要です。

(2) しゃっくり（吃逆）

胃底部の膨満や冷たいものを飲みこんだ際に，横隔膜が刺激されて起こる現象です。経管栄養注入の刺激で起こることがあります。

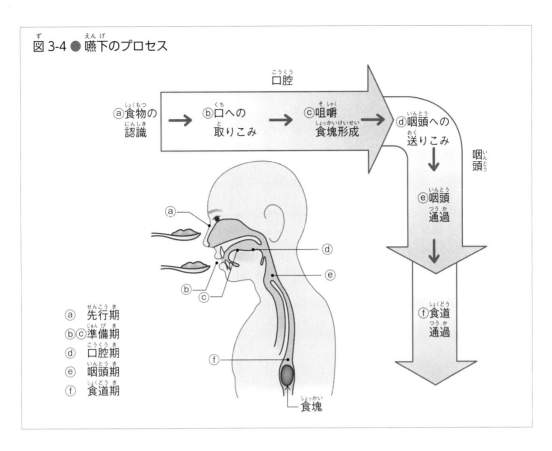

図 3-4 ● 嚥下のプロセス

口腔

ⓐ食物の
認識 → ⓑ口への
取りこみ → ⓒ咀嚼
食塊形成 → ⓓ咽頭への
送りこみ

咽頭

ⓔ咽頭
通過

ⓕ食道
通過

ⓐ 先行期
ⓑⓒ準備期
ⓓ 口腔期
ⓔ 咽頭期
ⓕ 食道期

食塊

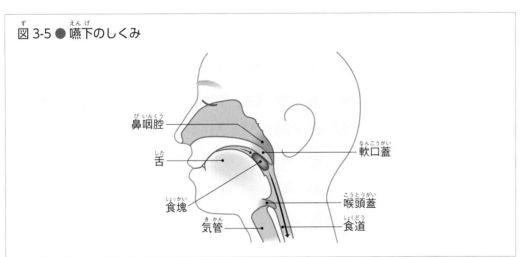

図 3-5 ● 嚥下のしくみ

鼻咽腔

舌

食塊

気管

軟口蓋

喉頭蓋

食道

　しゃっくりが頻発する場合には，注入を中止し，口腔内の状態およびほかの症状の有無の観察を行い，医師・看護職に連絡する必要があります。

(3)　胸やけ

　前胸部から胃部に感じるジリジリと焼けるような不快な感じのことです。脂肪や炭水化物を多量に摂取したときや，胃酸が食道に逆流して起こります。食道炎をともなう場合もあります。経管栄養を実施している場合は，栄養剤の流動性が高いため逆流しやす

くなります。また，長期間，経鼻経管栄養を行っている場合や，高齢者では下部食道括約筋の締まりが弱くなることで逆流しやすくなります。経管栄養を実施する際は，上体を起こす等の姿勢を整え，逆流を防止する工夫が必要です。

(4) 嘔気・嘔吐

嘔気は胃の内容物を吐き出したいという切迫した不快感，いわゆる吐き気です。嘔吐は胃の内容物が実際に吐き出されることです。経管栄養では，注入された栄養剤が，逆流して戻ってくる場合があります。経管栄養において，嘔気・嘔吐を引き起こすのは，仰臥位など逆流しやすい姿勢で注入した場合や注入する栄養剤の温度によって刺激があった場合，注入速度が速くそれが刺激となる場合，量が多すぎて逆流する場合などです。

こみ上げてきた胃の内容物を吐き出すことができないと，気管に流れこみ，気管をふさぐと窒息状態になり死にいたることもあります。また，誤嚥性肺炎の要因にもなります。経管栄養時に嘔気・嘔吐がみられた場合は，ただちに注入を中止し，窒息や誤嚥の防止に努め，医師・看護職にすみやかに連絡する必要があります。

(5) 下痢

糞便の水分量が増して，液状の糞便を排泄することです。腸蠕動の亢進，腸の水分吸収力の低下や腸液の分泌亢進などで起こります。下痢の際は排便回数が増えますが，排便回数が多くなっても，液状でなければ下痢とはいいません。また，1回のみであっても，液状であれば下痢です。

(6) 便秘

排便の回数が少ない，便の量自体の減少，水分が少なくかたい便，排便困難，残便感や腹部が張った感じ等の状態の組み合わせであり，自然な排便のリズムが乱れ，便が長時間腸内にとどまり，不快に感じる状態です。便秘による症状として多くみられるのは，ガスの貯留による腹痛や張りです。腹部の張りは，食欲の低下を招き，姿勢によっては横隔膜を圧迫するため，呼吸の困難感としてあらわれる場合もあります。

経管栄養時にみられる便秘の原因として，水分不足，食物繊維不足，運動不足，腸蠕動機能の低下などがあげられます。

❸ 経管栄養とは

▶▶ 経管栄養とは

経管栄養とは，口から食事をとることができない，あるいは摂取が不十分な人の消化管内にチューブを挿入して栄養剤（流動食）を注入し，栄養状態の維持・改善をはかる方法です。経静脈栄養（点滴等で静脈から栄養を投与する方法）に比べ，より食事に近く生理的であり，消化管の機能もより正常に維持・増進することができます。さらに，管理も安全に行いやすく，栄養療法にかかる費用も少ないなどの利点があります。

▶▶ 経管栄養が必要な状態

(1) 飲みこみのはたらきが低下している状態

嚥下障害が起こると必要な栄養や水分の摂取不足が生じます。嚥下反射の低下により，食物や口内残渣物，唾液等が気道へ流入し，誤嚥性肺炎を引き起こすことも問題になります。嚥下障害は，単独で引き起こされるものではなく，嚥下に必要な器官の機能が低下することによって起きる場合や，何かしらの疾患に合併する形で起こることがあります。大きく分けると，①形態的な異常（口蓋裂や，口腔から咽頭・食道の障害（**食道裂孔ヘルニア**[6]（➡ p.213 参照）（図 3-6）），胃の噴門部のけいれん（食道アカラシア）等），②神経・筋系の異常（脳性麻痺，脳血管障害，パーキンソン病，重症筋無力症など），③加齢にともなう機能低下になります。

嚥下障害があると，食事のむせこみ（とくにお茶や汁物，唾液等でむせる），湿性嗄声（痰がからんだような声），食物が喉につかえて逆流してくる，口内に食物が残っている等がみられます。

(2) 栄養不良や水分不足が推測される状態

栄養不良の症状には，やせる（体重減少），抜け毛が多くなる・毛髪の色があせてくる，皮膚の炎症を起こしやすい，傷が治りにくい，免疫力が低下し感染症にかかりやすい，下肢や腹部がむくむ等があります。

一方，水分不足の症状には，口内・舌・口唇の乾燥，皮膚の張りがなくなる，唾液の分泌量や，尿量が減少する等があります。元気がない，倦怠感がある，ボーッとしている，よろけやすい等はどちらにも共通する症状です。

栄養不良や水分不足が続くと生命の危機につながります。摂取する量が足りていても，体内で十分に吸収・利用されない場合は，栄養不足の状態になります。何らかの理由で経口摂取ができなくなり，栄養不良・水分不足の症状が出現している場合で，消化機能に大きな問題がなければ経管栄養が検討されます。

図 3-6 ● 食道裂孔ヘルニア

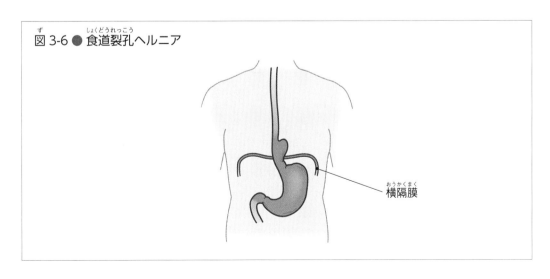

横隔膜

▶▶ 経管栄養のしくみと種類

経管栄養は，チューブを挿入した経路により，胃ろう経管栄養，腸ろう経管栄養，経鼻経管栄養に分類することができます（図 3-7）。

胃ろう経管栄養は，手術（内視鏡）により腹壁から胃内にろう孔を造設し，チューブを留置して栄養剤を注入します。

チューブは，胃内の固定板と体外（腹壁）の固定板によって固定されます。胃内の固定板には，「バルーン（風船）型」と「バンパー型」があり，体外（腹壁）の固定板には，「ボタン型」と「チューブ型」があります。それぞれの組み合わせによって，ボタン型バルーン，ボタン型バンパー，チューブ型バルーン，チューブ型バンパーに分けられます（図3-8，表3-1）。経鼻経管栄養より利用者の負担が少ない，誤嚥のリスクが減るなどのメリットがあります。しかし，注入時の体位や注入の仕方によっては，食道に逆流が起こることがありますので注意が必要です。

腸ろう経管栄養には，手術（内視鏡）により腹壁から空腸にろう孔を造設し，チューブを留置して栄養剤を注入する方法や，造設した胃ろうからカテーテルを通し，その先端を

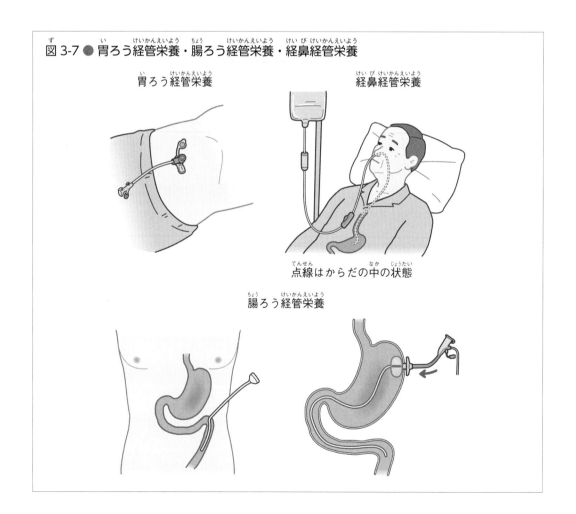

図 3-7 ● 胃ろう経管栄養・腸ろう経管栄養・経鼻経管栄養

胃ろう経管栄養

経鼻経管栄養

点線はからだの中の状態

腸ろう経管栄養

十二指腸または空腸に留置し栄養剤を注入する方法があります。小腸への直接注入なので，胃・食道の逆流は起こりにくくなりますが，胃ろうより細く長いチューブでゆっくり注入する必要があるため，つまりやすくなります。注入速度が速いと下痢や腹痛を起こしやすく，冷汗や嘔気などの症状を引き起こすことがあるので十分な注意が必要です。

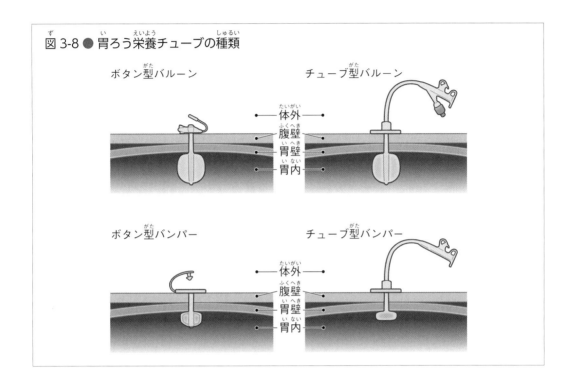

図 3-8 ● 胃ろう栄養チューブの種類

ボタン型バルーン　　　　　　　チューブ型バルーン

体外
腹壁
胃壁
胃内

ボタン型バンパー　　　　　　　チューブ型バンパー

体外
腹壁
胃壁
胃内

表 3-1 ● 胃ろう栄養チューブ固定板のタイプと長所・短所

固定板の位置	固定板のタイプ	長所	短所
胃内	バルーン（風船）型	交換が容易である。	バルーンが破裂することがある。
	バンパー型	抜けにくいので交換までの期間が長い。	交換時に痛みや圧迫感が生じる。
体外（腹壁）	ボタン型	目立ちにくく動作の邪魔にならずに，自己抜去しにくい。逆流防止弁がついている。	指先でボタンを開閉しづらい。
	チューブ型	注入時に栄養チューブと接続しやすい。	チューブを引っ張り抜去しやすい。チューブの内側が汚染されやすい。

経鼻経管栄養は，左右どちらか一方の鼻の穴から鼻腔，咽頭，食道を経て胃内にチューブを挿入留置して，栄養剤を注入します（十二指腸または空腸内に留置する場合もあります）。チューブによる鼻腔・喉の違和感や不快感を覚えやすく，チューブが抜けやすい，つまりやすい等があります。また，気管への誤挿入やチューブの先端が胃内に留置されていないことに気づかずに栄養剤を注入すると重篤な合併症を引き起こす危険があります。

それぞれの経管栄養のもつ特徴を理解し，医師・看護職との連携のもと安全に実施することが大切です。

④ 注入する内容に関する知識

▶▶ 生命維持における栄養・水分摂取の重要性

栄養とは，生体が物質を体外から摂取し，消化・吸収さらに代謝することにより，生命を維持し，健全な生活活動を営むことをいい，取り入れる物質を栄養素といいます。栄養素には，炭水化物（糖質），脂質，たんぱく質，無機質（ミネラル），ビタミンの5大栄養素と食物繊維があります。代謝とは，生命維持活動に必要なエネルギーの獲得や有機材料を合成するために生体内で起こるすべての生化学反応の総称です。

人体は，ほとんどが水でできています。性別や年齢で差はありますが，新生児では約75％，子どもでは約70％，成人では約60～65％，高齢者では50～55％が水で占められています。体内に存在する水分のうち，3分の2が細胞内に存在する細胞内液です。残り3分の1が細胞外液で，体内を循環する血液やリンパ液，細胞間に存在する間質液に分けられます。血液は，からだの隅々まで酸素や栄養などを届けると同時に老廃物や過剰な物質を運搬し，体外に排泄するという大切な役割を果たしています。その血液の半分以上は，血漿という液体です。血漿のほとんどが水でできており，ナトリウムイオン，塩化物イオン，たんぱく質などさまざまな成分が溶けこんでいます。からだに必要な栄養成分は，この水分に乗せて運ばれています。体内の水分不足は，代謝を悪くし，血液の循環にも大きく影響します。また，熱中症や脱水症などさまざまなトラブルを引き起こす原因になります。

▶▶ 経管栄養で注入する内容について

一般的に経管栄養の栄養剤の条件として，①少量で高カロリーが得られる，②栄養のバランスがとれている，③消化吸収がよく副作用が少ない，④栄養剤でチューブがつまらない，⑤調整が簡単にできるなどがあげられます。

経管栄養剤は，天然食品を原料とした「天然濃厚流動食（ミキサー食を含む）」と，天然食品を加工してつくられる「人工濃厚流動食」に分けられます。さらに，人工濃厚流動食は，消化吸収される形態から，半消化態栄養剤，消化態栄養剤，成分栄養剤に分けられ

ます。糖尿病や肝不全，腎不全等のもつ代謝的特徴を考慮して，その疾患を改善する目的で使用される病態別栄養剤もあります。栄養剤の剤型としては，粉末状・液状があります。液状の栄養剤は，流動性が高いため胃ろう部からのもれや食道への逆流，腸管への速い流入による下痢等が起きやすいことから，これらを改善するために半流動体の性質をもたせた半固形栄養剤が用いられることが多くなってきています。

　その他，高濃度・低濃度のもの，「医薬品」扱いのものと「食品」扱いのものがあります。医薬品扱いの栄養剤は，薬としての審査がいることから医師の処方[7]（➡ p.213 参照）が必要になります（表 3-2，表 3-3）。

表 3-2 ● 経管栄養で使用される栄養剤の種類

栄養剤の種類		特　徴	取り扱い形式
天然濃厚流動食		通常の食事と同様に消化吸収できる場合に使用する。	食品，医薬品どちらもある。
人工濃厚流動食	半消化態栄養剤	栄養学的なバランス・栄養価にすぐれている。消化機能に問題がない場合は最適である。	
	消化態栄養剤	高エネルギー・アミノ酸を多く含み，吸収効率がよい。	
	成分栄養剤	アミノ酸のみで構成され，ほとんど消化を必要としない。	医薬品のみ
病態別栄養剤		各疾患のもつ代謝的特徴を考慮して，その疾患を改善する目的で使用される。	食品，医薬品どちらもある。
半固形栄養剤		液体と固体両方の性質をもつ半流動体。液状の栄養剤の高い流動性にともなう弊害を緩和する。	

表 3-3 ● 栄養剤の食品と医薬品の違い

	食品	医薬品
医師の指示	必要	必要
医師の処方箋	不要	必要
保険適用	なし	あり
個人購入	可能	不可能

▶▶ 半固形栄養剤を使用する場合

半固形栄養剤は，液状の栄養剤が胃食道逆流を起こしやすい場合，座位の時間を短縮する必要がある場合，半固形栄養剤を使用することで腸の蠕動を改善したい場合などに用いられます。半固形栄養剤は，胃ろうから注入します。

半固形栄養剤を使用する場合には，以下の点に注意が必要です。

① 短時間で栄養剤を注入することから，腸の蠕動が亢進することもあるので，医師や看護職の指導のもとで実施し，いつもと違う状態がみられたり，本人からの訴えがあった場合は看護職に相談します。

② 注入時は，上半身を30〜45度程度起こし，腹部の緊張を緩和する体位とします。

③ カテーテルチップシリンジ（図3-21（☞第5巻p.195））や半固形栄養剤の容器にアダプタをつけ注入します。注入するときには，圧がかかるので胃ろう栄養チューブとの接続がはずれないよう注意が必要です。注入する速度は医師の指示に従います。

④ 注入中に利用者が咳きこんだり，痰がからんだような呼吸音がする場合には，一時中止して医師・看護職に連絡します。

⑤ 注入後はカテーテルチップシリンジで白湯を注入し，胃ろう栄養チューブ内の栄養剤を洗い流し，注入口のつまりを防ぎます。

なお，半固形栄養剤の経管栄養を実施する場合には，通常の演習・実地研修に加え，別途十分な演習・実地研修を実施し，安全性の検討後，行うことが必要です。

❺ 経管栄養実施上の留意点

▶▶ 経管栄養実施上の留意点

経管栄養を行っていても，通常の生活を送っている人もたくさんいます。経管栄養は，その人の生活や行動範囲を制限するものではありません。しかし，異物が消化管に入っていることには変わりありませんので，以下のような異変を見つけたら，医師や看護職にすみやかに連絡しましょう。毎日のケアのなかで，異変を早期発見できる観察力を身につけることが大切です。

▶▶ 経管栄養で起こり得るからだの異変について

消化管に関連する異変，代謝に関連する異変，チューブによる異変に分けて概説しま

Mini 知識

リフィーディング症候群（Refeeding syndrome）

飢餓状態での栄養投与が致死的な全身合併症を引き起こす病態の総称。絶食期間が長く，栄養状態の悪い患者（利用者）に，高カロリー栄養をいきなり投与すると糖代謝や電解質バランスの異常を招き，重篤な低血糖や不整脈が生じ，心停止におちいることもある。

す。

（1） 消化管に関連する異変

① 胃食道逆流

　　胃の内容物が食道に逆流する現象です。下部食道括約筋の弛緩，胃内圧の上昇，栄養剤注入時の不良な体位（仰臥位）等により起こります。逆流を疑うサインとして，口から栄養剤のにおいがする，嘔吐する，口腔内吸引で栄養剤が引ける等があります。

② 咳こみ・誤嚥（誤嚥性肺炎）

　　食道に逆流した胃内容物や唾液が気管に流れこむ（誤嚥）とむせるような咳が出ます。咳が出ることは，気道から異物を出そうとする反射（咳嗽反射）であり，生理的な反応です。しかし，激しい咳こみがくり返し起きる場合，咳嗽反射が弱くなっている人は，誤嚥性肺炎のリスクが高まります。誤嚥性肺炎の症状として，原因不明の発熱，激しい咳，膿性痰，喘鳴，呼吸苦等があります。

③ しゃっくり，胸やけ，嘔気・嘔吐，腹痛，腹部膨満感などの消化器症状

　　消化吸収能が低下しているとき，栄養剤の温度・注入速度・濃度が不適切なとき等に起こります。症状の有無を確認するとともに顔色や表情などについて観察しましょう。

④ 便秘

　　水分・食物繊維の不足，運動不足，腸蠕動機能の低下により便秘が起きやすくなります。

⑤ 下痢

　　下痢は，経管栄養で起こり得る異変として，多くみられるものの1つです。栄養剤の注入に関連するものとして，おもに吸収不良，高浸透圧，細菌汚染に分けられます。栄養剤の注入速度が速い，濃度が濃い，低温，器具の不潔操作等がその要因となります。

・注入速度による下痢

　　経管栄養の標準的な注入速度は1時間あたり200mlですが，利用者の状態や注入する栄養剤の濃度などにより医師から指示されます。経管栄養の滴下速度には個人差があるということです。

　　注入速度が原因で下痢が起こる場合は，滴下速度を遅くするのが一般的な対処となりますが，終了までに長時間かかることで，心身の苦痛が増したり，活動が制限されたりしてQOL（Quality of Life：生活の質）に影響を及ぼします。

・経管栄養剤の濃度による下痢

　　高濃度の経管栄養剤の注入では，腸管からの水分吸収がアンバランスとなり高浸

透圧性の下痢症 [8] （➡ p.213 参照）の原因となります。一般的な 1m*l* あたり 1kcal の製品の多くは、血管内の浸透圧に近づけて製造されています。したがって、希釈しなくても高浸透圧性の下痢は生じません。しかし、一部の経管栄養剤や自宅で作成したもののなかには高い浸透圧のものもあり、それを注入する場合はあらかじめ希釈するなどの配慮が必要です。また、絶食期間が長い利用者は腸管機能が低下していることから通常の浸透圧でも下痢が生じることがあり、注意が必要です。

・経管栄養剤の温度による下痢

体温より極端に低い温度の経管栄養剤を注入すると、刺激により腸蠕動が亢進し、下痢を起こします。経管栄養剤の保存場所と実施時の気温や室温、利用者の状態について判断ができない場合は、医師・看護職に相談しましょう。

・不潔な経管栄養の操作による下痢

経管栄養剤の汚染により細菌性下痢症を発症することがあります。長時間にわたる栄養剤の滴下は、栄養剤自体が細菌の培地となることがあります。

経管栄養の注入に使用する器具類は清潔な状態で使用することが原則です。使用後は、十分洗浄し乾燥させておきます。

十分に手洗いをしたうえで器具を取り扱うことが重要です。また、医師の指示により看護職が実施する経腸栄養ポンプを使用した 24 時間持続注入の場合は、注入中に細菌発生が起こる可能性を考え、8 時間を目安として定期的に栄養ルートの交換を行う必要があります。

(2) 代謝に関連する異変

脱水、電解質異常、血糖値の異常を起こすと、発熱、心不全、呼吸不全、意識障害、けいれんなどの重篤な状態になることがあります。

(3) チューブによる異変

経鼻経管栄養では、チューブ（とくに太いもの）によって組織が刺激されることがあり、痛みや時に出血が生じます。また、ごくまれにチューブが気道に入ることがあります。誤留置に気づかず栄養剤を注入すると、激しい咳こみや窒息が起こり、大変危険な状況になります。

胃ろう・腸ろうによる経管栄養では、チューブの不適合や栄養剤のもれによるろう孔周辺のスキントラブルが発生します。チューブがずれたり、抜けた場合、適切に処置しないと腹膜炎を起こしてしまうことがあります。

▶▶ スキントラブル

経鼻経管栄養では、栄養チューブを挿入している鼻孔・チューブ固定部の皮膚がかぶれ

図 3-9 ● スキントラブルが発生しやすい部分

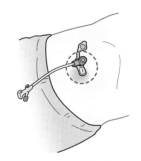

かぶれや赤く腫れたりしたら医師や看護職に連絡！

やすくなります。胃ろうまたは腸ろう経管栄養では，チューブやストッパーの圧迫やろう孔の拡大などによって，ろう孔から栄養剤や消化液がもれ，ろう孔周囲の皮膚に発赤や水疱，びらん[9]（➡ p.213 参照）や潰瘍[10]（➡ p.214 参照）を起こします（図 3-9）。また，ろう孔周囲の皮膚に感染を起こすと，**不良肉芽**[11]（➡ p.214 参照）を形成してしまうことがあります。スキントラブルの発生は，QOL を損なう要因となります。医師や看護職と連携して，日々のスキンケアを適切に行うとともに，チューブ挿入部周囲の皮膚の状態の変化をよく観察（色，痛みや**滲出液**[12]（➡ p.214 参照）・出血の有無，におい等）し，異変に気づいたら，すみやかに医師や看護職に連絡することが大切です。

❻ 子どもの経管栄養について

▶▶ 経管栄養を必要とする子どもとは

摂食・嚥下機能は，食物を認知し，口に取りこむことに始まって胃にいたるまでの一連の過程をさしています。その基本的なはたらきは，おもに離乳期（生後 5 ～ 6 か月ころ）に発達，獲得されるものです。しかし，先天的に（生まれつき）脳に重い障害のある子どもの場合は，機能を十分に獲得できないまま経過してしまうことがあります。また，事故や腫瘍などといった後天的な障害によって食べるための機能が低下していることもあります。その場合，栄養摂取を経管栄養などによって補う必要があります（図 3-10）。

経鼻経管栄養は，消化管の消化，吸収能力は保たれているものの，経口摂取が困難である場合や経口摂取では十分な栄養摂取が困難な場合，あるいは経口摂取では誤嚥の危険がある場合，食欲不振や術後のために経口摂取ができない場合に用いられます。

経鼻腸管栄養[13]（➡ p.214 参照）は，胃食道逆流現象（胃の内容物が食道に戻ってくる現象）などにより，嘔吐しやすい状態であったり，誤嚥性肺炎がくり返し起こったりする場合に用いられます。

胃ろう経管栄養は，嚥下障害や身体の変形拘縮が強く，胃食道逆流現象があり，誤嚥性

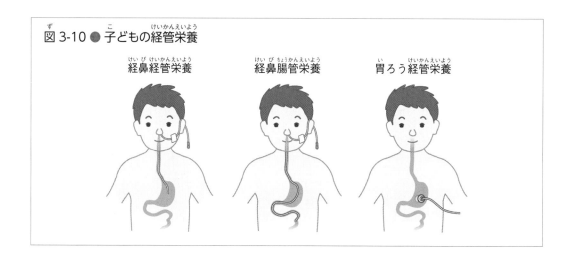

図 3-10 ● 子どもの経管栄養

経鼻経管栄養　　経鼻腸管栄養　　胃ろう経管栄養

肺炎がくり返し起こる場合に用いられます。

　腸ろう経管栄養は，胃食道逆流現象やクローン病などの病気，重度心身障害などにより十分な経口摂取ができず，胃ろうが造設できない場合に用いられます。

▶▶ 子どもの経管栄養に使用する物品・使用法

　子どもの経管栄養で使用するチューブは子どもの成長段階や体型によりサイズの違いがあり，医師によって決定されたものを使用します。

　子どもの皮膚🔲(→ p.214参照)はデリケートであることから，子どもによって使用するテープの種類や幅に違いがあります。また，子どもは，無意識に手を顔にもっていくことがあるため，耳の後ろにかけて固定するなど固定方法にも違いがあります。

　これらのチューブやテープの選択，固定方法などは，医師・看護職が実施します。テープがずれていたり固定方法などの異常に気づいた場合は，大丈夫だろうと判断しないで医師・看護職に連絡することが重要です。

　介護職として経管栄養で，とくに注意をすることは，注入する内容と量を守ることです。子どもでは，開封した栄養剤を使いきらない場合がありますが，開封した栄養剤は，適切に保管し決められた時間内に使用する必要があります。保管期間を明示して冷蔵庫などに密封して保存するなどの工夫が必要です。本来の品質が損なわれてしまうため，冷凍保管や水で薄めての保存はしないよう注意が必要です。

　カテーテルチップシリンジやイリゲーター（図 3-13，図 3-14（☞ 第 5 巻 p.190））は食器洗用洗剤で洗浄後，消毒液（ミルトン®やピューラックス®）などに 1 時間以上ひたして，水洗後，十分に乾燥させて次回に利用できるようにしておくことが大切です。

▶▶ 子どもの経管栄養の留意点

　子ども（とくに乳児）の胃の形は大人と異なります（図 3-11）。そのため，栄養剤の注

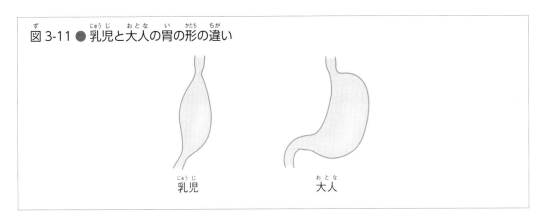

図 3-11 ● 乳児と大人の胃の形の違い

乳児　　　　　　大人

入中に咳きこんだり，吸引したりすると嘔吐しやすくなり誤嚥の危険があります。栄養剤の注入前は，排痰を十分に行い，呼吸状態を整えておく必要があります。また，排便状態の確認も必要です。そして，座位姿勢を保持します。体動などにより注入中に座位姿勢が保持できない場合は，クッションを用いたり，抱っこをすることもあります。子どものチューブは大人のチューブより細いため，栄養剤がつまりやすく，注入中は適宜，観察をします。

　チューブ挿入の際につけた印より少しでも抜けている場合は，そのまま注入すると嘔吐や逆流が起きる可能性が高いため，医師・看護職に連絡し指示に従います。

　ろう孔[図]（➡ p.214 参照）とろう孔周囲の皮膚を清潔に保つには，ぬるま湯と石けんを使って洗浄します。チューブは，洋服でおおわれて見えにくく，誤って引っ張って抜けてしまう場合があります。そのため，洋服にリボンやボタンで印をつけておくなど工夫をします。

　チューブが抜けてしまった場合は，医師・看護職に連絡します。病院受診に同行する場合は，抜けたチューブを持って病院に行きます。

　子どもでは，胃ろうボタンの破綻や逆流防止弁が壊れるなど，身体の成長などの変化から胃ろうボタンを交換する頻度が多くなります。ボタンの交換操作により胃ろう開口部が広げられたり，腹式呼吸により腹壁とボタンとのズレが生じたり，泣いて腹圧が亢進したり，抱っこなどの体位でチューブが移動しやすいことで栄養剤がもれてくることがありますので，（経管）栄養チューブ挿入部を十分観察する必要があります。

❼ 経管栄養を受ける利用者や家族の気持ちと対応，説明と同意 :::::::::::::::

▶▶ 利用者の経管栄養に対する気持ち

　経管栄養を必要とする利用者は，消化器官に何らかの病気や問題をかかえている，または，嚥下の障害があるなどの理由によって口から食事をとることのできない，または，必要とする栄養分をとることのできない人です。利用者は，病気や障害に対して，さまざま

な不安や，症状にともなう苦痛をかかえています。また，食事は，生活のうえでの大きな楽しみです。その楽しみをうばわれてしまい，生活意欲が低下している場合もあります。

経管栄養を受けているときは，常につながれているように感じたり，自分で食べる行為をしていないのに，げっぷが出たり，おなかが張ったりすることを受け入れられなかったり，不安に感じたりします。とくに鼻からチューブを挿入している利用者は，咽頭への違和感が常にあります。からだからチューブが出ているということへの不快感，不安感，羞恥心をもっている場合も少なくありません。チューブが抜けてしまうと栄養がとれないのではないかという心配も常にかかえており，このようなことから，経管栄養に対して拒否的な気持ちをもっていることもあります。

介護職は利用者の気持ちを受けとめながら，医療的行為だけにとらわれず，生きる喜びや食を味わう喜びを損なわないようなケアが必要になります。

▶▶ 家族の経管栄養に対する気持ち

自分の家族が経管栄養を必要とする状態になってしまうことに対して，家族も利用者本人と同じように，さまざまな不安や負担感を抱いています。たとえば，医療処置という特別なことに対する不安，病状や障害の変化に対する不安，病状の見通しや家族の生活や仕事のこと，経済的なことなど，さまざまな心配事や不安をかかえている可能性があります。

しかし，経管栄養によって，それまでに感じていた，栄養状態が悪化することに対する心配や，むせこんで苦しい思いをすることがなくなるなど，病状が改善する可能性に対する希望をもっている場合や，家族としていっしょに暮らせるようになった喜びを感じている場合も少なくありません。

▶▶ 利用者と家族の気持ちにそった対応と留意点

利用者や家族にはさまざまな価値観や人生観，家族の歴史があります。利用者と家族に接するときには，利用者の人生観や家族の意向を尊重しながら細心の注意を払って経管栄養を行う必要があります。

とくに，短時間で援助しなければならない場合などは問題点やリスクを気にするあまり，利用者と家族の日々の生活の喜びや家族のよい面を見逃しがちです。

介護に対する負担感が強い家族には，利用者や家族ができていることに着目した会話を取り入れ，たとえば「栄養状態がよいと，よい排便状態が保てますね」「いつもご家族がきれいにしてくださるので気持ちがいいですね」など，利用者や家族を認め，**自己効力感**[16]（➡ p.214 参照）を得られるような会話を心がけます。また，排便回数を毎回聞くことはやめ，カレンダーに記入してもらうなどの工夫をしましょう。

経管栄養は，特別なことをしているというイメージがありますが，「これから食事にしましょう」というような声かけをするなど，ふだんと変わらない日常行為であることをア

ピールすることによって，負担感を軽減します。

利用者や家族が，経管栄養の物品が不足することに対して不安を感じている場合は，物品をそろえ準備することを伝え，不安を解消します。

また，万が一の用心として緊急連絡網の更新や確認を，利用者や家族といっしょに行うことで安心につながります。

▶▶ 経管栄養の実施に関する説明と同意

経管栄養の実施にあたっては，退院時などに医師・看護職から実施方法や中止する場合の状態と緊急時の対応などについて説明をされています。しかし，在宅では常に医師・看護職がそばにいるわけではなく，勝手も違うので，利用者が退院直後である場合などは，大きな不安をもっています。

利用者や家族の経管栄養に対する思いや，利用者が家族や介護職の負担感についてどのように感じているか，生活のリズムのなかで役割をだれがどのように分担しているか会話のなかから引き出し確認します。

また，衛生材料の保管や準備，季節の変化への対応方法など，医師・看護職からもう少し具体的な説明が必要だと感じた場合は，利用者や家族の了解のもと介護職が医師・看護職に相談することで安心感が得られます。

利用者が経管栄養に同意しない場合もあります。「栄養を入れる」ことにとらわれず，なぜそう思っているのか傾聴[17]（➡ p.214 参照）することも大切です。相談を受けた介護職は1人でかかえこまずに利用者や家族の了解をとったうえで，利用者や家族が不安に感じていることや同意できない気持ちを代弁者として，医師・看護職に相談しましょう。

また，利用者の状態は，日々変化しています。たとえば，風邪を引き，ひどく咳きこんだり，熱があるなど，実施前の段階から"いつもと違うこと"に気がついた場合は，医師・看護職に相談し，実施するかどうか判断を求めるとともに，本人の意向を尊重しながら，状況を説明し同意のうえで，実施するようにしましょう。

経管栄養を実施する前には，利用者・家族に声かけをします。「これから実施してもいいですか」「お食事の時間ですよ」「お食事にしてもいいですか」などと食事をすることを説明して，利用者の同意を得ます。たとえば，前の経管栄養の時間が何らかの都合で変更になった場合など，いつもと注入時間・注入内容が異なることがあります。利用者一人ひとりの日々の生活の出来事に配慮し，毎回の注入をその時々の生活のペースで行っている実感がもてるような援助が必要となります。

経管栄養の実施に際しては，これから始めるということ，どれくらい時間がかかるのか，見守っていることなどを説明します。利用者や家族が安心して経管栄養を受けられるような配慮が必要です。注入中は，適宜，状態観察を行うとともに，不快に感じることはないかどうか声かけを行い，利用者の反応や様子を観察します。注入が終わったら，利用

者に食事をしたという感覚をもってもらうためにも「食事が終わりました」と伝えましょう。たとえ，意思表示ができない利用者だとしても，経管栄養はその人にとって食事であるということを念頭におき，無言で行うことのないように注意しましょう。また，注入後しばらくは半座位を保つことを説明します。姿勢に対する苦痛，意識や呼吸状態の変化，腹部膨満感や腹痛・嘔気・嘔吐などがないかを確認します。声かけに対し反応がない場合でも1つひとつていねいに説明すること，声をかけ，その表情やしぐさから利用者の思いを感じ取ることが重要です。

❽ 経管栄養に関係する感染と予防

▶▶ 経管栄養を行っている利用者の消化器感染

感染症とは，細菌やウイルスなどの病原体がヒトの体液や排泄物などを通して体内に侵入し症状があらわれる病気をいいます。病原体が産生する毒素などによる食中毒も含まれます。

経管栄養を行っている人は，一般的に免疫力や体力が低下していることが多く，感染症にかかりやすく，清潔や衛生面には十分な注意が必要です。

消化器感染を起こすと，発熱，腹痛，嘔気・嘔吐，腹部膨満感，下痢などの症状が出ます。経管栄養における消化器感染には次の原因が考えられます。
・注入物の不適切な取り扱い（有効期限切れなど）
・器具類の汚染（洗浄不足・かびの発生など）
・実施者の手指の汚染

また，注入物が細菌で汚染されている場合では，下痢などのほかに**敗血症**[18]（➡ p.214 参照）や肺炎の原因になることもあります。

▶▶ 経管栄養を行っている状態の感染予防

経管栄養を行っている人には，次のような感染予防策を実施します。
(1) 手洗いの徹底と衣類汚染の注意

病原体は，おもに実施者によって運ばれます。感染を予防するには，手洗いの徹底が必要です。経管栄養を行う前に排泄の援助や吸引を行っていたら，経管栄養の準備を始める前に，十分に手洗いをすることが大切です。とくに，居宅においてはおろそかになりがちですので，意識して行うようにしましょう。身につけているエプロンなど衣類の汚染にも注意します。
(2) 物品の洗浄・乾燥・交換

使用した物品は，中性洗剤でよく洗浄し，乾燥させます。栄養点滴チューブ内も，流水を通し，よく洗浄します。栄養点滴チューブ内に注入物が残っていると，チューブの

閉塞や腐敗の原因になります。また，定期的に新しいものに交換することも必要です。

（3） 物品の管理

　必要物品は，いつも整理整頓しておき，風通しのよい，できればいつも同じ場所に保管します。また，医療機関から新しいものをもらってきたら，古いものから使用できるように，新しいものを下にしまっておきます。栄養剤の有効期限にも留意し，期限内の古いものから順に使用しましょう。

（4） 皮膚周囲の清潔

　経管栄養チューブ挿入部周囲は，いつも清潔に保っておきます。滲出液・出血・びらん・皮膚の異常などを発見した場合は，医師・看護職に報告しましょう。

▶▶ 口腔ケアの重要性

　経管栄養を実施している利用者の場合では，口腔から何も摂取されていないことがあります。とくに，食事をとっていない人は，唾液の分泌が減少し唾液による自浄作用も低下していて，細菌感染が起こりやすい状態になっています。

　意識障害のある利用者の場合，自分で歯みがきやうがいができないために口腔内に細菌が繁殖し，繁殖した細菌を誤嚥することで誤嚥性肺炎を引き起こす危険性があります。また，口腔内に繁殖した細菌を嚥下することで，胃内や消化管内で嚥下した細菌が繁殖し，消化器感染を引き起こしてしまうこともあります。

　口腔内の清潔ケアは，口腔のねばつきや乾燥，口臭を防ぎ，利用者の感染予防のみならず，爽快感を与えることにも重要な役割を果たします。

　そのため食事を摂取していなくても，1日3～4回程度の口腔内の清拭をしっかりと行うことが大切です。

❾ 経管栄養により生じる危険（リスク），注入後の安全確認

▶▶ 経管栄養により生じる危険の種類

　経管栄養は，一見簡単そうにみえるかもしれませんが，人為的な行為であり，時に生命に直結する危険をともないます。また，十分留意していても，予期せぬ出来事が起こることがあります。

　経管栄養時に想定されるリスクは，経管栄養チューブの抜去，経管栄養チューブ挿入部からの出血や嘔吐，利用者の状態のいちじるしい変化などがあります（表3-4）。その原因は多様ですが，利用者の状態把握の不十分さ（いつもと違って顔色が悪い，調子がよくないようだ），注入時の不適切な姿勢・体位（あお向けのままであるなど），経管栄養チューブ類の不備（経管栄養チューブが正確に挿入されていない）が関係します。経鼻経管栄養の場合では経鼻経管栄養チューブが正確な位置に固定されておらず，肺に注入してしま

表 3-4 ● 経管栄養時に想定されるリスクと対応例

リスク	介護職の対応	看護職の対応および予防策
チューブ・PEG（胃ろう）が抜けそうになっている，抜けてしまっている	・注入せずに，すぐに看護職に連絡する	・あらかじめ医師から指示を受けておき，手順にそって対応する ・ろう孔確保（胃ろうの場合） （注意：ろう孔は，早ければ数時間ほどで閉じてしまう） ・ろう孔確保と同時に，医師に連絡する
チューブ挿入部からの注入液のもれ	・接続部などがはずれていないか，折れ曲がっていないかを確認し，はずれていたら接続する ⇒チューブの接続部に問題がないにもかかわらずもれるようなら看護職に連絡する	・医師と相談して対応する
注入液が注入できない，または，定められた時間内に終了しない	[栄養点滴チューブ全体の確認] ・途中でチューブが折れていないか ・注入液が凝固してチューブを閉塞していないか ・チューブが抜けかかっていないかなど ⇒決められたとおりに実施しても，注入液が滴下しない場合は，滴下を中止し，看護職に連絡する ・いつもの時間より長くかかる場合 ⇒いったん，注入を中止して看護職に連絡する	・介護職といっしょにルートを確認する。途中でチューブが折れていないか，注入液が凝固してチューブを閉塞していないか，チューブが抜けかかっていないかなど ・ほんの少し圧をかけて注入してみる ・ルート交換 ⇒改善がなければ医師に連絡し，再挿入を検討する
出血	・経管栄養チューブ挿入部やPEG（胃ろう）からの出血や，周囲に血液が付着している場合 ⇒看護職に連絡 ・経管栄養チューブ内がいつもと違う色（赤・茶褐色など）になっている場合 ⇒看護職に連絡する ・鼻出血・吐血があった場合 ⇒ただちに注入を中止して看護職に連絡する	・出血部位の確認 ・不良肉芽からの出血・胃内からの出血など，部位により医師の指示で対応する ・鼻出血・吐血があった場合は，医師に連絡し医師の指示に従う
嘔吐	・ただちに注入を中止する ・誤嚥を防ぐため顔を横に向ける ・看護職に連絡する	・全身状態の観察 ・嘔吐の原因追究（吐物・注入速度・姿勢・体位など確認） ・緊急性の判断と対応
息が苦しそう・顔色が悪い	・ただちに注入を中止し，すみやかに看護職に連絡する	・全身状態と酸素飽和度をチェックする ・緊急性の判断と対応
痰がからみ・喉がゴロゴロしている状態が始まった	・注入を中止しベッドを起こしたまま様子をみる ⇒改善すれば注入を再開し，しなければ看護職に連絡する	・経管栄養チューブが抜けかかっていないか確認する ・必要時，吸引したり体位を工夫したりする ・緊急性の判断と対応

腹部膨満	・定められた注入速度であるか確認する ・身体が曲っていないか，適切にベッドが挙上されているか確認する ⇒いつもと違う状態と感じたときは，看護職に連絡する	・全身状態の観察（とくに腸の蠕動運動） ・注入速度・姿勢（体位）の確認と調整
しゃっくり	・注入開始後にしゃっくりがあった場合は注入を中止する ・注入速度・姿勢を確認する ⇒いつもと違う状態と感じたときには，看護職に連絡する	・全身状態の観察 ・注入速度・姿勢・体位など確認 ・緊急性の判断と対応
げっぷ	・げっぷと同時に嘔吐することがあったら注入を中止し看護職に連絡する	・全身状態を観察し，誤嚥が疑われるようなら医師に連絡する

い，死にいたった例もあります。

また，経管栄養実施の際の"いつもと違うこと"が大きな事故につながることもあります。"いつもと違うこと"に気がついた場合には，確実に医師・看護職に報告する必要があります。

栄養剤の注入後は，利用者への声かけにより，身体の違和感や変化，苦痛の有無など，経管栄養が安全に実施できたかどうかの確認が重要です。

▶▶ 危険防止のための医師・看護職との連携体制（日常的な報告，連絡，相談）

経管栄養にともなう危険は，実施する人の個人的な手技・手順の誤りだけで起こるものではなく，相互の関係性など，さまざまな原因で発生します。そのため，危険を未然に防ぐには，医師・看護職との連携体制を整えて，日常的に利用者の状態や疑問点・問題点，利用者・家族の気持ちに対する対応などについて，連絡，相談のうえ，情報を共有しておく必要があります。医師・看護職との連携体制を図式化しておくことも1つの方法です。

(1) 日常的な報告・相談など

たとえば，実施した内容を毎回連絡ノートなどに記入し，医師や看護職に報告・相談したり，実施後に電話で報告したり，異常時ではなくとも，日常的に接して相談し合える体制をつくることです。とくに居宅の場合などは，介護職がどのように実施しているのかを医師・看護職が見る機会が少ないため，日常的に意識して顔を合わせたり，電話をしたりして，医師・看護職と連携している実感をもてるような体制が必要です。

(2) 定期的な報告・相談・打ち合わせなど

安全に経管栄養が継続できるように，定期的に介護職と医師・看護職が顔を合わせて報告・相談・打ち合わせなどを行う体制をつくっておくことが大切です。介護職のなにげない報告・相談のなかには，医療上の重要な内容が含まれている場合や，介護職が気

がついていない重大な危険が含まれている可能性もあります。

▶▶ ヒヤリハット・アクシデントの実際と報告

　実際に行うと，ヒヤリとして冷汗をかくこと，ハッとして手を止めてしまうこと，頭が真っ白になってどうしてよいかわからなくなることがあります。それはだれでも経験することで，ベテランになってもあるものです（表3-5，事例1）。自信過剰になってしまうことのほうが危険です。ヒヤリハットについては，小さなことでも報告書に記入することになっています。

　ただ，実際には自分では気づかないヒヤリハットが多くあり，ともすると気づかないうちに大事故につながることがあると推測されます。

　ヒヤリハットを見逃さないために，①「いつもと違う」という変化・状況を把握する力をつけておくこと，②ヒヤリハットなのかどうか，常にだれか（医師・看護職，上司・同僚など）に質問する姿勢をもつこと，③相談を受けたり，話し合ったりすることを大切にする職場の雰囲気づくりをすることが大切になります。

▶▶ ヒヤリハット・アクシデント報告書の書き方

　ヒヤリハット・アクシデント報告書（図3-12）は，それぞれの施設または事業所などでその報告様式が異なります。

　書き方の1つの例として，報告書に，おおよそどのような内容なのかがわかるようにタイトルをつける方法があります。たとえば，「利用者に声をかけることを忘れて，利用者ににらまれた事例」「注入速度が適切に調整できずに，規定の半分の時間で体内に注入してしまった例」などです。それがどのような状況だったのかふり返りながら記入します。

　大切なことは，絶対に嘘の内容を記入しないことです。自分のミスや不注意をほかの人に知らせることは，とても勇気がいることです。しかし，医療的行為を行ううえでは，絶対に隠したり嘘をついたりしてはいけません。そのことがさらなる事故につながることもあるからです。

　同じようなヒヤリハット・アクシデントをくり返さないためにも，報告書には状況を詳細に記録する必要があります。

　ヒヤリハット・アクシデント報告書は，必要に応じて医師・看護職と相談しながら記入し，関係する人たちで共有し，さまざまな視点から再発予防策を検討することが大切です。

表 3-5 ● 経管栄養法をめぐるヒヤリハット・アクシデントの例

原因	事例
手技や手順のミス	・上半身挙上する角度が十分でなく，逆流性の肺炎を起こしかねないと思われる事例。 ・嘔気があったにもかかわらず注入を続けたことにより嘔吐させてしまった。 ・接続が適切でなかったため注入物がもれてしまい，胃ろうの周囲の皮膚に炎症を起こしてしまった。 ・利用者専用のイリゲーターや連結チューブをほかの利用者のものと間違えて接続してしまった。
機器や物品等の不備	・胃ろう注入終了後，物品（シリンジ）の回収し忘れがあり，棚に置きっぱなしになっていた。
安全管理体制の不備	・チェック表を用いて 30 分ごとに滴下中の巡視を行っているが，チェックの記入もれがあった。
利用者自身に起因するもの	・認知症の利用者による，胃ろう経管栄養注入中のチューブの自己抜去があった。 ・利用者自身が触ったことにより，注入中に接続部がはずれ，布団の中に注入食が大量に流出していた。布団の中であったため，発見が遅くなった。

事例1　確認不足から他人の経管栄養剤をセットした

　テーブルの上に数名分の経管栄養剤が置かれていた。経管栄養剤の確認をしAさんの胃ろうチューブに連結し滴下を開始した。開始後に栄養剤のパッケージに記入されている氏名がB利用者のものであると気づきすぐ注入をストップし，看護師に連絡をした。幸い栄養剤の内容は同一だったため大事にはいたらなかったので「ヒヤリハット」となる。本人用のパックから注入された 50ml を抜き破棄し本人の経管栄養剤を看護師とともに行った。

　誤って使用したB利用者の経管栄養剤はパックごと破棄し新たにB利用者用の経管栄養剤を準備した。

　栄養剤の内容が異なったまま注入した場合は「アクシデント」となる。

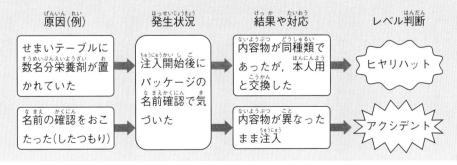

原因（例）　　発生状況　　結果や対応　　レベル判断

せまいテーブルに数名分栄養剤が置かれていた → 注入開始後にパッケージの名前確認で気づいた → 内容物が同種類であったが，本人用と交換した → ヒヤリハット

名前の確認をおこたった（したつもり） → 内容物が異なったまま注入 → アクシデント

（別添様式 4）

喀痰吸引等業務（特定行為業務）ヒヤリハット・アクシデント報告書（記入例）

報告者状況	事業所名称	特別養護老人ホーム◆◆
	介護職員氏名	介護　春子
	管理責任者氏名	管理　夏子
被報告者状況	事業所名称	特別養護老人ホーム◆◆
	連携看護職員氏名	看護　秋子

発生日時	令和 3 年 1 月 10 日（日曜日）　（午前）午後 11 時 50 分頃
発生場所	☑ベッド上　　□車椅子　　□その他（具体的に　　　　　　　　　　　　　　　）
対象者	氏名：　○○　○子　　　　　（男　（女）　年齢：90 歳 当日の状況 いつもどおり，うとうとしていた。

出来事の情報（一連の行為につき 1 枚）

行為の種類	【喀痰吸引】 ①人工呼吸器の装着の有無　　□なし　　□あり ②部位　（□口腔　　　　　　□鼻腔　　　　　　□気管カニューレ内） 【経管栄養】（☑胃ろう　　　　　□腸ろう　　　　　□経鼻経管）
第 1 発見者 （○は 1 つ）	☑記入者自身　　　　　　　　　□医師　　　　　　　□家族や訪問者 □記入者以外の介護職員　　　　□介護支援専門員　　□その他 □連携看護職員　　　　　　　　　　　　　　　　　　（　　　　　　　） □連携看護職員以外の看護職員
出来事の発生状況	※誰が，何を行っている際，何を，どのようにしたため，対象者はどうなったか。 他の利用者の経管栄養剤と間違えてつないでしまった。 まったく同じ内容の経管栄養剤だったので大事にはいたらなかった。
医師 への報告	□なし　☑あり
連携看護職員 への報告	□なし　☑あり
出来事への対応	※出来事が起きてから，誰が，どのように対応したか。 ただちに中止し，連携看護職員に報告した。 連携看護職員といっしょに経管栄養剤の内容を確認し，まったく同じものだと確認できたので，流れてしまっている分約 50ml を本人の経管栄養剤のなかから破棄し，本人の経管栄養剤を接続し直す作業を連携看護職員と行った。 間違って，つないでしまった経管栄養剤はパックごと破棄し，新たに B 利用者のために経管栄養剤を準備した。
救急救命処置の 実施	☑なし □あり（具体的な処置：　　　　　　　　　　　　　　　　　　　　　　　）

出来事が発生した背景・要因	※なぜ，どのような背景や要因により，出来事が起きたか。 昼12時間近になりあわてていたため，隣に置いてあったB利用者の経管栄養剤を間違って運んでしまった。 利用者に本人確認を行い，注入する栄養剤が利用者本人のものであるかの確認が不十分であった。
（当てはまる要因を全て）	【人的要因】 ☐判断誤り　☐知識誤り　☑確認不十分　☐観察不十分　☐知識不足　☐未熟な技術 ☐技術間違い　☐寝不足　☐体調不良　☑慌てていた　☐緊張していた ☑思いこみ　☐忘れた　☐その他（　　　　　　　　　　　　　　　　　　　　　　　　　） 【環境要因】 ☐不十分な照明　☐業務の中断　☐緊急時　☑その他（せまいところに経管栄養剤を並べてあった） 【管理・システム的要因】 ☐連携（コミュニケーション）の不備　☐医療材料・医療機器の不具合　☑多忙 ☐その他（　　　　　　　　　　　　　　　　　　　　　　　　　　　　　　　　　　　　）

出来事の影響度分類（レベル0～5のうち一つ）		
☐	0	エラーや医薬品・医療用具の不具合が見られたが，対象者には実施されなかった
☑	1	対象者への実害はなかった（何らかの影響を与えた可能性は否定できない）
☐	2	処置や治療は行わなかった（対象者観察の強化，バイタルサインの軽度変化，安全確認のための検査などの必要性は生じた）
☐	3a	簡単な処置や治療を要した（消毒，湿布，皮膚の縫合，鎮痛剤の投与など）
☐	3b	濃厚な処置や治療を要した（バイタルサインの高度変化，人工呼吸器の装着，手術，入院日数の延長，外来患者の入院，骨折など）
☐	4a	永続的な障害や後遺症が残ったが，有意な機能障害は伴わない
☐	4b	永続的な障害や後遺症が残り，有意な機能障害の問題を伴う
☐	5	レベル4bをこえる影響を与えた

介護職員　報告書記入日　令和3年1月10日

医師・連携看護職員の助言等	①医師又は看護職員が出来事への対応として実施した医療処置等について 介護職員が間違ってつないでしまったことにあわてていたので，内容物の確認と交換作業を2人で行った。10分程度対象者とB利用者ともに注入の開始が遅くなってしまった。 ②介護職員へ行った助言・指導内容等について 経管栄養剤を準備する場所が手狭になっているので，このような間違いがないように環境を整える必要がある。利用者本人と注入する栄養剤の確認を必ず行う。 ③その他（今回実施した行為で介護職員の対応として評価できる点など） 間違いを隠さず，すぐに連携看護職員に連絡してくれたために迅速に対応することができた。

医師・連携看護職員　報告書記入日　令和3年1月10日

▶▶ 緊急を要する状態

経管栄養の実施について，緊急を要する状態とは，生命の危機に直結する状態をさします。具体的には，呼吸が停止している，呼吸状態が悪化している（苦しそうな表情や顔色が悪くなった），いつも意識がある人が，意識がないように見える，嘔吐して気管に嘔吐したものがつまっている場合などです。

すぐに生命の危機に直結しなくても，胃ろうの場合に急を要するのは，胃ろうチューブが抜けているのを発見したときです。時間が経つと，ろう孔部が閉鎖してしまうからです。

▶▶ 急変・事故発生時の対応（報告，連絡体制，応急処置，記録）

緊急を要する状態であると気づいたときには，ただちに医師・看護職へ報告・連絡をします。緊急時にあわててしまい，何をしてよいのかわからず混乱することも考えられるので，報告相手や報告内容などについてマニュアルを作成し，介護職・医師・看護職・家族で共有し，十分に理解しておきます。

医師・看護職へ報告するときには，まず呼吸を整え，あわてず正確に報告します。報告にあたっては，「いつ・どこで・だれがまたは何が・どのように・どうしたか・どうなったか」を明確に伝えます。必ず利用者の状態の変化を報告します。

> たとえば，
> 「経管栄養の注入を開始した5分後に嘔吐しました」「吐いた内容は経管栄養食のように見えます」などと利用者の変化を忘れずに報告しましょう。「嘔吐してから顔色が悪くなってきました」「苦しいと言っています」「おなかが痛いと言っています」「経管栄養はすぐに中止しました」などです。

▶▶ 急変・事故発生に備えた事前対策──医師・看護職との連携体制の確認

事前対策として，事前に緊急時の連絡先について連絡網を用意して，関係者・医師・看護職と共有しておきます。そして，だれに何を報告すべきか整理しておきます。

緊急時の対応方法については，事前に医師・看護職と相談して，「応急手当方法のマニュアル」として共有し，わかりやすい場所に掲示するなどしておきます。

また，急変・事故発生時の記録には，「いつ・どこで・だれがまたは何が・どのように・どうしたか・どうなったか」を正確に記します。その記録は，そのあとの治療や対処を決定する重要な情報となります。記録をもとに関係者・医師・看護職・介護支援専門員（ケアマネジャー）・介護職などが原因などについて話し合い，それぞれの立場から再発防止

策を検討・共有することで，再発の防止につなげます。

　なお，施設や事業所においては，どのような急変・事故が，どのように起こっているのか，評価を行い，全職員が共有できるように定期的に確認しましょう。

　そのためには，日ごろから家族を含む関係者間の，何でも気軽に相談できる信頼関係が，事故を防止していくために重要な鍵となります。

高齢者および障害児・者の経管栄養実施手順解説

1. 高齢者および障害児・者の経管栄養実施手順解説

❶ 経管栄養で用いる器具・器材とそのしくみ，清潔の保持 ::::::::::::::::::::

▶▶ 経管栄養の必要物品

経管栄養の必要物品（図3-13，図3-14）を不足なく準備します。

(1) 胃ろうまたは腸ろうによる経管栄養の場合

必要物品は，イリゲーター（栄養剤を入れる容器。イルリガートルとも呼ぶ），栄養点滴チューブ，50ml のカテーテルチップシリンジ，計量カップ，点滴スタンドまたは鴨居[19]（➡p.214参照）にかけるS字フック（S字ワイヤーともいう），常温に近い温度の経管栄養剤[20]（➡p.215参照）です。感染症が疑われる利用者の場合は，使い捨て手袋を準備します。

(2) 経鼻経管栄養の場合

必要物品は，イリゲーター（栄養剤を入れる容器），栄養点滴チューブ，50ml のカテーテルチップシリンジ，計量カップ，点滴スタンドまたは鴨居にかけるS字フック，常温に近い温度の経管栄養剤，経鼻経管栄養チューブのストッパー（または栓）です。感染

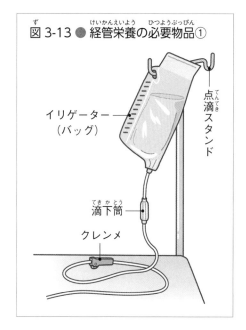

図3-13 ● 経管栄養の必要物品①

イリゲーター（バッグ）

点滴スタンド

滴下筒

クレンメ

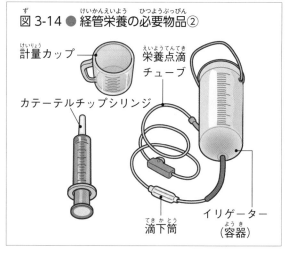

図3-14 ● 経管栄養の必要物品②

計量カップ

栄養点滴チューブ

カテーテルチップシリンジ

滴下筒

イリゲーター（容器）

症が疑われる利用者の場合は，使い捨て手袋を準備します。

（3） 胃ろうまたは腸ろうによる経管栄養（半固形タイプ）

　　胃ろうまたは腸ろうによる経管栄養には半固形栄養剤を用いる方法もあります。液状より実際の経口摂取に近い形態の栄養投与方法です。

　　すでに半固形化されてパウチ等に入っている栄養剤を使う場合と，液状の栄養剤を半固形化してから投与する場合があります。栄養剤の半固形化の濃度や水分を足すなどの方法については，利用者の状態によって主治医の指示により定められます。

　　現在よく利用されている半固形化の方法は，寒天を用いる方法と，多糖類（増粘剤・半固形化剤）を用いる方法，ペクチンを用いる方法です。

　　市販のパウチ型のチューブに入った半固形栄養剤を直接胃ろう（腸ろう）につなぐ方法と，市販の栄養剤に半固形化のために必要な増粘剤や半固形化剤を混入し，カテーテルチップシリンジで吸引して注入する方法，一般食をミキサーにかけて半固形化した食材を加圧バッグ（図3-15，図3-16）やカテーテルチップシリンジに入れて胃ろう（腸ろう）に注入する方法がよく用いられています。半固形栄養剤注入時の必要物品を，**表3-6**に示しています。半固形栄養剤の状態や注入量・時間などにあわせて使い分けられるため，指示を確認して正しく使います。感染症が疑われる利用者の場合は使い捨て手袋を準備します。

▶▶ 必要物品の清潔保持（消毒剤・消毒方法）

　　経管栄養法の必要物品を清潔保持するために，毎回栄養剤の注入終了時には，使った物品の洗浄と消毒を実施します（図3-17）。清潔に保存するための準備物品として，イリゲーター（栄養剤を入れる容器），栄養点滴チューブ，50m*l*のカテーテルチップシリンジ，計量カップ，経鼻経管栄養の場合には栄養チューブのストッパー（または栓），消毒液を測定する小さい容器，次亜塩素酸ナトリウム（居宅の場合では，ミルトン®などを利用），消毒専用の容器を準備します。半固形栄養剤では，方法によって多少違いはありますが，

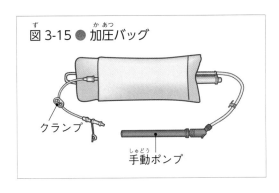

図3-15 ● 加圧バッグ

クランプ

手動ポンプ

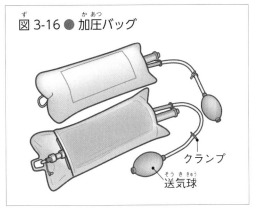

図3-16 ● 加圧バッグ

クランプ

送気球

表 3-6 ● 胃ろう（腸ろう）からの半固形栄養剤注入時の必要物品

方法	カテーテルチップシリンジで注入する方法	市販半固形栄養剤のパウチから直接注入する方法	加圧バッグなどを利用して注入する方法
必要物品	・栄養剤を入れるボウル ・カテーテルチップシリンジ ・清潔なガーゼまたはティッシュペーパーなど ・ボタン型の場合は専用の接続チューブ ・カテーテル洗浄用の白湯など	・清潔なガーゼまたはティッシュペーパーなど ・市販の半固形栄養剤 ・栄養剤専用のコネクタ・アダプタ ・ボタン型の場合は専用の接続チューブ ・カテーテル洗浄用の白湯など ・加圧バッグなど ・専用の胃ろう（腸ろう）接続チューブ	・清潔なガーゼまたはティッシュペーパーなど ・市販の半固形栄養剤など ・栄養剤専用のコネクタ・アダプタ ・ボタン型の場合は専用の接続チューブ ・カテーテル洗浄用の白湯など ・加圧バッグまたはスクイーザー ・専用の胃ろう（腸ろう）接続チューブ

※医療機器などで分野間の相互接続を防止するコネクタにかかる国際規格（ISO（IEC）80369シリーズ）の制定が進められており、欧米では新規格導入が始まっている。日本でも2019（令和元）年12月以降、新規格製品（ISO80363-3）が導入されている。

図 3-17 ● 必要物品の洗浄と消毒方法

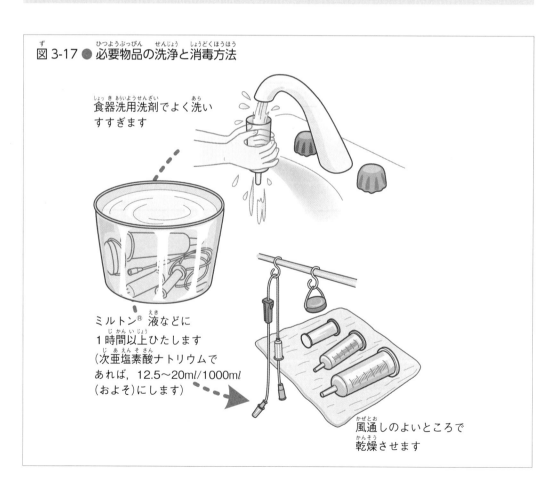

食器洗用洗剤でよく洗いすすぎます

ミルトン®液などに1時間以上ひたします
（次亜塩素酸ナトリウムであれば，12.5〜20ml/1000ml（およそ）にします）

風通しのよいところで乾燥させます

基本的には再利用するものは食器洗用洗剤で洗浄し，流水ですすいだあと，消毒します。

▶▶ 挿入部の清潔保持

　経鼻経管栄養の場合は，鼻腔周囲の固定部分に皮膚の炎症を起こすことがあります。そのため，医師・看護職は，経鼻経管栄養チューブを交換するときには，可能な状態であれば左右の鼻腔に交互に挿入し，固定する位置を変更しています。固定されていた部分にテープの粘着性が残っているようであれば，温かくしぼったタオルでやさしくふき取りを行います（図3-18）。

　胃ろう（腸ろう）の場合，挿入部周囲から胃内容物がもれることがあります。もれがくり返されることで，皮膚の炎症からびらんを生じることがあります。注入後毎回の観察と皮膚の清潔保持が重要です。ろう孔周辺の分泌物や栄養剤のよごれは，ぬるま湯で濡らし

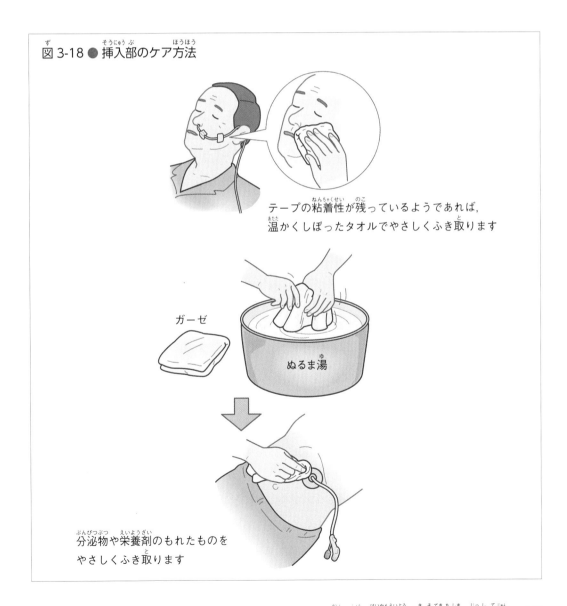

図3-18 ● 挿入部のケア方法

テープの粘着性が残っているようであれば，
温かくしぼったタオルでやさしくふき取ります

ガーゼ

ぬるま湯

分泌物や栄養剤のもれたものを
やさしくふき取ります

たガーゼなどのやわらかい布でふき取ります（図3-18）。

　胃ろう（腸ろう）栄養チューブは，内部固定板と外部固定板で固定されており，その間隔がせまいとさまざまな合併症を生じます。そのため，胃ろう造設後しばらく経過したあとは，固定板が浮く程度にゆるく固定されています。

　挿入部の消毒は，医師または看護職が行います。造設術後2週間が経過した時点で，挿入部に感染の徴候❷（→p.215参照）（発熱や皮膚の異常）がなければ，医師の指示により消毒薬での消毒は中止します。

　挿入部のガーゼ交換を実施している場合は，医師や看護職の指導のもと，清潔保持の方法を確認しましょう。ガーゼ以外の挿入部の固定方法や固定具についても，医師・看護職と連携し，消毒方法の指導を受けるとともに，固定具と挿入部の状態について観察すべき内容を確認し，いつもと違う状態を見つけた場合は医師・看護職に報告します。

　入浴は，挿入部に感染の徴候がなければ，そのまま保護せずに実施できます。感染の徴候があれば医師・看護職に報告します。医師・看護職の指導により，挿入部をフィルムなどで保護して入浴する場合もあります。

❷ 経管栄養の技術と留意点 ::

▶▶ 必要物品の準備・設置（環境整備を含む）と留意点

① 医師の判断により，利用者の状態に応じて看護職が実施したほうがよい場合や看護職といっしょに実施するなど必要な指示を確認します。また，利用者氏名，経管栄養剤の内容量，注入時間，有効期限および注入開始時間などを確認します。1日に1回以上は看護職による観察を実施します。

② 手洗い後，必要物品を準備します。経管栄養剤は，原則として常温保管ですが，半固形栄養剤を自宅や施設で作成した場合などは，新鮮な状態で保存できるように注意します。また，注入する栄養剤の温度が室温より低い場合は，人肌程度に温めておきます（栄養剤の温度については，環境や利用者の状態により異なりますが，注入時に体温と栄養剤の温度差が大きいと身体に影響を及ぼすことがあるため，原則として常温に近い状態で利用します）。

③ イリゲーター（栄養剤を入れる容器）（図3-19），栄養点滴チューブとクレンメ（図3-20），カテーテルチップシリンジ（図3-21）などは，経管栄養に利用する利用者専用❷（→p.215参照）のものを使用します。

④ 利用者のその日の状態を観察します。排便の状況，排尿の状況，意識状態，腹部の張りや違和感について，利用者と会話をしながら，いつもと違う腹部の状態がないか確認し，利用者の訴えを聞きます。異常な状態があった場合は，医師または看護職に相談します。

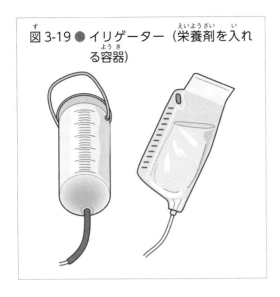

図 3-19 ● イリゲーター（栄養剤を入れる容器）

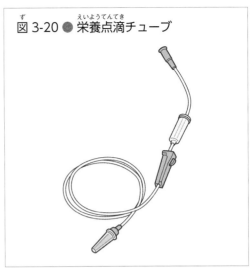

図 3-20 ● 栄養点滴チューブ

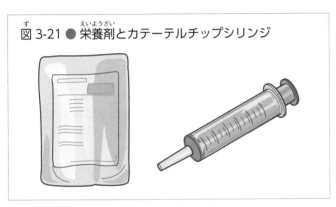

図 3-21 ● 栄養剤とカテーテルチップシリンジ

⑤ 使用物品の劣化[23]（➡ p.215 参照），もれ，汚染状況を観察し，問題がある場合は，本人，家族，医師・看護職に相談し交換します（通常，栄養点滴チューブやカテーテルチップシリンジは，看護職により 2 週間に 1 回程度交換されています）。

⑥ 胃ろう（腸ろう）経管栄養法の場合は，ろう孔周囲の状態や挿入されている胃ろう（腸ろう）栄養チューブの位置，固定されている状態等を観察し，ろう孔周囲の異常や経管栄養チューブの抜け，固定状態の異常などがあれば，看護職に相談します。

経鼻経管栄養法の場合は，利用者に挿入されている経鼻経管栄養チューブの位置を確認し，経管栄養チューブの抜けや口腔内での停留，蛇行，利用者からの咽頭の違和感などの異常状態があれば，看護職に相談します。

⑦ （看護職）胃ろう（腸ろう）は，癒着[24]（➡ p.215 参照）や圧迫を防止するため，1 日に 2 ～ 3 回，回転させます。これは，原則的には看護職が実施します。

⑧ 経管栄養を実施する際は，イリゲーターに直接日光があたらないように，ベッドの位置調整や遮光を行います。また，周囲の環境を整えます。

▶▶ 経管栄養開始前の観察

① 栄養剤が利用者のものであるか確認します。利用者に食事の時間であることを伝え，経管栄養を開始することについて，同意を得ます。意識のない利用者や認知機能に障害のある利用者については，事前に医師・看護職とどのように同意を得るか決めておきます。

② 体温，呼吸などの状況を確認し，いつもと変化がないか観察します。いつもと違う状態であれば，医師・看護職に連絡します。

③ 痰の多い利用者や，上気道感染症を起こしている利用者の場合は，経管栄養剤の注入中にむせこみ，嘔吐を引き起こす可能性があるため，医師や看護職に判断をあおぎます（注入前に吸引等を行う必要があれば，医師・看護職に相談し，指示により吸引を実施する場合もあります）。

④ 腹部の膨満感や張り，胃部のむかつきの有無などを利用者に確認し，いつもと違う状況が確認された場合は，医師・看護職に連絡します。

▶▶ 経管栄養実施前の準備

① 医師の指示書を確認します。

② 利用者への説明を行います。経管栄養の注入時間は，医師の指示により，利用者ごとに個人差があり，30分から2時間程度の長時間を要することから，無意識に経管栄養チューブの挿入部や接続部分に触れ，抜去する可能性があります。在宅などでは利用者や家族の協力が必要なため，十分な説明を行います。

③ 手洗いを行い，必要物品を準備します。

④ 環境の整備をします。栄養チューブのねじれや，周囲の物による圧迫がないように，周囲の環境を整えます。また，挿入部にかかる衣服や寝具によって挿入部や経管栄養チューブを引っ張ることがないように整えます。

⑤ 輸液ラインや排液チューブ，その他の医療的処置を実施している利用者の場合は，とくに経管栄養を接続するチューブを間違えることがないよう細心の注意を払い，看護職と相談し，経管栄養を実施しているチューブにテープなどの目印をつけ，区別がしやすい工夫をすることが重要です。

⑥ 体位を整えます。注入した栄養剤が逆流し，肺に流れこむことがないよう，医師・看護職の指示に従って，半座位（45度程度にからだを起こした体位）の姿勢に体位を整えます（図3-22）。しかし，仙骨 [画] (➡ p.215参照) 部に褥瘡がある場合や，強度の猫背，その他の理由で姿勢の問題がある場合は医師・看護職と相談し適切な体位に整えましょう。

⑦ プライバシーの確保をします。経管栄養の実施前には，必要以上に肌の露出がないようにスクリーンやカーテンで利用者のプライバシーの保護に努めます。実施中も，スク

図3-22 ● ベッド上や在宅における半座位の工夫

ベッドの上での半座位（45度程度）の工夫

ツークランクのギャッチベッド
では膝の部分を折り曲げる

在宅における半座位の工夫

枕

円座（小）　円座（小）　布団や
枕　　　クッション　　座布団

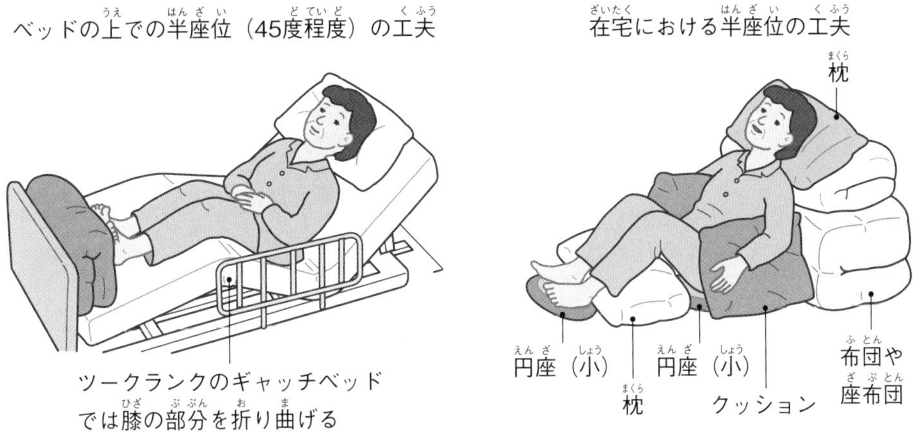

リーンやカーテンの設置など，利用者のプライバシーの保護については本人の意向にそってできるだけ配慮しますが，経管栄養チューブ抜去などの可能性がある場合は，利用者の同意を得て，観察する箇所を見やすくしておきます。半固形栄養剤注入の場合は，腹部が圧迫されない体位であれば，半座位～座位（30～90度）にしても構いません。

▶▶ 経管栄養実施手順

(1) 胃ろう（腸ろう）・経鼻経管栄養法を使用している場合の手順

① 経管栄養法の実施前には，石けんと流水で十分に手指を洗浄します。

② 再度，利用者本人に名前を言ってもらい（リストバンドをしている場合はリストバンドを，施設の場合はベッドのネームプレートなどを確認します），指示された栄養剤の種類，量，温度，時間を確認します。

③ （看護職）経鼻経管栄養法では，看護職が，挿入されている栄養チューブが胃に到達しているか確認します。カテーテルチップシリンジに空気をためない状態で，チューブ先端から吸引を行い，胃内容物の確認をします。吸引の圧力をかけすぎないように注意します。胃液が引けてこない状態があれば，カテーテルチップシリンジを利用して空気を注入し，胃内の音の確認も看護職が実施します。

④ イリゲーターを点滴スタンド，または鴨居などにかけたS字フックにつるします。

⑤ イリゲーターに栄養点滴チューブを取りつけ，栄養点滴チューブのクレンメが閉じていることを確認します。

⑥ 指示された量の栄養剤を計量カップに注ぎ入れます。

⑦ 計量カップの栄養剤をイリゲーターに注ぎ入れます。

⑧ 滴下筒を指で圧し，滴下筒に半分ほど栄養剤を満たします（図3-23）。

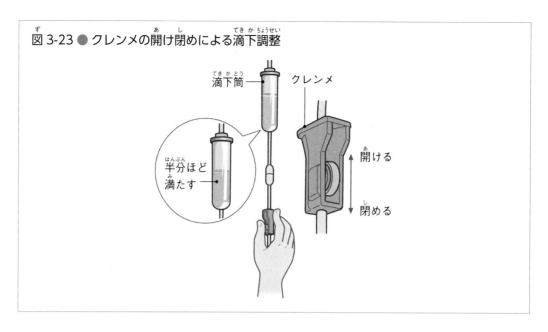

図3-23 ● クレンメの開け閉めによる滴下調整

滴下筒

クレンメ

半分ほど満たす

開ける

閉める

⑨ クレンメを少し開きながら空気を抜くようにして栄養剤を栄養点滴チューブの先端まで，全体に行きわたらせ，クレンメを閉じます。

⑩ 栄養点滴チューブの先端が不潔にならないように，食器の中，またはガーゼや清潔なタオルの上に乗せておきます。

⑪ 経鼻経管栄養法の場合は，利用者の鼻内から出ている経鼻経管栄養チューブの先端のストッパー（または栓）をはずします。

⑫ 経鼻経管栄養法では，栄養点滴チューブの先端と利用者側の経鼻経管栄養チューブの先端がはずれないように，接続します。

　胃ろう（腸ろう）経管栄養チューブの種類には，チューブ型とボタン型があります。栄養点滴チューブの先端と利用者に挿入されている胃ろう（腸ろう）経管栄養チューブの先端がはずれないように接続します。

　なお，胃ろう（腸ろう）の経管栄養チューブには，複数口のあるものもあります。その場合はつなげていない口は閉じておきます。開いていると，そこから注入した栄養剤などがもれてしまうからです。

⑬ 利用者と家族に声をかけ，これから栄養剤の注入を開始することを伝えます。

⑭ クレンメを少しずつ開きながら，指示どおりの滴下数に合わせるため，栄養点滴チューブの滴下筒の滴下と時計を見ながら，1分間の滴下数を合わせます。注入速度が速いと，下痢や血糖値の急激な変化を引き起こすことがあります。一方，注入速度が遅いと利用者の拘束時間が長くなり，活動が制限されてしまいます。看護職に確認して調整をします。

⑮ 経鼻経管栄養（法）では，栄養点滴チューブとの接続部から鼻部挿入部まで，胃ろう（腸ろう）経管栄養では，挿入部先端までを指でたどりながら，ねじれ，折れ曲が

りの有無などを確認します。また，利用者の周囲に置いてある物で圧迫されていないかも確認します。

⑯　適切に注入が始まったことを利用者と家族に伝えます。

(2)　半固形栄養剤を使用している場合の手順

　胃ろうまたは腸ろうから半固形栄養剤を注入する場合は，以下の手順で実施します。

①　医師の指示書を確認します。

②　実施前には，石けんと流水で十分に手指を洗浄します。

③　再度，利用者本人に名前を言ってもらい（リストバンドをしている場合はリストバンドを，施設の場合はベッドのネームプレートなどを確認します），指示された栄養剤の種類，量，温度，時間を確認します。

④　パウチにつまった市販栄養剤，または半固形状態にしたカテーテルチップシリンジに注入した栄養剤などを準備します。

⑤　利用者の胃ろう(腸ろう)チューブに準備した半固形栄養剤の容器の接続部分をしっかり接続します。

　⑤－1：加圧バッグで注入する場合は，加圧バッグに市販のパウチされた半固形栄養剤を胃ろう（腸ろう）に専用の接続管を用いて接続します。チューブ内を栄養剤で満たしたあと，クランプを閉じて加圧バッグに挿入します。

　⑤－2：カテーテルチップシリンジの場合は，胃ろう（腸ろう）にカテーテルチップシリンジの先端を接続します。

⑥　利用者と家族に声をかけ，これから栄養剤の注入を開始することを伝えます。

⑦　注入を開始します。

　⑦－1：加圧バッグで実施する場合は，専用のチューブの先端を胃ろうのカテーテルに接続します。

　　加圧バッグに入った栄養剤をセットします。専用チューブのクレンメを閉じます。

　　加圧バッグの送気球（手動ポンプ）で加圧バッグの圧力が目標の圧力（医師の指示）に到達したらクランプを開放して栄養剤を自動的に注入します。医

Mini 知識

1分間の滴下数
・成人用：1ml ≒ 15滴
・小児用：1ml ≒ 60滴

[計算式]
栄養剤の量（ml）× 1ml あたりの滴下数（小児：60滴，成人：15滴）÷時間（分）

（例）成人が1時間に240mlを注入する場合の1分間の滴下数

240ml × 15（滴）÷ 60（分）≒ 60滴

師の指示により定められた時間内（通常は 10 〜 15 分程度）で注入します（医師の指示の圧力で注入できない場合は，注入を中止して，医師・看護職に連絡します）。

加圧バッグに入っている栄養剤が平らになったら，栄養剤を加圧バッグから取り出し，残っている栄養剤を手でしぼり出して注入します。

⑦－2：カテーテルチップシリンジで注入する場合，カップなどに入った栄養剤をカテーテルチップで吸引しますが，量が多い場合は，必要な容量分のカテーテルチップを用意して吸引しておきます。

⑦－3：市販の半固形栄養剤を利用する場合は，胃ろうのカテーテルに専用のコネクタを接続します。胃ろうに専用コネクタを取り付け，手でしぼり出しながら注入します。手で圧力を加えながら注入する場合は，医師・看護職の指示に従って圧力を加減し，利用者の状態をみながら注入していきます。

⑧　適切に注入が始まったことを利用者と家族に伝えます。

▶▶ 経管栄養実施中の利用者の身体変化の確認と医師・看護職への報告

① 注入中，注入直後は，利用者の表情や状態の変化を観察します。空腹時に胃内容物が入る場合は，横隔膜刺激により吃逆（しゃっくり）が出現し，利用者が苦痛を訴える場合があります。その場合には医師・看護職に連絡しましょう。

② 注入中，痰のからみが強い場合や，嘔気や嘔吐がある場合は，注入を一時中止して様子をみましょう。栄養剤やミキサー食（流動食）の逆流，誤嚥による肺炎につながる可能性もあります。むせこみの状態や嘔気・嘔吐がないことを観察します。むせこみ，嘔気・嘔吐が出現した場合は，医師・看護職に連絡します。

③ 注入後は，腹鳴（おなかが鳴る）などの違和感や，腹部の膨満感を訴える場合があります。医師・看護職に相談しましょう。

④ 長時間の同一体位では，からだの圧迫箇所の皮膚の変化や痛み，腰痛などがないかの観察が大切です。時々声をかけ，からだの向きや圧迫されている箇所がないかなど確認します。ただし，注入中に大きくからだを動かすと，嘔吐を引き起こしたり，接続しているチューブがはずれてしまったりなどの事故につながりますので慎重に対応しましょう。その点では，半固形栄養剤による経管栄養を実施している利用者は，長時間同一体位を保持することがないので負担が軽減できる利点があります。

⑤ 無意識にチューブや挿入部に手をもっていき，栄養チューブが抜けてしまったり，接続しているチューブがはずれてしまったり，または固定しているテープがずれてしまう場合があります。経管栄養は長時間に及ぶため，時々声をかけ，チューブ全体を指でたどり，確認しましょう。

⑥ 糖尿病の利用者では，急激な栄養剤注入により，高血糖症状を呈する場合がありま

りの有無などを確認します。また，利用者の周囲に置いてある物で圧迫されていない
かも確認します。

⑯　適切に注入が始まったことを利用者と家族に伝えます。

(2)　半固形栄養剤を使用している場合の手順

　胃ろうまたは腸ろうから半固形栄養剤を注入する場合は，以下の手順で実施します。

①　医師の指示書を確認します。

②　実施前には，石けんと流水で十分に手指を洗浄します。

③　再度，利用者本人に名前を言ってもらい（リストバンドをしている場合はリストバ
　ンドを，施設の場合はベッドのネームプレートなどを確認します），指示された栄養
　剤の種類，量，温度，時間を確認します。

④　パウチにつまった市販栄養剤，または半固形状態にしたカテーテルチップシリンジ
　に注入した栄養剤などを準備します。

⑤　利用者の胃ろう(腸ろう)チューブに準備した半固形栄養剤の容器の接続部分をしっ
　かり接続します。

　⑤−1：加圧バッグで注入する場合は，加圧バッグに市販のパウチされた半固形栄養
　　　　　剤を胃ろう（腸ろう）に専用の接続管を用いて接続します。チューブ内を栄
　　　　　養剤で満たしたあと，クランプを閉じて加圧バッグに挿入します。

　⑤−2：カテーテルチップシリンジの場合は，胃ろう（腸ろう）にカテーテルチップ
　　　　　シリンジの先端を接続します。

⑥　利用者と家族に声をかけ，これから栄養剤の注入を開始することを伝えます。

⑦　注入を開始します。

　⑦−1：加圧バッグで実施する場合は，専用のチューブの先端を胃ろうのカテーテル
　　　　　に接続します。

　　　　　加圧バッグに入った栄養剤をセットします。専用チューブのクレンメを閉じ
　　　　　ます。

　　　　　加圧バッグの送気球（手動ポンプ）で加圧バッグの圧力が目標の圧力（医師
　　　　　の指示）に到達したらクランプを開放して栄養剤を自動的に注入します。医

Mini 知識

1分間の滴下数
・成人用：1ml ≒ 15滴
・小児用：1ml ≒ 60滴

[計算式]

栄養剤の量（ml）× 1mlあたりの滴下数（小児：60滴，成人：15滴）÷時間（分）

（例）成人が1時間に240mlを注入する場合の1分間の滴下数

240ml × 15（滴）÷ 60（分）≒ 60滴

師の指示により定められた時間内（通常は10〜15分程度）で注入します（医師の指示の圧力で注入できない場合は，注入を中止して，医師・看護職に連絡します）。

加圧バッグに入っている栄養剤が平らになったら，栄養剤を加圧バッグから取り出し，残っている栄養剤を手でしぼり出して注入します。

⑦−2：カテーテルチップシリンジで注入する場合，カップなどに入った栄養剤をカテーテルチップで吸引しますが，量が多い場合は，必要な容量分のカテーテルチップを用意して吸引しておきます。

⑦−3：市販の半固形栄養剤を利用する場合は，胃ろうのカテーテルに専用のコネクタを接続します。胃ろうに専用コネクタを取り付け，手でしぼり出しながら注入します。手で圧力を加えながら注入する場合は，医師・看護職の指示に従って圧力を加減し，利用者の状態をみながら注入していきます。

⑧ 適切に注入が始まったことを利用者と家族に伝えます。

▶▶ 経管栄養実施中の利用者の身体変化の確認と医師・看護職への報告

① 注入中，注入直後は，利用者の表情や状態の変化を観察します。空腹時に胃内容物が入る場合は，横隔膜刺激により吃逆（しゃっくり）が出現し，利用者が苦痛を訴える場合があります。その場合には医師・看護職に連絡しましょう。

② 注入中，痰のからみが強い場合や，嘔気や嘔吐がある場合は，注入を一時中止して様子をみましょう。栄養剤やミキサー食（流動食）の逆流，誤嚥による肺炎につながる可能性もあります。むせこみの状態や嘔気・嘔吐がないことを観察します。むせこみ，嘔気・嘔吐が出現した場合は，医師・看護職に連絡します。

③ 注入後は，腹鳴（おなかが鳴る）などの違和感や，腹部の膨満感を訴える場合があります。医師・看護職に相談しましょう。

④ 長時間の同一体位では，からだの圧迫箇所の皮膚の変化や痛み，腰痛などがないかの観察が大切です。時々声をかけ，からだの向きや圧迫されている箇所がないかなど確認します。ただし，注入中に大きくからだを動かすと，嘔吐を引き起こしたり，接続しているチューブがはずれてしまったりなどの事故につながりますので慎重に対応しましょう。その点では，半固形栄養剤による経管栄養を実施している利用者は，長時間同一体位を保持することがないので負担が軽減できる利点があります。

⑤ 無意識にチューブや挿入部に手をもっていき，栄養チューブが抜けてしまったり，接続しているチューブがはずれてしまったり，または固定しているテープがずれてしまう場合があります。経管栄養は長時間に及ぶため，時々声をかけ，チューブ全体を指でたどり，確認しましょう。

⑥ 糖尿病の利用者では，急激な栄養剤注入により，高血糖症状を呈する場合がありま

す。時々声をかけるなど，意識状態を観察します。寝ていると判断し，声かけをせず，病状を悪化させてしまうケースも報告されています。昏睡（どんなに強い呼びかけをくり返しても反応しない意識の障害）などの異常の場合は，医師・看護職に連絡します。

⑦　注入中の利用者に変化がある場合は，いったん注入を止め，医師・看護職に連絡します。

▶▶ 経管栄養実施後の手順と利用者の身体変化の確認

①　栄養剤の注入が終了したことを利用者，家族に伝えます。

②　栄養点滴チューブのクレンメを閉めます。経管栄養チューブの先端部分と栄養点滴チューブをはずします。その際，接続をはずすことに集中するあまり，利用者側の経管栄養チューブを引っ張りすぎないように注意する必要があります。胃ろう（腸ろう）経管栄養チューブや経鼻経管栄養チューブのストッパー（または栓）を閉じます。

＊半固形栄養法の場合は②はありません。

③　カテーテルチップシリンジに 30 ～ 50ml の白湯㉖（➡ p.215 参照）を吸い上げます。胃ろう（腸ろう）経管栄養チューブまたは経鼻経管栄養チューブのストッパー（または栓）を開け，カテーテルチップシリンジを接続して白湯を注入します（半固形栄養剤でも実施します）。

④　経管栄養チューブ内に残留物が貯留していないか確認します。残留物の塊はチューブの閉塞を起こします。また，残留物に雑菌が付着することでチューブ内での腐敗や雑菌の繁殖を助長することになります。

⑤　カテーテルチップシリンジを抜き，胃ろう（腸ろう）経管栄養チューブまたは経鼻経管栄養チューブのストッパー（または栓）を閉めます。

⑥　経鼻経管栄養チューブは行動の邪魔にならないように固定します。胃ろう（腸ろう）経管栄養チューブも排泄時の更衣などで引っ張ることがないように固定します。

＊半固形栄養法の場合は⑥はありません。

⑦　嘔吐や食道への逆流を防止するため，注入終了後も，上半身を起こした状態を 30 分から 1 時間は保つことを利用者にも説明します。しかし，寝たきりの利用者や褥瘡発生の可能性のある利用者については，医師・看護職の指示により，体位変換をすることがありますので，医師・看護職に確認しましょう。

⑧　口腔内環境の維持と上気道感染症の予防のため，食後の口腔ケアを実施します。とくに，経口摂取を行っていない利用者は，唾液の分泌が減少しやすいため，口腔内の自浄性が保たれず，細菌が繁殖しやすい環境になります。

⑨　利用者の呼吸状態や体温などの変化を観察し，いつもと違う状況があれば医師・看護職に報告します。

⑩　食後は腸蠕動運動が活発になるため，排ガスの有無や，便意を確認します。また，腹

圧が上昇するため，尿意を強く感じる場合もあります。必要な場合は排泄の介助を行います。

⑪ 意識状態や腹部の張り・違和感について利用者と会話しながら，いつもと違う状況がないか確認し，異常があった場合は医師・看護職に連絡します。

▶▶ 経管栄養終了後の片づけ方法と留意点

経管栄養終了後は，利用者の体力も消耗します。原則として体位を変えず，気分を楽に保てるよう，ねぎらいの声をかけ，しばらくのあいだ安静が保たれるような環境整備を行います。

▶▶ 次亜塩素酸ナトリウム液（居宅ではミルトン®など）を使用する場合

① 毎回，栄養剤の注入後は，食事のたびに再利用するイリゲーター，栄養点滴チューブ，カテーテルチップシリンジを食器洗用洗剤で洗浄し，流水でよくすすぎます（イリゲーターに固定金具が付属されている場合ははずします）。半固形栄養剤を注入した場合も再利用するカテーテルチップシリンジなどを食器洗用洗剤で洗浄し流水でよくすすぎます。

新しく導入されたISO誤接続防止コネクタのオス型コネクタ（図3-24）では，くぼみ部分に栄養剤の残渣が付着したまま乾燥した場合，次回から使用できなくなることがあるので，ブラシなどでくぼみ部分を十分に洗浄します。

消毒は，0.0125〜0.02％の次亜塩素酸ナトリウム液（居宅ではミルトン®など）に1時間以上ひたし消毒します（図3-25）。

② 消毒後，再び流水でよく洗浄します。内腔の水滴は振り払い，風通しのよい場所で乾燥させます。

③ 物品を片づける際は，次回使用する物品がそろっているか，確認します。器具が劣化，磨耗している場合はすみやかに看護職と連携し，物品の不足がないように配慮します。

④ 利用者ごとに，仕事の変更ごとに手洗いを実施します。終了後の片づけでも，必ず石けんと流水による手洗いを実施します。

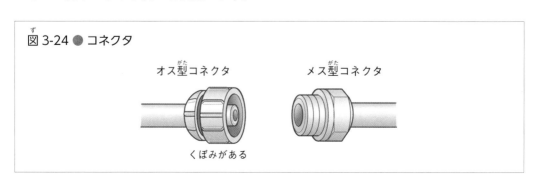

図3-24 ● コネクタ

オス型コネクタ　　　メス型コネクタ

くぼみがある

図 3-25 ● 消毒方法（次亜塩素酸ナトリウム液へのつけ置き）

❸ 経管栄養に必要なケア

▶▶ 消化機能を維持するケア

　消化器系の機能は，大きく2つに分けられます。食物を消化しながら運搬する機能と，消化を助けるさまざまな分泌物を合成，分泌するはたらきです。

　食物は口から摂取，消化され，必要な栄養素が吸収されたあと，残ったものが便，尿として排泄されます。この一連の機能が，経管栄養を実施している場合でも正常にはたらくようケアする必要があります。

　とくに経管栄養では，外界から直接チューブで栄養を取りこむため，衛生状態が悪いと感染症や胃腸炎などの障害を起こします。したがって，経管栄養チューブや器具の洗浄・消毒と乾燥は重要です。

　また，口からの摂取が行われていないからといって口腔ケアをおこたると，上気道感染症や肺炎につながるおそれがあります。したがって，口腔の清潔も非常に大切です。

　また，消化・排泄機能を保つためにも，必要な栄養分を摂取できるよう，食事の内容や量，摂取の時間などの適切な管理が健康維持につながります。最終的に老廃物や不要なものが，便，尿として排泄されるよう，運動や歩行によって腸蠕動をうながすケアがあります。ふだんの生活どおり，移動は自由にできますが，チューブが引っかかったりして，引っ張られたりしないように注意します。

　とくに，高齢者は，腸蠕動が低下していても，急激な症状としてあらわれないことがあるため，**腸閉塞**（➡ p.215 参照）などの重篤な病状に進行する場合があります。毎日の排便，排尿の回数と症状の観察は，介護職が気をつけなければならないケアの1つです。

▶▶ 生活様式にそった体位を整えるケア

　私たちは，生命を維持するための生活行為を毎日くり返しています。呼吸をする，体温を適切に調整する，身体の維持のため食事をする，排泄をする，眠る，身体を清潔に保つために入浴する，歯みがきをする，活動する，歩行するなどさまざまな行為を行っています。その行為は，適切な姿勢を保って慣れることによって自然にくり返されています。しかし，適切な姿勢を保持するための体力や機能の維持ができない場合は，生命の危険をもたらすことになります。

　私たちがケアをする利用者は，経鼻経管栄養や胃ろう（腸ろう）などの経管栄養により栄養を摂取している人々です。胃の内容物が逆流し，肺に流入することがないよう，適切な姿勢をとって注入を行い，利用者や家族のそれまでの生活様式や意向にそって，できるだけ希望を取り入れた体位を工夫する必要があります。

　利用者や家族は，とかく介助をしてくれる人に対して指示をすることに遠慮があり，みずからの希望や不快感をあらわさないよう気をつかっています。話しやすい雰囲気で説明をして実施し，安楽な生活が継続できるように努めます。

▶▶ 口腔内や鼻および皮膚のケア

　口腔内のケアは消化器感染症を予防することになります。毎回の食後の口腔内清掃は，利用者にとって爽快感をうながすことになります。また食物残渣の有無を確認するタイミングとしても重要です。

　経鼻経管栄養では，栄養チューブが鼻腔を経由し胃の中まで届いています。外界と接している鼻は清潔を保つ必要があります。鼻腔内清拭を行い，栄養チューブが挿入されていないほうの鼻腔は呼吸ができるように清拭を行います。呼気，吸気の通過状況をティッシュペーパーをかざして確認します。

　胃ろう（腸ろう）や経鼻経管栄養では，栄養チューブ固定部分の皮膚がかぶれたり水疱などができたりしていないか確認します。また，栄養チューブが引っ張られるようにして，絆創膏で固定されていないか観察します。皮膚に異常がある場合やチューブが引っ張られている場合は，医師・看護職に相談しましょう。経鼻経管栄養の利用者は顔面にチューブが露出していることで，はずかしさから人との接触を避ける傾向があります。利用者の精神的な苦痛にも配慮し，できるだけ鼻部や顔面が変形しないよう，注入後などの体位や環境の調整を利用者や看護職と相談しながら考えましょう。

▶▶ 胃ろう部（腸ろう部）のケア

　胃ろう（腸ろう）栄養チューブ挿入部は，体内と外界が接する部分です。胃ろう（腸ろう）栄養チューブは，1日に2〜3回，回転させ，癒着や圧迫を防止しますが，介護職が実施することはできません。医師，看護職，家族などが実施します。皮膚の発赤，圧迫な

どがあれば，医師・看護職に連絡します。

　日々の清潔は大変重要で，夏は発汗も多く，ろう孔周辺に汗などがたまりやすい状態になります。入浴では，石けんを使って周囲の皮膚の洗浄をし，十分に洗い流します。また，冬季は空気が乾燥しているため，皮膚の水分も少なくなるので，とくに子どもや高齢者では，ろう孔部分周囲の皮膚亀裂などに注意が必要です。入浴後や清拭のあとは，医師・看護職の判断のもと，指示に従い保湿クリームを塗布するなどします。

　胃ろう（腸ろう）栄養チューブは，睡眠時，無意識に腹部に手を乗せることが多いため，衣服から露出しないように注意します（図 3-26）。

❹ 報告および記録

▶▶ 医師・看護職への報告・連絡方法

　定められた作業は，最初は注意深く実施しますが，だんだんと慣れてくるにしたがい，業務の手順が順調であれば，観察をおろそかにすることがしばしばあります。それは，気を抜いて行っているからではなく，慣れによってだれにも生じ得る事実なのです。しかし，小さな見落としや観察もれは，利用者の生命に直結することもあり，致命傷となります。常に細心の気配りとていねいな観察を欠かさないことが大切です。

　医師・看護職などの医療職との信頼関係を築くには，日ごろからの連携体制が重要となります。忙しいからこそ，いつでも話ができる人間関係を構築することが，利用者の信頼を得て，安全，安心な生活を支えるケアにつながります。

　報告には，簡潔に要領よく伝える技術が必要です。だれが，いつ，どこで，どのように，どうなったか，など事実を伝えます。みずからの憶測や必要以上の修飾語はかえって医師・看護職の判断を鈍らせます。

図 3-26 ● 胃ろう栄養チューブの処理

臥床時は胃ろう栄養チューブは衣服の中に入るようにしておきます

また，日ごろから重要なことをメモにとる習慣をつけると，大変便利です。業務を終了した翌日に前日のことをたずねられても，忘れていることはよくあります。とくに，滴下数，注入時間，点滴スタンドの高さなどや顔色，嘔吐物の量，色など，数値や色は，メモをとることでその場の状態をはっきり思い出せ，作業の証拠にもなります。

利用者情報は，日々共有することが重要です。担当者会議などの場で関係者が集まったときには，できるだけ具体的に，利用者の意向や，医師・看護職の方針を聞き確認しておくとよいでしょう。また，緊急連絡網の作成にあたっては，利用者の家族の連絡先や，連絡がとれない場合のほかの連絡先，携帯電話番号を記載し，看護職や医師の連絡先についても昼間，夜間，休日など区別し，わかりやすいように表に記載して，だれでも確認できるようにしておきます。変更があった場合はすみやかに書き直します。また，個人情報の保護の観点から，重要な連絡先を不用意に他人に伝えたり，コピーし持ち歩いて，紛失しないようにします。

緊急連絡先は，ふだんの業務で利用する連絡先と区別し，利用者の了解なく，むやみに業務報告などに利用しないよう注意が必要です。

物品の補充などの連絡事項も報告することで欠品を防ぐことができます。

▶▶ 記録の意義と記録内容・書き方

記録は客観的に記述し，だれが見てもわかるような表現や用語を使います。すでに述べたとおり，だれが，いつ，どこで，だれと，どのように，どうなったというような起承転結が一目で理解できるように記入し，利用者，家族，医師・看護職と協働して統一したフォーマットを作成しておくと便利です（図3-27）。

栄養剤の注入の記録では，実施時間，栄養剤の注入方法，栄養剤の種類，内容，量，注入時間や利用者の状態，表情，意識状態などを，実施後すみやかに記録します。最後に実施者の氏名を記入します。

記録の意義として，利用者の生命を預かり，支援が正確に実施されていること，利用者にかかわるすべての人が共通の認識をもってケアを行っていることが確認できます。また，利用者に事故，急変などがあった場合，過去の事実が記載されている記録は，適正な業務が実施されていたことを証明できる証拠となります。

さらには，災害などが起こった際，避難指示によって利用者が移動せざるを得ない状況であった場合でも，公的機関や保健師，ほかの医師，看護職に対しての情報伝達のツールとして利用できます。

記録内容には実施日，実施場所，経管栄養の方法と栄養剤の種類と量，実施開始時刻と終了時刻も記入します。また利用者の状態や訴え，環境の状態などとあわせ，実施者の氏名や所属を記入します。

図 3-27 ● 記録に記載する内容

記載日	令和●年●月●日	記載時間	午前 11 時 40 分
記録者	○○ 花子	職種	介護職員（交付番号○○番）
利用者氏名	○○ 一郎 様	部屋番号	A棟－1番

実施場所	デイルームにて実施　　　　　　理由：ご家族と面会があったため		
実施内容	・昼食を胃ろうからチアーパック入り栄養剤を加圧バッグで注入 ・カテーテルチップシリンジから白湯を注入		
注入内容	半固形栄養剤 250ml　　　　　　白湯 50ml		
注入開始時刻	●時●分開始	注入終了時刻	●時●分終了
注入時間	15 分かけて注入		
観察事項	**注入前** ・空腹感があると話されていた。 ・胃ろう周囲の皮膚の状態は良好。	**注入中** ・腹部の膨満感や嘔気などの症状はない。	**注入後** ・リクライニング車いすの角度を立ててほしいと要望があり、30 度から 50 度に変更した。 ・嘔気や腹部膨満感はない。 ・家族との面談で気分は落ちついている。 ・しばらくして妻と玄関まで散歩に出かける。
実施後の報告			
報告担当者	○本 朝子看護師　　　○山 太郎日直リーダー		
備考	・カテーテルチップシリンジを利用しようとしたら、コネクタのくぼみ（凹み）に栄養剤の残渣が残っており、新しいカテーテルチップシリンジを使用しました。 ・洗浄時はくぼみなどもブラシで念入りに洗浄しましょう。		

上記のように記録には、実施日、実施場所、経管栄養の方法と栄養剤の種類と量、実施開始時刻と終了時刻なども記入します。利用者の状態や訴え、環境の状態などとあわせ、実施者の氏名や所属を記載します。

第3章 学習のポイント 重要事項を確認しよう！

第1節 高齢者および障害児・者の経管栄養概論

■高齢者および障害児・者の経管栄養概論

● 消化器系は，体内に栄養や水分を取り入れるために，食物を機械的かつ化学的に分解（消化）し，栄養や水分を吸収し，残渣物の排泄をになう器官の集まりです。 → p.160

● 口腔には上下の顎骨，頬，舌，歯，その周囲の粘膜，筋肉が含まれます。 → p.160

● 咽頭は，口腔と食道の中間の部分で，食物の通路であり，鼻腔から喉頭への空気の通り道として気道の一部でもあります。 → p.161

● 食道は長さが約25cm，太さが約2cmの器官で，横隔膜を突き抜けて胃につながっています。食物を蠕動運動で胃に移送し，下部食道括約筋のはたらきで胃内容物の逆流を防止しています。 → p.161

● 胃は食道から移送された食物を一時ためて，収縮・弛緩を規則的に行う運動や蠕動運動等で食物と胃液をよく混ぜ合わせ十二指腸に移送します。通常食後3〜6時間で移送されますが，炭水化物食がもっとも速く，次いでたんぱく質食，脂肪食の順で長くなります。 → p.162

● 小腸は，胃の幽門に続く6〜7mの器官で，十二指腸・空腸・回腸に区分されます。消化と吸収にかかわるもっとも重要な部分です。 → p.162

● 肝臓は1日に約500〜1000mℓの胆汁を分泌して，消化を助けるはたらきをするほか，胃や腸から戻ってくる血液中に含まれている栄養の処理，貯蔵，中毒性物質の解毒，分解，排泄，血液性状の調節，身体防衛作用などのはたらきをしています。 → p.163

● 胆嚢は，肝臓で分泌される胆汁を濃縮してためておきます。十二指腸に胃内容物が到着すると排出されます。胆汁の役割は，脂肪の消化吸収を間接的にうながすことです。 → p.163

● 膵臓には2つのはたらきがあり，1つは食物の消化をうながす膵液を分泌することです。2つ目は，血液中のブドウ糖の量（血糖値）を調節するホルモンを分泌することです。ランゲルハンス島と呼ばれる内分泌細胞からインスリンとグルカゴンというホルモンが分泌されます。 → p.163

● 大腸は，小腸で吸収された残りのものから，前半部で水分および電解質を吸収して糞便を形成し，後半部で蓄積，排便します。 → p.163

●食物を食べて飲みこむことを嚥下といい，嚥下は①食物の認識，口への取りこみ，②咀嚼・食塊形成，③咽頭への送りこみ，④咽頭通過，食道通過といったプロセスを経て行われます。　　　　　　　　　　　　→ p.164

●げっぷとは，胃内のガスが食道を逆流して口から吐き出されることです（おくびともいう）。胃内にガスが貯留した状態で体位を変えるなどすると，げっぷとともに胃の内容物の逆流（嘔吐）が起こることがあります。経管栄養を注入後は，しばらく上体を起こしておく，背部を軽くたたくなどして，ガスの排出をうながすようなケアが必要です。　　　→ p.164

●しゃっくり（吃逆）とは，胃底部の膨満や冷たいものを飲みこんだ際に，横隔膜が刺激されて起こる現象です。経管栄養注入の刺激で起こることがあります。　　　　　　　　　　　　　　　　　　　　　　　　　　→ p.164

●胸やけとは，前胸部から胃部に感じるジリジリと焼けるような不快な感じのことです。脂肪や炭水化物を多量に摂取したときや，胃酸が食道に逆流して起こります。経管栄養を実施する際は，上体を起こす等の姿勢を整え，逆流を防止する工夫が必要です。　　　　　　　　　　　→ p.165

●嘔気は胃の内容物を吐き出したいという切迫した不快感，いわゆる吐き気です。嘔吐は胃の内容物が実際に吐き出されることです。経管栄養時に嘔気・嘔吐がみられた場合は，ただちに注入を中止し，窒息や誤嚥の防止に努め，医師・看護職にすみやかに連絡する必要があります。　　→ p.166

●下痢とは，糞便の水分量が増して，液状の糞便を排泄することです。腸蠕動の亢進，腸の水分吸収力の低下や腸液の分泌亢進などで起こります。→ p.166

●便秘とは，排便の回数が少ない，便の量自体の減少，水分が少なくかたい便，排便困難，残便感や腹部が張った感じ等の状態の組み合わせであり，自然な排便のリズムが乱れ，便が長時間腸内にとどまり，不快に感じる状態です。経管栄養時にみられる便秘の原因として，水分不足，食物繊維不足，運動不足，腸蠕動機能の低下などがあげられます。　　→ p.166

●経管栄養とは，口から食事をとることができない，あるいは摂取が不十分な人の消化管内にチューブを挿入して栄養剤（流動食）を注入し，栄養状態の維持・改善をはかる方法です。　　　　　　　　　　　　→ p.166

●嚥下障害が起こると必要な栄養や水分の摂取不足が生じます。嚥下反射の低下により，食物や口内残渣物，唾液等が気道へ流入し，誤嚥性肺炎を引き起こすことも問題になります。　　　　　　　　　　　　　→ p.167

●胃ろう経管栄養は，手術（内視鏡）により腹壁から胃内にろう孔を造設し，チューブを留置して栄養剤を注入します。　　　　　　　　　　→ p.168

●腸ろう経管栄養には，手術（内視鏡）により腹壁から空腸にろう孔を造設し，チューブを留置して栄養剤を注入する方法や，造設した胃ろうからカ

テーテルを通し，その先端を十二指腸または空腸に留置し栄養剤を注入する方法があります。 → p.168

● 経鼻経管栄養は，左右どちらか一方の鼻の穴から鼻腔，咽頭，食道を経て胃内にチューブを挿入留置して，栄養剤を注入します（十二指腸または空腸内に留置する場合もあります）。 → p.170

● 半固形栄養剤は，液状の栄養剤に半流動体の性質をもたせたものです。 → p.171

● 経管栄養の栄養剤には，「医薬品」扱いのものと「食品」扱いのものがあります。医薬品扱いの栄養剤は医師の処方が必要になります。 → p.171

● 半固形栄養剤は,液状の栄養剤が胃食道逆流を起こしやすい場合,座位の時間を短縮する必要がある場合,腸の蠕動を改善したい場合などに用いられます。 → p.172

● 半固形栄養剤は，胃ろうから注入します。 → p.172

● 下痢は，経管栄養で起こり得るからだの異変として多くみられるものの1つです。栄養剤の注入速度が速い，濃度が濃い，低温，器具の不潔操作等が要因となります。 → p.173

● スキントラブルが発生しやすい部位として，経鼻経管栄養では，鼻孔・チューブ固定部の皮膚，胃ろうまたは腸ろう経管栄養では，ろう孔周囲の皮膚です。日々のスキンケアを適切に行うとともに，異変に気づいたら，すみやかに医師や看護職に連絡します。 → p.174

● 子どもの経鼻経管栄養は，消化管の消化，吸収能力は保たれているものの，経口摂取が困難である場合や経口摂取では十分な栄養摂取が困難な場合，あるいは経口摂取では誤嚥の危険がある場合，食欲不振や術後のために経口摂取ができない場合に用いられます。 → p.175

● 子どもの経鼻腸管栄養は，胃食道逆流現象（胃の内容物が食道に戻ってくる現象）などにより，嘔吐しやすい状態であったり，誤嚥性肺炎がくり返し起こったりする場合に用いられます。 → p.175

● 子どもの経管栄養で使用するチューブは子どもの成長段階や体型によりサイズの違いがあり，医師によって決定されたものを使用します。子どもの皮膚はデリケートであることから，子どもによって使用するテープの種類や幅に違いがあります。また,子どもは，無意識に手を顔にもっていくことがあるため,耳の後ろにかけて固定するなど固定方法にも違いがあります。 → p.176

● 利用者と家族に接するときには，利用者の人生観や家族の意向を尊重しながら細心の注意を払って経管栄養を行う必要があります。 → p.178

● 経管栄養の実施に際しては，注入後しばらくは半座位を保つことを説明します。姿勢に対する苦痛，意識や呼吸状態の変化，腹部膨満感や腹痛・嘔気・嘔吐などがないかを確認します。 → p.180

● 経管栄養を行っている人は，一般的に免疫力や体力が低下していることが

多く，感染症にかかりやすく，清潔や衛生面には十分な注意が必要です。　→ p.180

●経管栄養を実施している利用者の場合では，口腔から何も摂取されていないことがあります。口腔内の清潔ケアは，口腔のねばつきや乾燥，口臭を防ぎ，利用者の感染予防のみならず，爽快感を与えることにも重要な役割を果たします。　→ p.181

●経管栄養時に想定されるリスクは，経管栄養チューブの抜去，経管栄養チューブ挿入部からの出血や嘔吐，利用者の状態のいちじるしい変化などがあります。　→ p.181

●医師・看護職へ報告するときには，「いつ・どこで・だれがまたは何が・どのように・どうしたか・どうなったか」を明確に伝えます。必ず利用者の状態の変化を報告します。　→ p.188

●事前に緊急時の連絡先について連絡網を用意して，関係者・医師・看護職と共有しておき，だれに何を報告すべきか整理しておきます。　→ p.188

第2節 高齢者および障害児・者の経管栄養実施手順解説

■高齢者および障害児・者の経管栄養実施手順解説

●経管栄養法の必要物品を清潔保持するために，毎回栄養剤の注入終了時には，使った物品の洗浄と消毒を実施します。　→ p.191

●経管栄養の実施にあたっては，医師の判断により，利用者の状態に応じて看護職が実施したほうがよい場合や看護職といっしょに実施するなど必要な指示を確認します。　→ p.194

●経管栄養剤は，原則として常温保管ですが，半固形栄養剤を自宅や施設で作成した場合などは，新鮮な状態で保存できるように注意します。　→ p.194

●経管栄養の実施にあたっては，利用者のその日の状態を観察します。排便の状況，排尿の状況，意識状態，腹部の張りや違和感について，利用者と会話をしながら，いつもと違う腹部の状態がないか確認し，利用者の訴えを聞きます。異常な状態があった場合は，医師または看護職に相談します。　→ p.194

●胃ろう（腸ろう）経管栄養法の場合は，ろう孔周囲の状態や挿入されている胃ろう（腸ろう）栄養チューブの位置，固定されている状態等を観察し，ろう孔周囲の異常や経管栄養チューブの抜け，固定状態の異常などがあれば，看護職に相談します。　→ p.195

●経鼻経管栄養法の場合は，利用者に挿入されている経鼻経管栄養チューブの位置を確認し，経管栄養チューブの抜けや口腔内での停留，蛇行，利用者からの咽頭の違和感などの異常状態があれば，看護職に相談します。　→ p.195

●経管栄養を実施する際は，イリゲーターに直接日光があたらないように，

ベッドの位置調整や遮光を行います。また，周囲の環境を整えます。　　→ p.195

●腹部の膨満感や張り，胃部のむかつきの有無などを利用者に確認し，いつもと違う状況が確認された場合は，医師・看護職に連絡します。　　→ p.196

●経管栄養の実施にあたっては，注入した栄養剤が逆流し，肺に流れこむことがないよう，医師・看護職の指示に従って，半座位（45度程度にからだを起こした体位）の姿勢に体位を整えます。　　→ p.196

●経管栄養の実施前には，必要以上に肌の露出がないようにスクリーンやカーテンで利用者のプライバシーの保護に努めます。　　→ p.196

●経鼻経管栄養法では，看護職が，挿入されている栄養チューブが胃に到達しているか確認します。　　→ p.197

●クレンメを少しずつ開きながら，指示どおりの滴下数に合わせるため，栄養点滴チューブの滴下筒の滴下と時計を見ながら，1分間の滴下数を合わせます。注入速度が速いと，下痢や血糖値の急激な変化を引き起こすことがあります。一方，注入速度が遅いと利用者の拘束時間が長くなり，活動が制限されてしまいます。看護職に確認して調整をします。　　→ p.198

●注入中，注入直後は，利用者の表情や状態の変化を観察します。痰のからみが強い場合や，嘔気や嘔吐がある場合は，注入を一時中止して様子をみます。むせこみ，嘔気・嘔吐が出現した場合は，医師・看護職に連絡します。　　→ p.200

●注入後は，腹鳴（おなかが鳴る）などの違和感や，腹部の膨満感を訴える場合があります。医師・看護職に相談します。　　→ p.200

●注入中の利用者に変化がある場合は，いったん注入を止め，医師・看護職に連絡します。　　→ p.201

●嘔吐や食道への逆流を防止するため，注入終了後も，上半身を起こした状態を30分から1時間は保ちます。　　→ p.201

●注入後は，利用者の呼吸状態や体温などの変化を観察し，いつもと違う状況があれば医師・看護職に報告します。　　→ p.201

●口腔内のケアは消化器感染症を予防することになります。毎回の食後の口腔内清掃は，利用者にとって爽快感をうながすことになります。また食物残渣の有無を確認するタイミングとしても重要です。　　→ p.204

●胃ろう（腸ろう）栄養チューブは，1日に2〜3回，回転させ，癒着や圧迫を防止しますが，介護職が実施することはできません。医師，看護職，家族などが実施します。　　→ p.204

●栄養剤の注入の記録では，実施時間，栄養剤の注入方法，栄養剤の種類，内容，量，注入時間や利用者の状態，表情，意識状態などを，実施後すみやかに記録します。最後に実施者の氏名を記入します。　　→ p.206

1 摂取

せっしゅ
➡ p.160 参照
さんしょう

栄養物などを体内に取り入れること。
えいようぶつ　　　　たいない　と　　い

2 消化

しょうか
➡ p.160 参照
さんしょう

消化酵素によって食物を分解し，栄養素の
しょうかこうそ　　　　しょくもつ　ぶんかい　　えいようそ
水溶液をつくる作業。
すいようえき　　　　　さぎょう

3 吸収

きゅうしゅう
➡ p.160 参照
さんしょう

おもに小腸や大腸で行われ，吸収された栄
しょうちょう　だいちょう　おこな　　きゅうしゅう　　えい
養素は，組織をつくったり，エネルギーと
ようそ　　そしき
して利用される。
りよう

4 老廃物

ろうはいぶつ
➡ p.160 参照
さんしょう

体内の物質代謝によって生じる代謝産物，
たいない　ぶっしつたいしゃ　　　　しょう　たいしゃさんぶつ
あるいは飲食物が利用されたあと，体内に
いんしょくぶつ　りよう　　　　　　たいない
不要となったもの。
ふよう

5 蠕動運動

ぜんどううんどう
➡ p.162 参照
さんしょう

消化管が順次くびれることにより内容物を
しょうかかん　じゅんじ　　　　　　　　ないようぶつ
移送させる運動。
いそう　　　　うんどう

6 食道裂孔ヘルニア

しょくどうれっこうへるにあ
➡ p.167 参照
さんしょう

横隔膜にある食道が通る穴から胃の一部が
おうかくまく　　　しょくどう　とお　あな　　い　いちぶ
胸腔側に脱出している状態。
きょうくうがわ　だっしゅつ　　　　じょうたい

7 処方

しょほう
➡ p.171 参照
さんしょう

医師が患者の状態に応じて，薬の調合と服
いし　かんじゃ　じょうたい　おう　　　くすり　ちょうごう　ふく
薬法を指示すること。
やくほう　しじ

8 高浸透圧性の下痢症

こうしんとうあつせいのげりしょう
➡ p.173 参照
さんしょう

腸管で吸収されなかった物質が高濃度で腸
ちょうかん　きゅうしゅう　　　　　ぶっしつ　こうのうど　ちょう
管に滞留することにより，腸管内の浸透圧
かん　たいりゅう　　　　　　ちょうかんない　しんとうあつ
が高まり，これを希釈するために多量の体
たか　　　　　きしゃく　　　　　たりょう　たい
液が腸管内に移行することが原因で起こる
えき　ちょうかんない　いこう　　　　　げんいん　お
下痢。
げり

9 びらん

びらん
➡ p.175 参照
さんしょう

①ただれくずれること。②皮膚や粘膜の上
ひふ　ねんまく　じょう
層の細胞がはがれ落ち，内層が露出してい
そう　さいぼう　　　　お　　ないそう　ろしゅつ
る状態になること。ただれ。
じょうたい

10 潰瘍

かいよう
➡ p.175 参照

皮膚・粘膜などの表層がただれてくずれ落ち，欠損を生じた状態。

11 不良肉芽

ふりょうにくげ
➡ p.175 参照

傷が治るとき肉（組織）が盛り上がって（肉芽形成）治るのが自然であるが，傷が膿むなどしてなかなか治らない状態。

12 滲出液

しんしゅつえき
➡ p.175 参照

炎症により血管壁や組織の性質が変化して血液や組織液が血管外へ流出する。その液体を滲出液という。

13 経鼻腸管栄養

けいびちょうかんえいよう
➡ p.175 参照

チューブを鼻腔から胃を経由して腸内まで通し，栄養を補給する方法。

14 子どもの皮膚

こどものひふ
➡ p.176 参照

大人の1/2の皮膚の厚さで，刺激を受けやすい。

15 ろう孔

ろうこう
➡ p.177 参照

深部組織あるいは臓器と外部のあいだに生じた管状の穴。体内で連絡するものと体表に開口するものがある。

16 自己効力感

じここうりょくかん
➡ p.178 参照

人がある行動を起こそうとするとき，「自分にはここまでできる」という思いのこと。

17 傾聴

けいちょう
➡ p.179 参照

耳を傾けて，熱心に聞くこと。

18 敗血症

はいけつしょう
➡ p.180 参照

皮膚や粘膜，種々の臓器の感染巣から細菌が血中に入り全身に広がる重篤な感染症のこと。

19 鴨居

かもい
➡ p.190 参照

引き戸・襖・障子などを立てこむための開口部の上部に渡した，溝をつけた横木のこと。

⑳ 経管栄養剤

けいかんえいようざい
➡ p.190 参照

医師の指示による経管栄養や高カロリーでバランスのとれた濃厚流動食（市販もある），常食をミキサーにかけたもの。

㉑ 徴候

ちょうこう
➡ p.194 参照

物事の起こる前ぶれ。きざし。前兆。

㉒ 専用

せんよう
➡ p.194 参照

特定の人だけが使うこと。

㉓ 劣化

れっか
➡ p.195 参照

性能・品質などが低下して以前より劣ってくること。

㉔ 癒着

ゆちゃく
➡ p.195 参照

本来は分離しているはずの臓器・組織面が，外傷や炎症のために，くっつくこと。

㉕ 仙骨

せんこつ
➡ p.196 参照

脊柱の下方にある三角形の骨。5個の椎骨が癒合し，骨盤の後壁をつくる。

㉖ 白湯

さゆ
➡ p.201 参照

真水を沸騰させた湯を飲める温度までぬるく冷ましたもの。

㉗ 腸閉塞

ちょうへいそく
➡ p.203 参照

肛門へ向かう腸管の内容物が，何らかの通過障害を起こした状態をイレウス（腸閉塞）という。腹痛，嘔吐，排便・排ガスの停止などを起こす。

演習<えんしゅう>

第1節<だい せつ> 喀痰吸引<かくたんきゅういん>のケア実施<じっし>の手引<てび>き

第2節<だい せつ> 経管栄養<けいかんえいよう>のケア実施<じっし>の手引<てび>き

第3節<だい せつ> 救急蘇生法<きゅうきゅう そ せいほう>の手引<てび>き

【到達目標<とうたつもくひょう>】

- 喀痰吸引<かくたんきゅういん>のケア実施<じっし>の流<なが>れ（準備<じゅんび>から実施<じっし>，報告<ほうこく>・記録<きろく>まで）について，評価票<ひょう か ひょう>に基<もと>づき，口腔内<こうくうない>，鼻腔内<び くうない>，気管<きかん>カニューレ内部<ないぶ>をそれぞれ5回以上<かい いじょう>行<おこな>い，評価<ひょうか>を得<え>る。
- 経管栄養<けいかんえいよう>のケア実施<じっし>の流<なが>れ（準備<じゅんび>から実施<じっし>，報告<ほうこく>・記録<きろく>まで）について，評価票<か ひょう もと>に基<もと>づき，胃<い>ろうまたは腸<ちょう>ろうによる経管栄養<けいかんえいよう>，経鼻経管栄養<けい び けいかんえいよう>をそれぞれ5回以上行<かい いじょうおこな>い，評価<ひょうか>を得<え>る。
- 救急蘇生法<きゅうきゅう そ せいほう>について，心肺蘇生<しんぱい そ せい>の流<なが>れを，1回以上行<かい い じょうおこな>う。

※本書<ほんしょ>では，人工呼吸器装着者<じんこう こ きゅう き そうちゃくしゃ>への喀痰吸引<かくたんきゅういん>の手順<て じゅん>については掲載<けいさい>をせず，通常手順<つうじょう て じゅん>のみを掲載<けいさい>しています。また，本書<ほんしょ>で掲載<けいさい>をしている喀痰吸引<かくたんきゅういん>・経管栄養等<かんえいようとう>の手順<て じゅん>は一例<いちれい>です。

第1節 喀痰吸引のケア実施の手引き

① 口腔内および鼻腔内

step 1 実施準備	▶	step 2 ケア実施	▶	step 3 報告	▶	step 4 片づけ・物品管理	▶	step 5 記録

step 1 実施準備	吸引に関する医師等の指示の確認を行い，必要物品を準備する。

プロセス1	指示の確認

医師の指示および看護職からの吸引に関するひきつぎ事項，留意点の確認を行う。

プロセス2	手洗い

石けんと流水で手洗いを行う（または速乾性手指消毒液による手指消毒を行う）（図1-33（☞第5巻p.58）参照）。

プロセス3 物品・器材の確認

必要物品を確認してそろえておく。
また吸引器が正常に作動するかを事前
に点検しておく。

＊それぞれの物品の名称については，
巻頭のカラー口絵参照。

プロセス4 物品・器材の配置

使用しやすい位置に物品を置いてお
く。

step 1 実施準備　　step 2 ケア実施　　step 3 報告　　step 4 ケーブル・物品管理　　step 5 記録

step 2 ケア実施 吸引について利用者に説明し，吸引を適切かつ安全に実施する。

プロセス1 説明

利用者に吸引の説明をする。

【POINT】
・利用者の協力が得られるように吸引の必要
性や方法などをわかりやすく説明する。

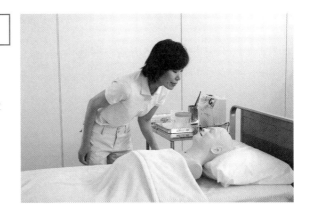

プロセス 2	環境整備

・苦痛をともなう処置のため，施設ではプライバシーの保護として，必要に応じてカーテン・スクリーンをする。

・吸引を受けやすい姿勢に整える。

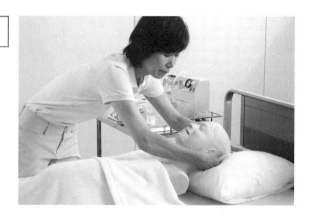

プロセス 3	吸引前の観察

吸引前の観察をする。

【観察項目】
・口腔内の状態（出血や傷の有無）
・義歯の状態
・口腔内の分泌物等の貯留物
※鼻腔内吸引では，以下を観察する。
・鼻腔内の状態（出血や傷の有無）
・鼻腔内の分泌物等の貯留物

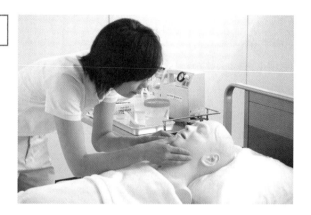

プロセス 4	手袋の着用またはセッシ保持

手袋の着用またはセッシを持つ。

※直前に，速乾性手指消毒液等による手指消毒をする。

＊本書では手袋を着用する方法を解説する。

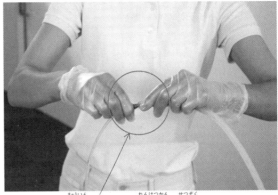

吸引チューブと連結管を接続しているところ

| プロセス 5 | 吸引実施ー❶ |

❶保管容器に入れてある吸引チューブ
を取り出し，吸引チューブと連結管
を接続する。

【POINT】
・吸引チューブを連結管と接続したら，周囲
に触れないよう注意する。

| プロセス 5 | 吸引実施ー❷ |

❷（浸漬法の場合）吸引チューブ外側
を清浄綿等でふく。

【POINT】
・吸引チューブを再利用する場合の保管方法
には，浸漬法（消毒液入り保管容器に吸引
チューブをひたして保管する方法）と乾燥
法（保管容器に吸引チューブを乾燥させて
保管する方法）がある。
・浸漬法の場合は，吸引チューブに付着する
消毒液を清浄綿等でふき取る。アルコール
綿でふく場合には，吸引チューブを十分に
乾燥させる。

水を吸引すると，吸引圧表示器の針
（マルで囲んでいる部分）が動く

| プロセス 5 | 吸引実施ー❸ |

❸吸引器の電源を入れ，水の入った容
器へ吸引チューブを入れて水を吸引
し，決められた吸引圧になることを
確認する。

【POINT】
・事故予防のため，清潔な水を吸引して，適
切な吸引圧の設定を確認する。
・吸引圧を確認する方法には吸引チューブの
根元を折る方法もあるが，浸漬法の場合
は，消毒液を十分に洗い流すためにも，水
を十分吸引する。

プロセス5	吸引実施ー**❹**

❹口腔または鼻腔内に水滴が入らない
ように，吸引チューブの先端の水を
よく切る。

プロセス5	吸引実施ー**❺**

❺利用者に吸引の開始について声かけ
をする。

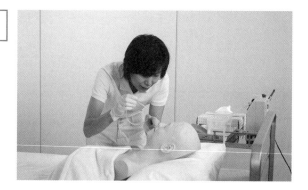

プロセス5	吸引実施ー**❻**

❻吸引チューブを静かに挿入する。

【POINT】
・吸引チューブの挿入は決められた深さを超
　えないように留意する。
・鼻腔内吸引の場合，鼻腔入り口は，粘膜が
　薄く，毛細血管があるため出血をきたしや
　すいので，十分注意する。

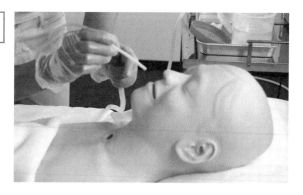

プロセス5	吸引実施ー**❼**

❼分泌物等の貯留物を吸引する。

【POINT】
・決められた吸引圧を守る。
・吸引チューブを1か所にとどめておくと，
　粘膜への吸いつきが起こる場合もあるの
　で，吸引チューブを（手袋の場合）回した
　り，（セッシの場合）ずらしたりしながら
　吸引圧が1か所にかからないように留意
　する。

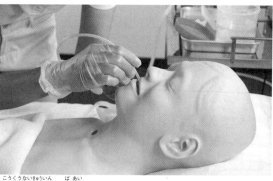

【口腔内吸引の場合】

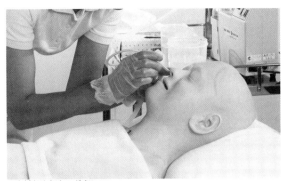

【鼻腔内吸引の場合】

プロセス 5	吸引実施－❽

❽吸引チューブを静かに抜く。

【POINT】
・決められた吸引時間を超えないように留意
する。

プロセス 6	実施後の片づけ－❶

❶吸引チューブの外側を，清浄綿等で

ふく。

【POINT】
・唾液や鼻汁などの分泌物は多くの細菌等を
含んでいるため，まず吸引チューブの外側
をふき取る。

プロセス 6	実施後の片づけ－❷

❷洗浄水を吸引し，吸引チューブの内
側のよごれを落とす。

【POINT】
・浸漬法の場合，消毒薬入り保存液，水の順
で吸引することもある。

プロセス6	実施後の片づけ－❸

❸吸引器の電源を切る。

プロセス6	実施後の片づけ－❹

❹吸引チューブを連結管からはずして
保管容器に戻す。

【POINT】
・吸引チューブに残ったよごれや損傷がない
か，よく観察をしてから戻す。

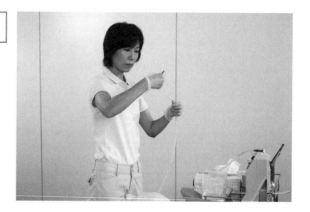

プロセス6	実施後の片づけ－❺

❺手袋をはずす。

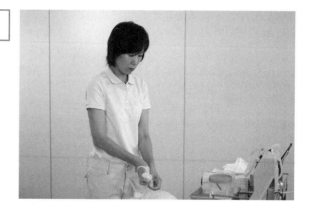

プロセス7	実施後の声かけ・ 姿勢の整え

・吸引が終了したことを告げ，ねぎら
いの言葉をかける。
・痰が取りきれたかどうかを確認す
る。
・吸引後の安楽な姿勢に整える。

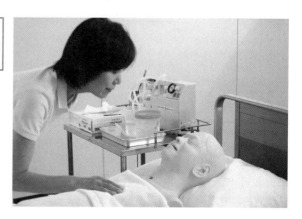

プロセス 8　実施後の観察

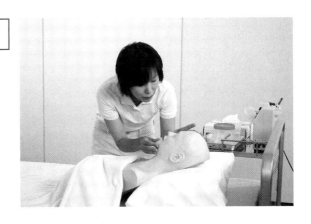

・吸引物および利用者の状態を観察する。

・利用者の吸引前の状態と吸引後の状態の変化を観察する。

【観察項目】

・顔色

・呼吸の状態　等

【POINT】

・経鼻経管栄養を実施している場合は，経鼻経管栄養チューブが出てきていないかを観察する。

・鼻腔内吸引の場合は，鼻血や口腔内への血液の流れこみの有無等も観察する。

・実施直後は問題がなくても，しばらくしてから状態が変化する危険性もあるためしっかりと観察する。

プロセス 9　手洗い

石けんと流水で手洗いをする。

step 1 実施準備	step 2 ケア実施	step 3 報告	step 4 片づけ・物品管理	step 5 記録

step 3 報告　吸引実施後の利用者の状態を看護職に報告する。

プロセス 1　実施後の報告

吸引中・吸引後の利用者の状態，吸引した物の量，性状，異常の有無等を報告する。

【報告項目】

・利用者の全身状態

・吸引した物の量，性状　等

ヒヤリハット・アクシデントの報告

ヒヤリハット・アクシデントが発生した場合は，下記の項目について報告する。

【報告項目】
・いつ
・どこで
・だれが
・どのように
・どうしたか
・どうなったか

step 1 実施準備
step 2 ケア実施
step 3 報告
step 4 片づけ・物品管理
step 5 記録

step 4 片づけ・物品管理 吸引びんや吸引器の後片づけを行う。

プロセス1 片づけ・物品管理―❶

❶吸引びんの排液量が 70 〜 80％になる前に排液を捨てる。

【POINT】
・機器の故障を防ぐため，適切に管理する。吸引の内容物によっては感染源となるものもあるので適切に処理する。
・居宅においては，1日1〜2回吸引びんの内容物を廃棄して，吸引びんを洗浄する。
・廃棄時，吸引びんの取り扱いに注意する。

❷使用物品を片づけ/交換する。

【POINT】
・使用ずみの吸引チューブや清浄綿等を適切
　な場所に廃棄する。
・吸引チューブに損傷を認めた場合や保存液
　等に浮遊物などを確認したらすみやかに交
　換する。
・吸引チューブや清浄綿等の不足の有無を確
　認して必要物品を補充する。

| step 1 実施準備 | step 2 ケア実施 | step 3 報告 | step 4 片づけ・物品管理 | step 5 記録 |

step 5 記録　吸引の実施について，その内容を記録する。

プロセス 1 　記録

吸引の状況を記録する。

【POINT】
・客観的に記録し，共通認識できる用語や表
　現を使用する。
・ケア実施後はすみやかに記録することが望
　ましい。
【記録の内容】
・実施日時
・吸引した内容物の種類や性状および量
・利用者の訴え
・一般状態
・特記事項
・実施者名

❷ 気管カニューレ内部

| step 1 実施準備 | step 2 ケア実施 | step 3 報告 | step 4 片づけ・物品管理 | step 5 記録 |

| step 1 実施準備 | 吸引に関する医師等の指示の確認を行い，必要物品を準備する。 |

プロセス 1 指示の確認

医師の指示および看護職からの吸引に関するひきつぎ事項，留意点の確認を行う。

プロセス 2 手洗い

石けんと流水で手洗いを行う（または速乾性手指消毒液による手指消毒を行う）（図 1-33（☞第 5 巻 p.58）参照）。

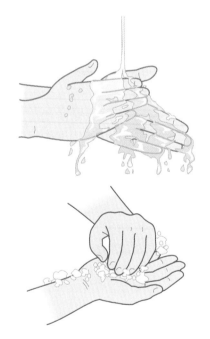

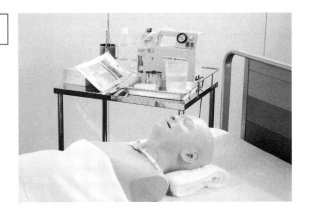

プロセス 3　物品・器材の確認

必要物品を確認してそろえておく。
また吸引器が正常に作動するかを事前
に点検しておく。

プロセス 4　物品・器材の配置

使用しやすい位置に物品を置いてお
く。

step 2 ケア実施　吸引について利用者に説明し，吸引を適切かつ安全に実施する。

プロセス 1　説明

利用者に吸引の説明をする。

【POINT】
・利用者の協力が得られるように吸引の必要
　性や方法などをわかりやすく説明する。

環境整備

・苦痛をともなう処置のため，施設ではプライバシーの保護として，必要に応じてカーテン・スクリーンをする。
・吸引を受けやすい姿勢に整える。

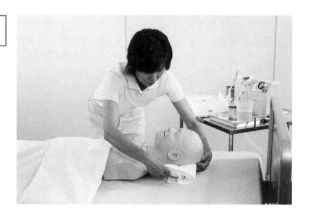

吸引前の観察

吸引前の観察をする。
【観察項目】
・気管カニューレ周囲や固定の状態（出血や損傷の有無）
・貯留物の状態

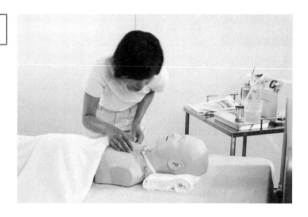

手袋の着用またはセッシ保持

手袋の着用またはセッシを持つ。
※直前に，速乾性手指消毒液等による手指消毒をする。
＊本書では手袋を着用する方法を解説する。

【POINT】
・基本的には滅菌された清潔な手袋を着用するか，または手洗い後清潔にセッシを持つ。
・原則として無菌操作で行うが，厳密な無菌操作が行えない場合には，清潔を遵守する。
・事前に吸引チューブのパッケージを開封しておくなど，手袋の着用後（セッシを持ったあと）吸引チューブを取り出しやすくしておく必要がある。

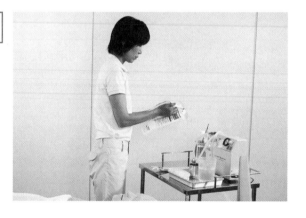

| プロセス5 | 吸引実施─❶ |

❶吸引チューブを清潔に取り出し，吸引チューブと連結管を接続する。

【POINT】
・吸引チューブを連結管と接続したら，周囲に触れないよう注意する。

| プロセス5 | 吸引実施─❷ |

再利用の場合の写真

❷（浸漬法の場合）吸引チューブ外側を清浄綿等でふく。

【POINT】
・吸引チューブは原則として単回利用とするが，吸引チューブを再利用する場合の保管方法には，浸漬法（消毒液入り保管容器に吸引チューブをひたして保管する方法）と乾燥法（保管容器に吸引チューブを乾燥させて保管する方法）がある。
・浸漬法の場合は，吸引チューブに付着する消毒液を清浄綿等でふき取る。アルコール綿でふく場合には，吸引チューブを十分に乾燥させる。

プロセス 5 吸引実施－❸

❸吸引器の電源を入れ，滅菌精製水の
　入った容器へ吸引チューブを入れて
　吸引し，決められた吸引圧になるこ
　とを確認する。

※吸引チューブのすべりをよくする意
　味もある。

【POINT】
・（単回使用の場合）吸引チューブの根元を
　折って吸引圧を確認する方法が推奨され
　る。
・事故予防のため，滅菌精製水を吸引して，
　適切な吸引圧の設定を確認する。
・浸漬法の場合は，消毒液を確実に洗い流す
　ためにも，滅菌精製水を十分吸引する。

根元を折る方法

プロセス 5 吸引実施－❹

❹気管カニューレ内に水滴が入らない
　ように，吸引チューブの先端の水を
　よく切る。

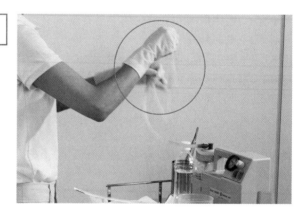

プロセス 5 吸引実施－❺

❺利用者に吸引の開始について声かけ
　をする。

232

プロセス 5 ｜ 吸引実施－❻

❻吸引チューブを静かに挿入する。

【POINT】
・吸引チューブの根元を折らず，陰圧をかけた状態で，所定の位置まで静かに挿入する（痰を押しこまないように）。
・気管カニューレの長さを超えて挿入しないように注意する。
＊吸引チューブの挿入方法にはさまざまな方法がある。本書では，痰を気道に押しこまないよう吸引しながら挿入する方法として根元を折らない方法を解説する。吸引圧をかけることでチューブが気管カニューレ内部に吸いつかないよう少しだけ圧をかける方法もある。

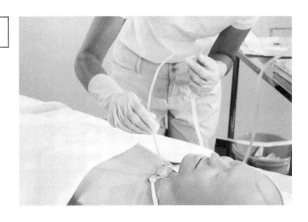

プロセス 5 ｜ 吸引実施－❼

❼気管カニューレ内の分泌物等の貯留物を吸引する。

【POINT】
・決められた吸引圧を守る。
・吸引チューブを静かに回しながら，1か所に圧がかからないように，分泌物を吸引する。

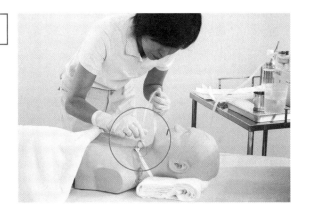

プロセス 5 ｜ 吸引実施－❽

❽吸引チューブを静かに抜く。

【POINT】
・決められた吸引時間を超えないように留意する。

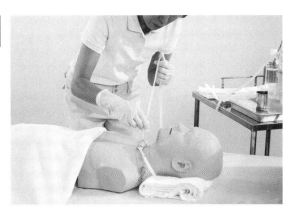

プロセス6　実施後の片づけ−❶

❶吸引チューブの外側を，清浄綿等で

ふく。

【POINT】

・分泌物は多くの細菌等を含んでいるため，
まず吸引チューブの外側をふき取る。

プロセス6　実施後の片づけ−❷

❷滅菌精製水を吸引し，吸引チューブ
の内側のよごれを落とす。

【POINT】

・浸漬法の場合，消毒薬入り保存液，滅菌精
製水の順で吸引することもある。

・カフとサイドチューブつきの気管カニュー
レを装着している場合は，必要に応じてサ
イドチューブからの分泌物等の吸い上げを
行う。

プロセス6　実施後の片づけ−❸

❸吸引器の電源を切る。

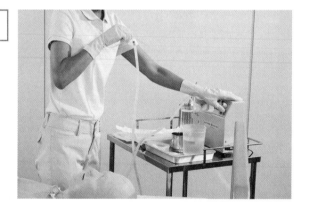

プロセス6	実施後の片づけ－❹

❹単回使用の場合は，吸引チューブを
連結管からはずして吸引チューブを
廃棄する。
再利用する場合は，吸引チューブを
連結管からはずして保管容器に戻
す。

【POINT】
・吸引チューブを再利用する場合は，吸引
チューブに残ったよごれや損傷がないか，
よく観察をしてから保管容器に戻す。

プロセス6	実施後の片づけ－❺

❺手袋をはずす。

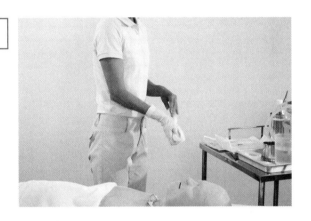

プロセス7	実施後の声かけ・姿勢の整え

・吸引が終了したことを告げ，ねぎら
いの言葉をかける。
・痰が取りきれたかどうかを確認す
る。
・吸引後の安楽な姿勢に整える。

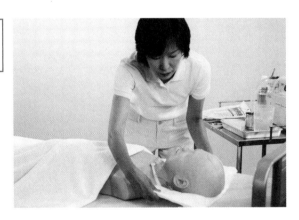

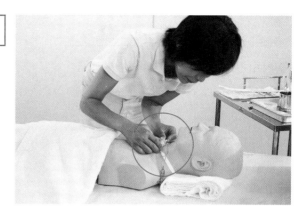

プロセス8 実施後の観察

・吸引物および利用者の状態を観察する。

・利用者の吸引前の状態と吸引後の状態の変化を観察する。

【観察項目】

・顔色

・呼吸の状態

・気管内，気管カニューレ周囲の状態　等

【POINT】

・経鼻経管栄養を実施している場合は，経鼻経管栄養チューブが出てきていないかを観察する。

・実施直後は問題がなくても，しばらくしてから状態が変化する危険性もあるためしっかりと観察する。

プロセス9 手洗い

石けんと流水で手洗いをする。

step 1
じっしじゅんび
実施準備

step 2
ケア実施

step 3
ほうこく
報告

step 4
かたづけ・
ぶっぴんかんり
物品管理

step 5
きろく
記録

step 3 報告	吸引実施後の利用者の状態を看護職に報告する。

プロセス 1　実施後の報告

吸引中・吸引後の利用者の状態，吸引した物の量，性状，異常の有無等を報告する。

【報告項目】
・利用者の全身状態
・吸引した物の量，性状　等

プロセス 2　ヒヤリハット・アクシデントの報告

ヒヤリハット・アクシデントが発生した場合は，下記の項目について報告する。

【報告項目】
・いつ
・どこで
・だれが
・どのように
・どうしたか
・どうなったか

step 1
じっしじゅんび
実施準備

step 2
じっし
ケア実施

step 3
ほうこく
報告

step 4
かた
片づけ・
ぶっぴんかんり
物品管理

step 5
きろく
記録

| step 4　片づけ・物品管理 | 吸引びんや吸引器の後片づけを行う。 |

プロセス 1　片づけ・物品管理－❶

❶吸引びんの排液量が 70 ～ 80％にな
る前に排液を捨てる。

【POINT】
・機器の故障を防ぐため，適切に管理する。
　吸引の内容物によっては感染源となるもの
　もあるので適切に処理する。
・居宅においては，1 日 1 ～ 2 回吸引びん
　の内容物を廃棄して，吸引びんを洗浄する。
・廃棄時，吸引びんの取り扱いに注意する。

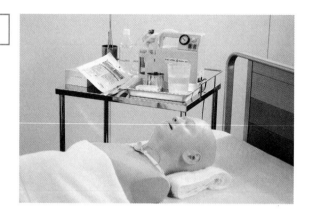

プロセス 1　片づけ・物品管理－❷

❷使用物品を片づけ／交換する。

【POINT】
・使用ずみの吸引チューブや清浄綿等を適切
　な場所に廃棄する。
・吸引チューブに損傷を認めた場合や保存液
　等に浮遊物などを確認したらすみやかに交
　換する。
・吸引チューブや清浄綿等の不足の有無を確
　認して必要物品を補充する。

step 1
じっしじゅんび
実施準備

step 2
ケア実施

step 3
ほうこく
報告

step 4
かたづけ・
ぶっぴんかんり
片づけ・
物品管理

step 5
きろく
記録

| step 5 記録 | 吸引の実施について，その内容を記録する。 |

プロセス 1　記録

吸引の状況を記録する。

【POINT】
・客観的に記録し，共通認識できる用語や表現を使用する。
・ケア実施後はすみやかに記録することが望ましい。

【記録の内容】
・実施日時
・吸引した内容物の種類や性状および量
・利用者の訴え
・一般状態
・特記事項
・実施者名

第2節 経管栄養のケア実施の手引き

① 胃ろうまたは腸ろうによる経管栄養

| step 1 実施準備 | step 2 ケア実施 | step 3 報告 | step 4 片づけ | step 5 記録 |

| step 1 実施準備 | 胃ろうまたは腸ろうによる経管栄養に関する医師等の指示の確認を行い，必要物品を準備する。 |

プロセス 1　指示の確認

医師の指示および看護職からの胃ろうまたは腸ろうによる経管栄養に関するひきつぎ事項，留意点の確認を行う。

プロセス 2　手洗い

石けんと流水で手洗いを行う（または速乾性手指消毒液による手指消毒を行う）（図 1-33（☞第 5 巻 p.58）参照）。

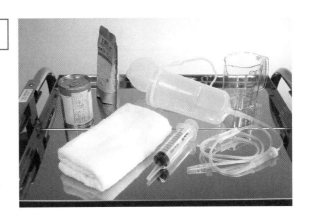

プロセス3　必要物品の準備

必要な物品をそろえる。

＊それぞれの物品の名称については，巻頭のカラー口絵参照。

【POINT】
・居宅における栄養剤の保管では，冬季など保管場所の温度が低い場合は，実施前に適切な温度の管理が必要になる。

※ 2019（令和元）年 12 月より，誤接続防止を目的に，経腸栄養分野の小口径コネクタを有する製品（経鼻栄養用カテーテル，胃ろう用カテーテル(PEGチューブ，ボタン)，注入器等）の新規格製品が導入されています。旧規格製品と新規格製品のコネクタは太さや形状が異なり，接続することができないため注意が必要です。

プロセス4　栄養剤の確認・準備－❶❷

❶栄養剤の種類，注入する量，適切な温度，注入開始時刻，注入時間を確認する。

❷イリゲーター（栄養剤を入れる容器）を点滴スタンド（またはS字フックなど）につるす。

❸イリゲーターに栄養点滴チューブを
取りつけ，点滴チューブのクレンメ
を閉じておく。

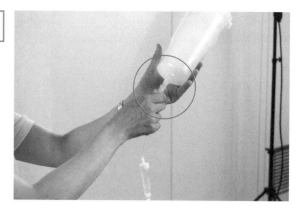

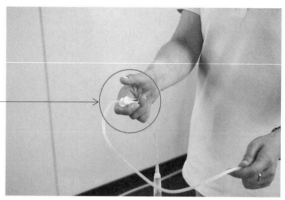

クレンメを閉じる

❹栄養剤をイリゲーターに注ぎ入れ
る。イリゲーターのふたは確実に閉
め，ほこりや落下菌等からの汚染を
予防する。

❺栄養点滴チューブの滴下筒に半分ほ
ど栄養剤を満たす。

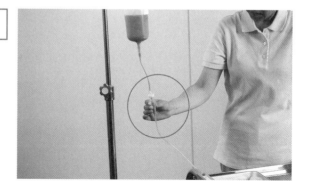

242

プロセス4 栄養剤の確認・準備ー❻

❻クレンメを少し開きながら栄養点滴
チューブの先端まで栄養剤を行きわ
たらせ，クレンメを閉じる。

【POINT】
・栄養点滴チューブ内に空気が残っている
　と，利用者の胃腸に空気も注入され，合併
　症を誘発する危険があるため，栄養点滴
　チューブ内の空気を抜いておく。
・栄養点滴チューブの先端が不潔にならない
　ようにしておく。

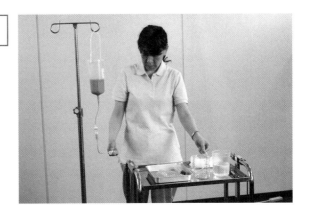

プロセス4 栄養剤の確認・準備ー❼

❼準備した栄養剤を利用者のもとに運
ぶ。

【POINT】
・利用者を間違えないようにベッドのネーム
　プレートや本人に名乗ってもらう等により
　確認する。

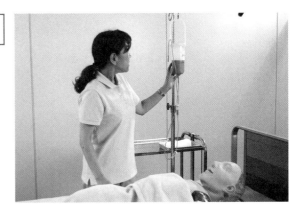

step 1
実施準備

step 2
ケア実施

step 3
報告

step 4
片づけ

step 5
記録

| step 2 ケア実施 | 胃ろうまたは腸ろうによる経管栄養について，利用者に説明をし適切かつ安全に実施する。 |

プロセス 1　説明

利用者に本人確認を行い，胃ろうまたは腸ろうによる経管栄養の説明を行う。

【POINT】
・注入には30分から2時間程度の時間を要するため，注入中に胃ろう（腸ろう）栄養チューブが抜けないようにするなど，安全に行うためには利用者や家族の協力が必須である。

プロセス 2　栄養剤と利用者の確認

注入する栄養剤が利用者本人のものかどうかを確認する。

【POINT】
・間違えないようにベッドのネームプレートや本人に名乗ってもらう等により確認する。

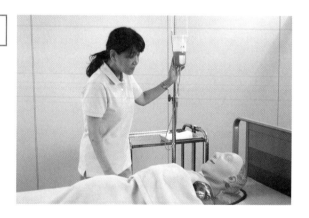

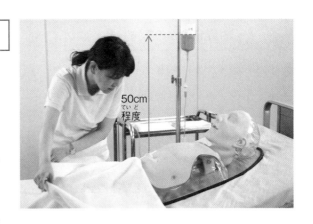

プロセス 3　環境整備・姿勢保持

胃ろう（腸ろう）栄養チューブの挿入部の状態を確認し，適切な体位および環境を整える。

【POINT】

・プライバシーの保護のため，必要に応じてカーテン・スクリーンをする。

・多くの輸液ラインがある場合は，胃ろう（腸ろう）栄養チューブを間違えて接続しないように十分注意する。

・胃ろう（腸ろう）栄養チューブが，ねじれたり折れたりしていないか，固定がはずれていないかを確認する。

・輸液ポンプを使用せずに（自然落下で）経管栄養を行う場合には，利用者の胃部より50cm 程度の高さにイリゲーターをつるす。

50cm
程度

プロセス 4　栄養点滴チューブの接続

栄養点滴チューブの先端と胃ろう（腸ろう）栄養チューブの接続がはずれないようにしっかり接続する。

【POINT】

・接続前に，胃ろう（腸ろう）栄養チューブ内に残渣物がないか目で確かめる。

・チューブが折れ曲がったり，何かに圧迫され，内腔が狭窄したりしていないか目で確かめる。

・胃ろう（腸ろう）栄養チューブ挿入部からの胃または腸内容物のもれ出しがないか確認する。

・胃ろう（腸ろう）栄養チューブは複数口のあるものがある。接続しない口から栄養剤がもれないように閉じておく。

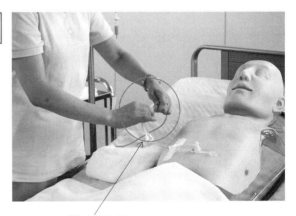

はずれないようにしっかり接続する

❶利用者に注入を開始する旨を声かけ

してから，クレンメをゆっくりゆる
めて注入を開始する。適切に注入が
始まったことを利用者に伝える。

【POINT】
・滴下筒の滴下と時計を見ながら滴下数を合
わせる。
・注入速度が速いと下痢や血糖値の急激な変
化を引き起こすおそれがある。注入速度が
遅いと，長時間にわたり利用者の活動が制
限されるため，注入速度を適切に調整す
る。

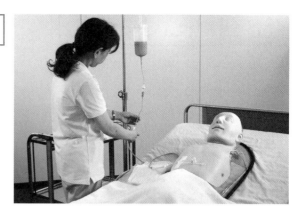

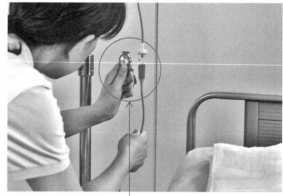

時計を見ながら滴下数を
合わせる

❷注入直後の様子を観察する。

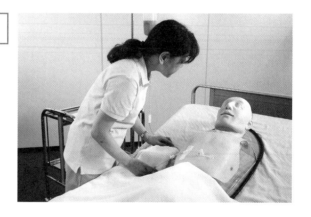

プロセス 5　経管栄養の実施－❸

❸注入中の状態を定期的に観察する。

【観察項目】
・利用者の表情や状態
　　（気分不快，腹部膨満感，嘔気，嘔吐，腹
　痛，呼吸困難　等）
・利用者の体位
・滴下の状態（滴下の速度，チューブの屈
　曲・接続のゆるみ・ねじれ・つまりの有無
　　等）
・胃ろうまたは腸ろうの場合は，挿入部から
　の栄養剤のもれ

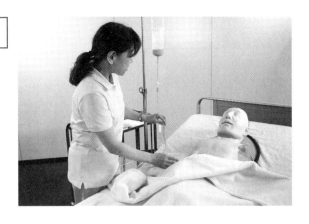

プロセス 6　注入の終了－❶

❶利用者に栄養剤の注入が終了したこ
　とを伝える。

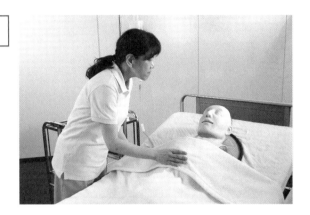

プロセス 6　注入の終了－❷

❷栄養点滴チューブのクレンメと胃ろ
　う（腸ろう）栄養チューブのストッ
　パー（栓）を閉めて，胃ろう（腸ろ
　う）栄養チューブと栄養点滴チュー
　ブの接続をはずす。

【POINT】
・接続をはずす際は，留置している胃ろう
　（腸ろう）栄養チューブを抜去してしまう
　危険があるため，十分に注意する。
・注入終了直後，水平臥位にすると注入物が
　食道に逆流し，気管に入ると，窒息，また
　は誤嚥による肺炎等を起こす危険性がある
　ため，頭部を挙上した状態を保つ。

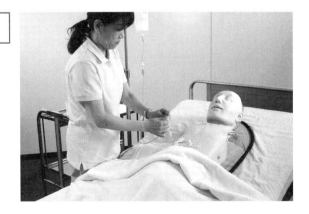

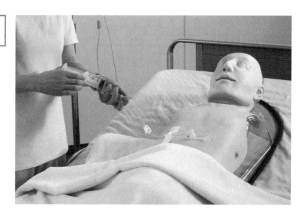

❸胃ろう（腸ろう）栄養チューブから，カテーテルチップシリンジに入れておいた白湯（30〜50ml）をゆっくり注入する。

【観察項目】
・白湯注入前の利用者の状態の観察
　（胃ろう（腸ろう）栄養チューブの抜け，栄養剤の栄養チューブ挿入部からのもれ，腹痛の訴え，栄養チューブ挿入部の痛み等）
・白湯注入中の利用者の状態の観察
　注入中の腹痛や違和感の訴え，栄養剤・胃または腸内容物の残留　等

【POINT】
・注入終了の事前準備として，カテーテルチップシリンジに白湯を吸い上げておく。
・カテーテルチップシリンジ内の空気は抜いておく。

❹胃ろう（腸ろう）注入口のストッパー（栓）を確実に閉める。

❺胃ろう（腸ろう）栄養チューブが直接皮膚を圧迫したり，衣服の着脱の際に栄養チューブを引っかけて抜いたりすることのないよう，しっかりと固定する。

プロセス 7 　注入後の観察

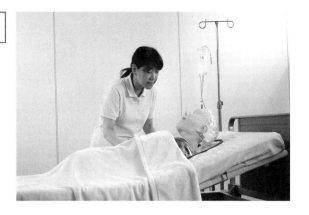

注入後しばらくは，胃内容物の増加に
よる腹部膨満感，横隔膜の動きが制限
されることによる呼吸困難，血液が胃
部に集中することによる血圧の変動や
気分不良等の危険があるため，利用者
の状態を観察する。

【観察項目】
・体位
・腹部膨満感
・嘔気・嘔吐
・腹痛
・呼吸困難　等
・白湯注入後の観察
　腹痛や嘔気などの違和感がないか確認す
　る。胃ろう（腸ろう）栄養チューブ内に，
　注入した栄養剤が停留していないか確認す
　る。

プロセス 8 　注入後の姿勢保持

注入後しばらくは，注入物の嘔吐や食
道への逆流防止のために上半身を起こ
した姿勢を保つ。

【POINT】
・注入中の同一体位保持により，褥瘡の危険
　もあるため，異常がなければ体位変換を再
　開する。
・体位変換が刺激となり，嘔吐を誘発する可
　能性もあるため，観察は継続する。

step 3　報告	胃ろうまたは腸ろうによる経管栄養実施後の利用者の状態を看護職に報告する。

プロセス1　実施後の報告

実施後の利用者の状態, 異常の有無について報告する。

【観察項目】
・体位
・腹部膨満感
・嘔気・嘔吐
・腹痛
・呼吸困難　等

プロセス2　ヒヤリハット・アクシデントの報告

ヒヤリハット・アクシデントが発生した場合は, 下記の項目について報告する。

【報告項目】
・いつ
・どこで
・だれが
・どのように
・どうしたか
・どうなったか

step 1 実施準備　step 2 ケア実施　step 3 報告　step 4 片づけ　step 5 記録

step 4 片づけ　注入終了後，すみやかに後片づけを行う。

プロセス 1　片づけ

使用物品の片づけをする。

【POINT】
・再利用物品の湿潤や注入物の残留は，細菌を繁殖させるため，食器洗用洗剤等での洗浄を行い流水で十分すすぎ，洗浄と乾燥を十分に行う（写真はつけ置きしているところ）。
・物品を衛生的に保つ。

step 1 実施準備　step 2 ケア実施　step 3 報告　step 4 片づけ　step 5 記録

step 5 記録　胃ろうまたは腸ろうによる経管栄養の実施について，その内容を記録する。

プロセス 1　記録

胃ろうまたは腸ろうによる経管栄養の状況を記録する。

【POINT】
・客観的に記録し，共通認識できる用語や表現を使用する。
・ケア実施後はすみやかに記録することが望ましい。

【記録の内容】
・実施時刻
・栄養剤の種類と量
・利用者の訴え
・一般状態
・特記事項
・実施者名

月
日

| step 1
実施準備 | step 2
ケア実施 | step 3
報告 | step 4
片づけ | step 5
記録 |

| step 1 実施準備 | 半固形栄養剤による胃ろうまたは腸ろうの経管栄養に関する医師等の指示の確認を行い，必要物品を準備する。 |

プロセス 1　指示の確認

医師の指示および看護職からの半固形栄養剤による胃ろうまたは腸ろうの経管栄養に関するひきつぎ事項，留意点の確認を行う。

プロセス 2　手洗い

石けんと流水で手洗いを行う（または速乾性手指消毒液による手指消毒を行う）（図 1-33（☞第 5 巻 p.58）参照）。

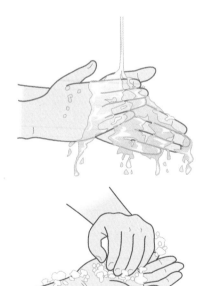

プロセス3	必要物品の準備

必要な物品をそろえる。

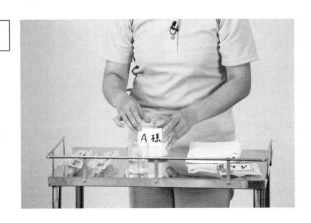

【POINT】

・居宅における栄養剤の保管では，冬季など保管場所の温度が低い場合は，実施前に適切な温度の管理が必要になる。

※ 2019（令和元）年12月より，誤接続防止を目的に，経腸栄養分野の小口径コネクタを有する製品（経鼻栄養用カテーテル，胃ろう用カテーテル（PEGチューブ，ボタン），注入器等）の新規格製品が導入されています。旧規格製品と新規格製品のコネクタは太さや形状が異なり，接続することができないため注意が必要です。

プロセス4	栄養剤の確認・準備ー❶

❶栄養剤の種類，注入する量，適切な温度，注入開始時刻，注入時間を確認する。

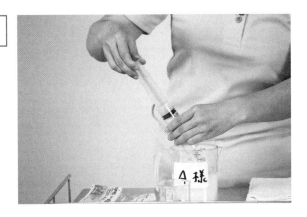

❷パウチにつまった市販栄養剤，また
は半固形状態にしてカテーテルチッ
プシリンジに注入した栄養剤などを
準備する。

※注入直前にベッドサイドで準備する
場合もある。

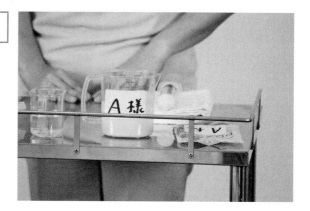

❸準備した栄養剤を利用者のもとに運

ぶ。

【POINT】
・利用者を間違えないようにベッドのネーム
プレートや本人に名乗ってもらう等により
確認する。

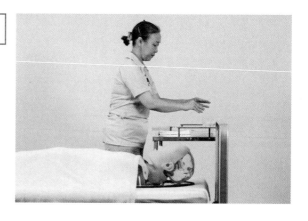

step 1
実施準備

step 2
ケア実施

step 3
報告

step 4
片づけ

step 5
記録

| step 2　ケア実施 | 半固形栄養剤による胃ろうまたは腸ろうの経管栄養について，利用者に説明をし適切かつ安全に実施する。 |

プロセス 1　説明

利用者に本人確認を行い，半固形栄養剤による胃ろうまたは腸ろうの経管栄養の説明を行う。

【POINT】
・半固形栄養剤の注入時間は短時間であるが，注入中に胃ろう（腸ろう）栄養チューブが抜けないようにするなど，安全に行うためには利用者や家族の協力が必須である。

プロセス 2　栄養剤と利用者の確認

注入する栄養剤が利用者本人のものかどうかを確認する。

【POINT】
・間違えないようにベッドのネームプレートや本人に名乗ってもらう等により確認する。

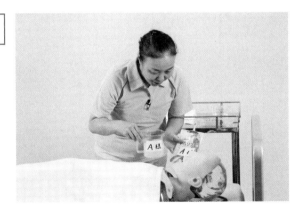

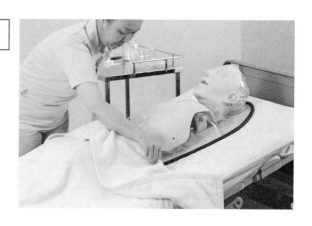

環境整備・姿勢保持

胃ろう（腸ろう）栄養チューブの挿入部の状態を確認し，適切な体位および環境を整える。

【POINT】

・プライバシーの保護のため，必要に応じてカーテン・スクリーンをする。

・多くの輸液ラインがある場合は，胃ろう（腸ろう）栄養チューブを間違えて接続しないように十分注意する。

・胃ろう（腸ろう）栄養チューブが，ねじれたり折れたりしていないか，固定がはずれていないかを確認する。

※（注入直前に栄養剤を準備する場合は）栄養剤と利用者の確認をしたあと，ベッドサイドでパウチにつまった市販栄養剤，または半固形状態にしてカテーテルチップシリンジに注入した栄養剤などを準備する。

胃ろう(腸ろう)栄養チューブへの接続

半固形栄養剤の注入接続口の先端と胃ろう（腸ろう）栄養チューブの接続がはずれないようにしっかり接続する。

【POINT】

・接続前に，胃ろう（腸ろう）栄養チューブ内に残渣物がないか目で確かめる。

・チューブが折れ曲がったり，何かに圧迫され，内腔が狭窄したりしていないか目で確かめる。

・胃ろう（腸ろう）栄養チューブ挿入部からの胃または腸内容物のもれ出しがないか確認する。

・胃ろう（腸ろう）栄養チューブは複数口のあるものがある。接続しない口から栄養剤がもれないように閉じておく。

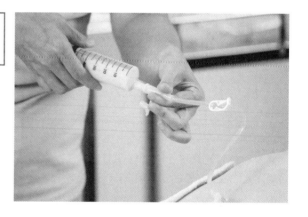

プロセス5 経管栄養の実施ー❶

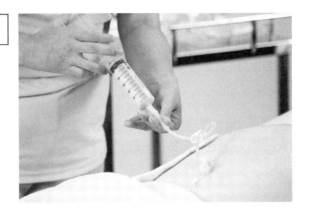

❶利用者に注入を開始する旨を声かけしてから，半固形栄養剤の注入接続口の先端を胃ろう（腸ろう）栄養チューブに接続し，ゆっくり注入を開始する。適切に注入が始まったことを利用者に伝える。

プロセス5 経管栄養の実施ー❷

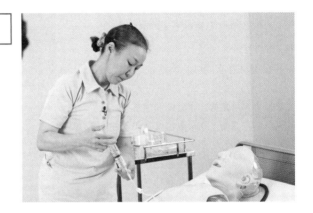

❷注入直後の様子を観察する。

プロセス5 経管栄養の実施ー❸

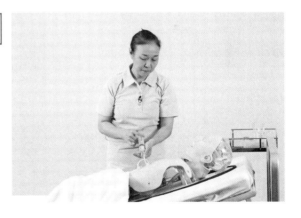

❸注入中の状態を観察する。

【観察項目】
・利用者の表情や状態
　（気分不快，腹部膨満感，嘔気，嘔吐，腹痛，呼吸困難　等）
・利用者の体位
・胃ろうまたは腸ろうの挿入部からの栄養剤のもれ

❶利用者に栄養剤の注入が終了したこ
とを伝える。

❷胃ろう（腸ろう）栄養チューブのス
トッパー（栓）を閉めて，胃ろう（腸
ろう）栄養チューブと半固形栄養剤
の注入容器の接続をはずす。

【POINT】
・接続をはずす際は，留置している胃ろう
　（腸ろう）栄養チューブを抜去してしまう
　危険があるため，十分に注意する。
・注入終了直後，水平臥位にすると注入物が
　食道に逆流し，気管に入ると，窒息，また
　は誤嚥による肺炎等を起こす危険性がある
　ため，頭部を挙上した状態を保つ。

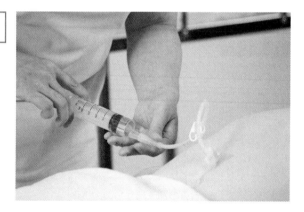

❸注入が終了したら 30 ～ 50ml の白
湯を注入する。
【観察項目】
・白湯注入前の利用者の状態の観察
　（胃ろう（腸ろう）栄養チューブの抜け，
　半固形栄養剤の栄養チューブ挿入部からの
　もれ，腹痛の訴え，栄養チューブ挿入部の
　痛み　等）
・白湯注入中の利用者の状態の観察
　注入中の腹痛や違和感の訴え，栄養剤・胃
　または腸内容物の残留　等

❹胃ろう（腸ろう）栄養チューブのス
トッパー（栓）を確実に閉める。

プロセス6　注入の終了－❺

❺胃ろう（腸ろう）栄養チューブが直接皮膚を圧迫したり，衣服の着脱の際に栄養チューブを引っかけて抜いたりすることのないよう，しっかりと固定する。

プロセス7　注入後の観察

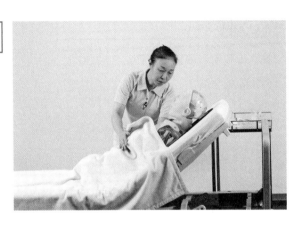

注入後しばらくは，胃内容物の増加による腹部膨満感，横隔膜の動きが制限されることによる呼吸困難，血液が胃部に集中することによる血圧の変動や気分不良等の危険があるため，利用者の状態を観察する。

【観察項目】
・体位
・腹部膨満感
・嘔気・嘔吐
・腹痛
・呼吸困難　等
・白湯注入後の観察
　腹痛や嘔気などの違和感がないか確認する。胃ろう（腸ろう）栄養チューブ内に，注入した栄養剤が停留していないか確認する。

プロセス8　注入後の姿勢保持

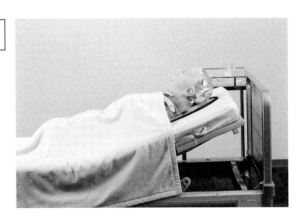

注入後しばらくは，注入物の嘔吐や食道への逆流防止のために上半身を起こした姿勢を保つ。

【POINT】
・注入中の同一体位保持により，褥瘡の危険もあるため，異常がなければ体位変換を再開する。
・体位変換が刺激となり，嘔吐を誘発する可能性もあるため，観察は継続する。

step 1 実施準備	step 2 ケア実施	step 3 報告	step 4 片づけ	step 5 記録

step 3 報告 半固形栄養剤による胃ろうまたは腸ろうの経管栄養実施後の利用者の状態を看護職に報告する。

プロセス1 実施後の報告

実施後の利用者の状態，異常の有無について報告する。

【観察項目】
・体位
・腹部膨満感
・嘔気・嘔吐
・腹痛
・呼吸困難　等

プロセス2 ヒヤリハット・アクシデントの報告

ヒヤリハット・アクシデントが発生した場合は，下記の項目について報告する。

【報告項目】
・いつ
・どこで
・だれが
・どのように
・どうしたか
・どうなったか

step 4 片づけ

step 4 片づけ 注入終了後，すみやかに後片づけを行う。

プロセス 1 片づけ

使用物品の片づけをする。

【POINT】
・再利用物品の湿潤や注入物の残留は，細菌を繁殖させるため，食器洗用洗剤等での洗浄を行い流水で十分すすぎ，洗浄と乾燥を十分に行う。
・物品を衛生的に保つ。

step 5 記録 半固形栄養剤による胃ろうまたは腸ろうの経管栄養の実施について，その内容を記録する。

プロセス 1 記録

半固形栄養剤による胃ろうまたは腸ろうの経管栄養の状況を記録する。

【POINT】
・客観的に記録し，共通認識できる用語や表現を使用する。
・ケア実施後はすみやかに記録することが望ましい。

【記録の内容】
・実施時刻
・栄養剤の種類と量
・利用者の訴え
・一般状態
・特記事項
・実施者名

❸ 経鼻経管栄養

| step 1 実施準備 | step 2 ケア実施 | step 3 報告 | step 4 片づけ | step 5 記録 |

step 1 実施準備 経鼻経管栄養に関する医師等の指示の確認を行い，必要物品を準備する。

プロセス 1 指示の確認

医師の指示および看護職からの経鼻経管栄養に関するひきつぎ事項，留意点の確認を行う。

プロセス 2 手洗い

石けんと流水で手洗いを行う（または速乾性手指消毒液による手指消毒を行う）（図 1-33（☞第 5 巻 p.58）参照）。

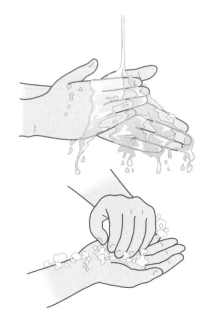

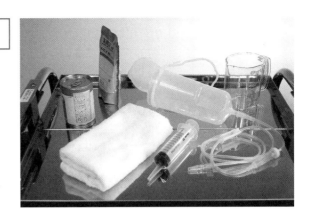

| | プロセス3 | 必要物品の準備 |

プロセス3　必要物品の準備

必要な物品をそろえる。

＊それぞれの物品の名称については，
　巻頭のカラー口絵参照。

【POINT】
・居宅における栄養剤の保管では，冬季など
　保管場所の温度が低い場合は，実施前に適
　切な温度の管理が必要になる。

※ 2019（令和元）年12月より，誤接続防止
　を目的に，経腸栄養分野の小口径コネクタ
　を有する製品（経鼻栄養用カテーテル，胃
　ろう用カテーテル（PEGチューブ，ボタン），
　注入器等）の新規格製品が導入されていま
　す。旧規格製品と新規格製品のコネクタは
　太さや形状が異なり，接続することができ
　ないため注意が必要です。

プロセス4　栄養剤の確認・準備―❶❷

❶栄養剤の種類，注入する量，適切な
　温度，注入開始時刻，注入時間を確
　認する。
❷イリゲーター（栄養剤を入れる容
　器）を点滴スタンド（またはS字フッ
　クなど）につるす。

❸イリゲーターに栄養点滴チューブを
　取りつけ，点滴チューブのクレンメ
　を閉じておく。

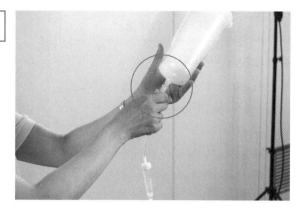

クレンメを閉じる ⟶

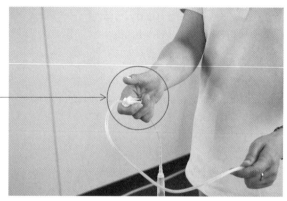

❹栄養剤をイリゲーターに注ぎ入れ
　る。イリゲーターのふたは確実に閉
　め，ほこりや落下菌等からの汚染を
　予防する。

❺栄養点滴チューブの滴下筒に半分ほ
　ど栄養剤を満たす。

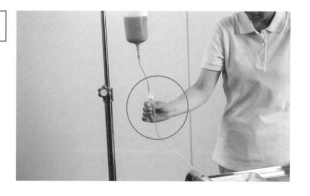

プロセス4	栄養剤の確認・準備－❻

❻クレンメを少し開きながら栄養点滴チューブの先端まで栄養剤を行きわたらせ，クレンメを閉じる。

【POINT】
・栄養点滴チューブ内に空気が残っていると，利用者の胃腸に空気も注入され，合併症を誘発する危険があるため，栄養点滴チューブ内の空気を抜いておく。
・栄養点滴チューブの先端が不潔にならないようにしておく。

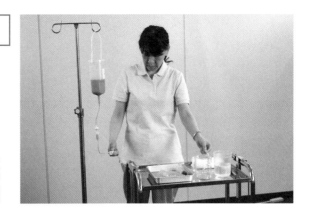

プロセス4	栄養剤の確認・準備－❼

❼準備した栄養剤を利用者のもとに運ぶ。

【POINT】
・利用者を間違えないようにベッドのネームプレートや本人に名乗ってもらう等により確認する。

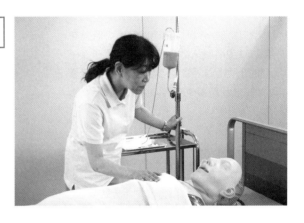

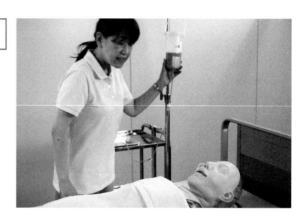

step 2 ケア実施 経鼻経管栄養について，利用者に説明をし適切かつ安全に実施する。

プロセス 1　説明

利用者に本人確認を行い，経鼻経管栄養の説明を行う。

【POINT】
・注入には30分から2時間程度の時間を要するため，注入中に経鼻経管栄養チューブが抜けないようにするなど，安全に行うためには利用者や家族の協力が必須である。

プロセス 2　栄養剤と利用者の確認　※経鼻経管栄養の挿入確認（看護職）

注入する栄養剤が利用者本人のものかどうかを確認する。

【POINT】
・間違えないようにベッドのネームプレートや本人に名乗ってもらう等により確認する。
・通常，経鼻経管栄養チューブは，所定の位置で固定されるものである。鼻から挿入されている経鼻経管栄養チューブの先端が，正確に胃の中に挿入されていることの確認は毎回，看護職が行う。
・経鼻経管栄養チューブの先端が，誤って気管に入っていたり，胃の壁に密着していたりして注入できない場合は事故につながることがあるため注意を要する。

プロセス3　環境整備・姿勢保持

経鼻経管栄養チューブの固定部・チューブの状態を確認し，適切な体位および環境を整える。

【POINT】

・プライバシーの保護のため，必要に応じてカーテン・スクリーンをする。
・多くの輸液ラインがある場合は，経鼻経管栄養チューブを間違えて接続しないように十分注意する。
・経鼻経管栄養チューブが，ねじれたり折れたりしていないか，固定がはずれていないかを確認する。
・輸液ポンプを使用せずに（自然落下で）経管栄養を行う場合には，胃部より50cm程度の高さにイリゲーターをつるす。

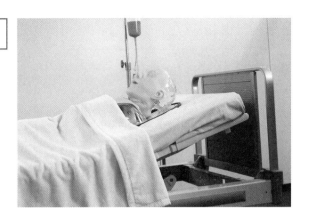

プロセス4　栄養点滴チューブの接続

栄養点滴チューブの先端と経鼻経管栄養チューブの接続がはずれないようにしっかり接続する。

【POINT】

・接続前に，経鼻経管栄養チューブ内に残渣物がないか目で確かめる。
・チューブが折れ曲がったり，何かに圧迫され，内腔が狭窄したりしていないか目で確かめる。
・経鼻経管栄養チューブからの胃または腸内容物の逆流がないか確認する。

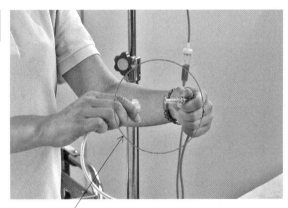

はずれないように
しっかり接続する

プロセス5	経管栄養の実施ー❶

❶利用者に注入を開始する旨を声かけ
してから，クレンメをゆっくりゆる
めて注入を開始する。適切に注入が
始まったことを利用者に伝える。

【POINT】
・滴下筒の滴下と時計を見ながら滴下数を合
わせる。
・注入速度が速いと下痢や血糖値の急激な変
化を引き起こすおそれがある。注入速度が
遅いと，長時間にわたり利用者の活動が制
限されるため，注入速度を適切に調整す
る。

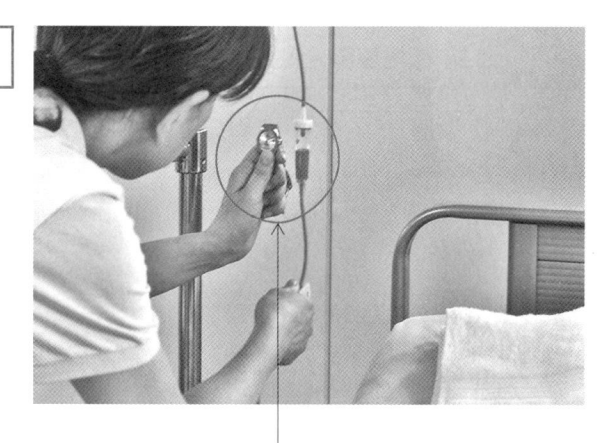

時計を見ながら滴下数を
合わせる

プロセス5	経管栄養の実施ー❷

❷注入直後の様子を観察する。

【POINT】
・経鼻経管栄養チューブが誤って気管に挿入
されていた場合，非常に危険な状態となる
ため，注入開始後数分間は，看護職による
異常の有無の観察が必要である。

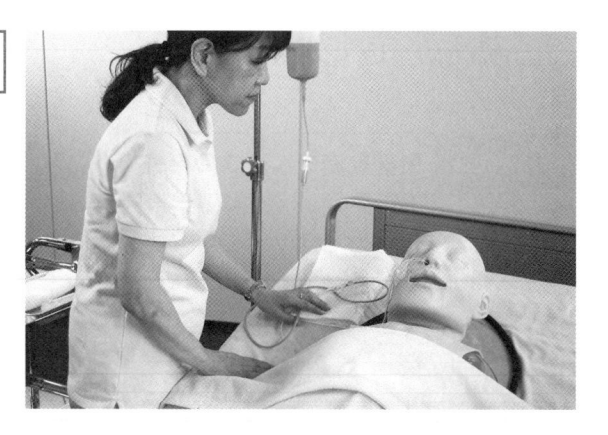

プロセス5	経管栄養の実施ー❸

❸注入中の状態を定期的に観察する。

【観察項目】
・利用者の表情や状態
　（気分不快，腹部膨満感，嘔気，嘔吐，腹
痛，呼吸困難　等）
・利用者の体位
・滴下の状態（滴下の速度，チューブの屈
曲・接続のゆるみ・ねじれ・つまりの有無
　等）
※途中で経鼻経管栄養チューブが抜けてきて
しまい，誤嚥する危険性もあるため，むせ
こみや表情の変化などの観察には十分注意
する。

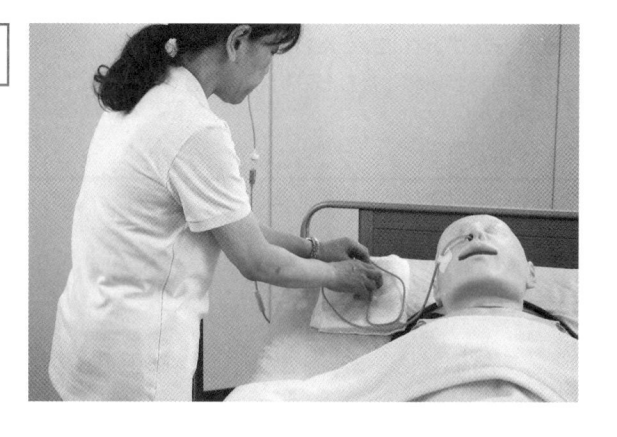

プロセス 6	注入の終了－❶

❶利用者に栄養剤の注入が終了したことを伝える。

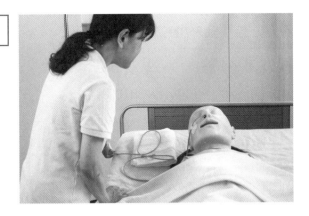

プロセス 6	注入の終了－❷

❷栄養点滴チューブのクレンメを閉めて，経鼻経管栄養チューブと栄養点滴チューブの接続をはずす。はずしたあとに経鼻経管栄養チューブのストッパー（または栓）を閉める。

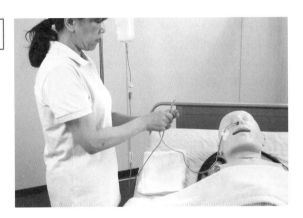

【POINT】

・接続をはずす際は，定位置で固定している経鼻経管栄養チューブを抜去してしまう危険があるため，十分に注意する。

・注入終了直後，水平臥位にすると注入物が食道に逆流し，気管に入ると，窒息，または誤嚥による肺炎等を起こす危険性があるため，頭部を挙上した状態を保つ。

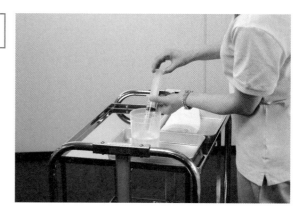

❸経鼻経管栄養チューブから，カテーテルチップシリンジに入れておいた白湯（30～50mℓ）をゆっくり注入する。

【観察項目】

・白湯注入前の利用者の状態の観察
（経鼻経管栄養チューブの抜け，栄養剤・胃または腸内容物の逆流，腹痛の訴え，経鼻経管栄養チューブ挿入部の痛み　等）

・白湯注入中の利用者の状態の観察
注入中の腹痛や違和感の訴え，栄養剤・胃または腸内容物の残留　等

【POINT】

・注入終了の事前準備として，カテーテルチップシリンジに白湯を吸い上げておく。

・カテーテルチップシリンジ内の空気は抜いておく。

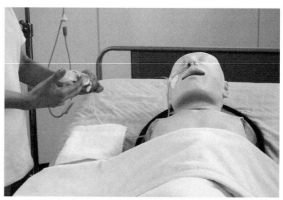

❹経鼻経管栄養チューブのストッパー（または栓）を確実に閉める。

❺経鼻経管栄養チューブが直接皮膚を圧迫したり，衣服の着脱の際に栄養チューブを引っかけて抜いたりすることのないよう，しっかりと固定する。

プロセス 7　注入後の観察

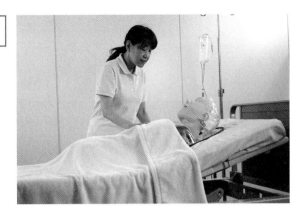

注入後しばらくは，胃内容物の増加による腹部膨満感，横隔膜の動きが制限されることによる呼吸困難，血液が胃部に集中することによる血圧の変動や気分不良等の危険があるため，利用者の状態を観察する。

【観察項目】
・体位
・腹部膨満感
・嘔気・嘔吐
・腹痛
・呼吸困難　等
・白湯注入後の観察
　腹痛や嘔気などの違和感がないか確認する。経鼻経管栄養チューブ内に，注入した栄養剤が停留していないか確認する。

プロセス 8　注入後の姿勢保持

注入後しばらくは，注入物の嘔吐や食道への逆流防止のために上半身を起こした姿勢を保つ。

【POINT】
・注入中の同一体位保持により，褥瘡の危険もあるため，異常がなければ体位変換を再開する。
・体位変換が刺激となり，嘔吐を誘発する可能性もあるため，観察は継続する。

step 1
じっしじゅんび
実施準備

step 2
じっし
ケア実施

step 3
ほうこく
報告

step 4
かた
片づけ

step 5
きろく
記録

step 3 報告
ほうこく
けいびけいかんえいようじっしご りょうしゃ じょうたい かんごしょく ほうこく
経鼻経管栄養実施後の利用者の状態を看護職に報告する。

プロセス 1　実施後の報告
じっしご ほうこく

じっしご りょうしゃ じょうたい いじょう うむ
実施後の利用者の状態，異常の有無に
ほうこく
ついて報告する。
かんさつこうもく
【観察項目】
ふくぶぼうまんかん
・腹部膨満感
おうき おうと
・嘔気・嘔吐
ふくつう
・腹痛
こきゅうこんなん とう
・呼吸困難　等

プロセス 2　ヒヤリハット・アクシデントの報告
ほうこく

ヒヤリハット・アクシデントが発生し
はっせい
ばあい かき こうもく ほうこく
た場合は，下記の項目について報告す

る。
ほうこくこうもく
【報告項目】
・いつ
・どこで
・だれが
・どのように
・どうしたか
・どうなったか

step 1 実施準備　step 2 ケア実施　step 3 報告　step 4 片づけ　step 5 記録

| step 4 片づけ | 注入終了後，すみやかに後片づけを行う。 |

プロセス1　片づけ

使用物品の片づけをする。

【POINT】
・再利用物品の湿潤や注入物の残留は，細菌を繁殖させるため，食器洗用洗剤等での洗浄を行い流水で十分すすぎ，洗浄と乾燥を十分に行う（写真はつけ置きしているところ）。
・物品を衛生的に保つ。

step 1 実施準備　step 2 ケア実施　step 3 報告　step 4 片づけ　step 5 記録

| step 5 記録 | 経鼻経管栄養の実施について，その内容を記録する。 |

プロセス1　記録

経鼻経管栄養の状況を記録する。

【POINT】
・客観的に記録し，共通認識できる用語や表現を使用する。
・ケア実施後はすみやかに記録することが望ましい。

【記録の内容】
・実施時刻
・栄養剤の種類と量
・利用者の訴え
・一般状態
・特記事項
・実施者名

救急蘇生法の手引き

❶ 心肺蘇生の手順 ::

月

日

step 1
安全を
確認する

step 2
反応を
確認する

step 3
119番通報を
してAEDを
手配する

step 4
呼吸を
確認する

step 5
胸骨圧迫を
行う

step 6
胸骨圧迫30回と
人工呼吸2回の
組み合わせ

step 7
AEDを
使用する

step 8
心肺蘇生を
続ける

step 1	安全を確認する

プロセス 1	遭遇・発見

緊急を要する状態にある人に気づく。

【POINT】
・目の前で倒れた人に遭遇したら，臆せず，躊躇せず，勇気をもって，「何かできることをしよう」という心構えをつくる。

プロセス 2	安全を確認する

周囲の状況が安全であるかを確認する。

【POINT】
・救助者自身の安全と傷病者の安全を，人・車の通行状況や確保した場所等，周囲を見渡して確認する。
・自分自身の安全を確保することは，傷病者を助けることよりも優先される。

step 1 安全を確認する	**step 2 反応を確認する**	step 3 119番通報をして AED を手配する	step 4 呼吸を確認する
step 5 胸骨圧迫を行う	step 6 胸骨圧迫 30 回と人工呼吸 2 回の組み合わせ	step 7 AED を使用する	step 8 心肺蘇生を続ける

step 2 反応を確認する 　安全が確認できたら，傷病者の反応を確認する。

プロセス 1　呼びかけに対する反応を確認する

傷病者の肩をやさしくたたきながら，大声で呼びかける。

【POINT】
・軽い刺激を与えながら，傷病者の意識にはたらきかける（できるだけ耳元で「もしもし」「大丈夫ですか」「わかりますか」など，はっきりと声をかける）。

大丈夫ですか？

プロセス 2　反応の判断

刺激に対する傷病者の反応を判断する。

【POINT】
・反応あり：目を開けるなど何らかの応答や目的のあるしぐさがある場合。
・反応なし：まったく応答がないと判断した場合や，その判断に自信がもてない場合は，心停止の可能性を考えて行動する。

step 1 安全を確認する → step 2 反応を確認する → **step 3 119番通報をしてAEDを手配する** → step 4 呼吸を確認する

step 5 胸骨圧迫を行う → step 6 胸骨圧迫30回と人工呼吸2回の組み合わせ → step 7 AEDを使用する → step 8 心肺蘇生を続ける

step 3 119番通報をしてAEDを手配する

プロセス1　応援者を呼ぶ

大声で叫んで，周囲の注意を喚起する。

【POINT】
・「だれか来てください！　人が倒れています！」と大声で叫んで応援を呼ぶ。

> だれか来てください

プロセス2　119番通報・AEDの持参を依頼する

応援に来た人を指さしながら，「あなた，119番通報をお願いします」「あなた，AEDを持ってきてください」と具体的に依頼する。

【POINT】
・応援に来た人が，"私に依頼されている"と自覚し，躊躇せず行動に移せるよう具体的に指示し依頼する。
・119番通報するときは落ち着いて，できるだけ正確な場所と，呼びかけたときの様子を伝える。
・通信指令員が，あなたや応援者が行うべきことを指導してくれる。
・応援者がいない場合は，心肺蘇生を始める前に119番通報とAEDの手配をあなた自身が行わなければならない。

> あなた119番通報をお願いします！

> あなたAEDを持ってきてください！

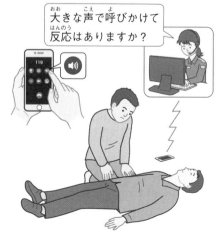

> 大きな声で呼びかけて反応はありますか？

step 4 呼吸を確認する	ふだんどおりの呼吸があるか確認する。

プロセス1 呼吸の観察

傷病者の上半身を見て，10秒以内で，胸と腹部の動き（呼吸をするたびに上がったり下がったりする）を観察する。

【POINT】
・心臓が止まるとふだんどおりの呼吸がなくなる。
・呼吸の観察には10秒以上かけないようにする。

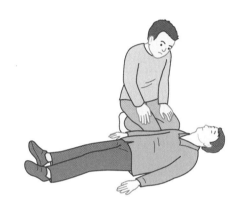

プロセス2 呼吸の有無の判断

呼吸の有無を判断する。

【POINT】
・胸と腹部の動きから，呼吸をしていない，または呼吸はしているがふだんどおりではないと判断した場合は，心停止と考えて，ただちに胸骨圧迫を開始する。
・呼吸の判断に迷う場合は，心停止とみなしただちに胸骨圧迫を始める。
・心臓が止まった直後は，「死戦期呼吸」と呼ばれるしゃくりあげるような途切れ途切れの呼吸がみられる。このような呼吸がみられたら，ただちに胸骨圧迫を開始する。
・反応はないがふだんどおりの呼吸がある場合は，様子をみながら応援や救急隊の到着を待つ。

step 1 安全を確認する	step 2 反応を確認する	step 3 119番通報をしてAEDを手配する	step 4 呼吸を確認する
step 5 胸骨圧迫を行う	step 6 胸骨圧迫30回と人工呼吸2回の組み合わせ	step 7 AEDを使用する	step 8 心肺蘇生を続ける

step 5 胸骨圧迫を行う

呼吸の観察で心停止と判断したら，ただちに胸骨圧迫を開始する。

プロセス 1 　圧迫の部位

圧迫するのは，「胸骨」の下半分である。この場所を探すには，胸の真ん中（左右の真ん中で，かつ，上下の真ん中）を目安にする。

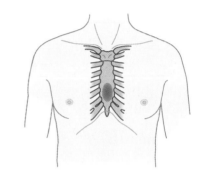

プロセス 2 　圧迫の方法

胸骨の下半分に一方の手のひらの付け根を当て，その手の上にもう一方の手を重ねて置く。重ねた手の指を組むとよい。圧迫は手のひら全体で行うのではなく，手のひらの付け根だけに力が加わるようにする。垂直に体重が加わるよう両肘をまっすぐに伸ばし，圧迫部位の真上に救助者の肩がくるような姿勢をとる。

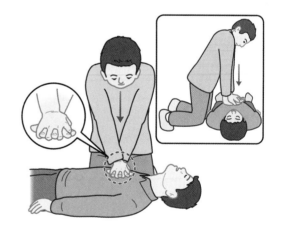

プロセス3	圧迫の深さとテンポ

傷病者の胸が約5cm沈みこむように強く，速く，絶え間なく圧迫する。圧迫のテンポは1分間に100〜120回で，胸骨圧迫は可能な限り中断せずに行う。

【POINT】

・圧迫の強さが足りないと十分な効果が得られないので，しっかり圧迫することが重要である。

・小児では胸の厚さの約1/3沈みこむ程度に圧迫する。からだが小さいため両手で強すぎる場合は片手で行う。

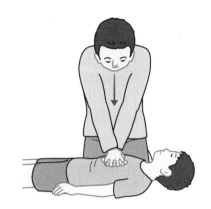

プロセス4	圧迫の解除

圧迫と圧迫のあいだ（圧迫をゆるめているあいだ）は，胸が元の高さに戻るように十分に圧迫を解除することが大切である。このとき，圧迫位置がずれることがあるので，自分の手が傷病者の胸から離れて宙に浮かないように注意する。

プロセス5	救助者の交代

成人の胸が約5cm沈むような圧迫をくり返すには体力を要するため，手伝ってくれる人がいる場合は，1〜2分を目安に役割を交代する。

【POINT】

・疲れてくると気がつかないうちに圧迫が弱くなったり，テンポが遅くなったりするので，常に意識して強く，速く圧迫する。

・交代による中断時間をできるだけ短くすることが大切である。

・人工呼吸を行わず胸骨圧迫だけを行っている場合は，より短い時間で疲れてくるので，頻繁な交代が必要になる。

step 1 安全を確認する

step 2 反応を確認する

step 3 119番通報をしてAEDを手配する

step 4 呼吸を確認する

step 5 胸骨圧迫を行う

step 6 胸骨圧迫30回と人工呼吸2回の組み合わせ

step 7 AEDを使用する

step 8 心肺蘇生を続ける

step 6 胸骨圧迫30回と 人工呼吸2回の組み合わせ

講習を受けて人工呼吸の技術を身につけていて，人工呼吸を行う意思がある場合には，胸骨圧迫に人工呼吸を組み合わせる。

プロセス 1

胸骨圧迫と人工呼吸の回数は30：2とし，この組み合わせを救急隊員と交代するまでくり返す

【POINT】
・人工呼吸のやり方に自信がない場合や，人工呼吸を行うために傷病者の口に直接接触することにためらいがある場合には，胸骨圧迫だけを続ける。
＊人工呼吸の手順は後述（p.283）を見てください。

| step 7　AEDを使用する | AEDは，音声メッセージなどで実施すべきことを指示してくれるので，それに従う。 |

【POINT】

・AED を使用する場合も，AED による心電図解析や電気ショックなど，やむを得ない場合を除いて，胸骨圧迫をできるだけ絶え間なく続けることが大切である。

＊AED 使用の手順は後述（p.285）を見てください。

step 1 安全を確認する	step 2 反応を確認する	step 3 119番通報をしてAEDを手配する	step 4 呼吸を確認する
step 5 胸骨圧迫を行う	step 6 胸骨圧迫30回と人工呼吸2回の組み合わせ	step 7 AEDを使用する	**step 8 心肺蘇生を続ける**

step 8 心肺蘇生を続ける　心肺蘇生は到着した救急隊員と交代するまで続ける。

プロセス 1　効果がなさそうに思えても，あきらめずに続ける

【POINT】
・傷病者にふだんどおりの呼吸が戻って呼びかけに反応したり，目的のあるしぐさが認められた場合は心肺蘇生をいったん中断するが，判断に迷うときは継続する。
・心肺蘇生を中断した場合は呼びかけに対する反応や呼吸の様子をくり返し観察しながら救急隊員の到着を待つ。
・反応がなくなり，呼吸が止まったり，ふだんどおりでない呼吸に変化した場合はただちに心肺蘇生を再開する。

❷ 人工呼吸の手順 _{じんこう こ きゅう て じゅん}

プロセス 1　気道確保 _{き どうかく ほ}

喉_{のど}の奥_{おく}を広_{ひろ}げ，空気_{くうき}の通_{とお}り道_{みち}を確保_{かく ほ}することを気道確保_{き どうかく ほ}という。

片手_{かた て}で傷病者_{しょうびょうしゃ}の額_{ひたい}を押_おさえながら，もう一方_{いっぽう}の手_ての指先_{ゆびさき}を傷病者_{しょうびょうしゃ}の顎_{あご}の先_{せん}端_{たん}，骨_{ほね}のあるかたい部分_{ぶ ぶん}に当_あてて押_おし上_あげる。

【POINT】

・これにより傷病者_{しょうびょうしゃ}の頭部_{とう ぶ}が後屈_{こうくつ}され，顔_{かお}がのけぞるような姿勢_{し せい}になる。このようにして行_{おこな}う気道確保_{き どうかく ほ}を頭部後屈顎先挙上法_{とう ぶ こうくつあごさききょじょうほう}と呼_よぶ。

・このとき，顎_{あご}の下_{した}のやわらかい部分_{ぶ ぶん}を指_{ゆび}で圧迫_{あっぱく}すると気道_{き どう}がせまくなるので注意_{ちゅう い}する。

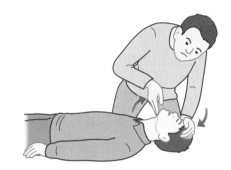

プロセス 2　人工呼吸 _{じんこう こ きゅう}

❶頭部後屈顎先挙上法_{とう ぶ こうくつあごさききょじょうほう}で傷病者_{しょうびょうしゃ}の気道_{き どう}を確保_{かく ほ}したまま，自分_{じ ぶん}の口_{くち}を大_{おお}きく開_{ひら}いて傷病者_{しょうびょうしゃ}の口_{くち}をおおって密着_{みっちゃく}させ，息_{いき}を吹_ふきこむ。この方法_{ほうほう}を「口_{くち}対口人工呼吸_{たいくちじんこう こ きゅう}」と呼_よぶ。

【POINT】

・この際_{さい}，吹_ふきこんだ息_{いき}が傷病者_{しょうびょうしゃ}の鼻_{はな}からもれ出_ださないように，額_{ひたい}を押_おさえているほうの手_ての親指_{おやゆび}と人差_{ひと さ}し指_{ゆび}で傷病者_{しょうびょうしゃ}の鼻_{はな}をつまむ。

・息_{いき}は傷病者_{しょうびょうしゃ}の胸_{むね}が上_あがるのが見_みてわかる程度_{てい ど}の量_{りょう}を約_{やく}1秒間_{びょうかん}かけて吹_ふきこむ。

┌─────────────────────┐
│ 口対口人工呼吸の要点 _{くちたいくちじんこう こ きゅう ようてん}
│ ・胸_{むね}が上_あがるのがわかる程度_{てい ど}
│ ・約_{やく}1秒間_{びょうかん}かけて吹_ふきこむ
│ ・吹_ふきこみは2回_{かい}まで
└─────────────────────┘

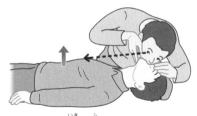

息_{いき}を吹_ふきこむ

❷吹きこんだら，いったん口を離し，
傷病者の胸が呼吸をしているように
動くのを確認する。

【POINT】
・息を吹きこむたびに軽く胸が上がるのが目
　標だが，うまく上がらない場合でも，吹き
　こみは2回までとする。2回の吹きこみ
　を行うあいだは胸骨圧迫が中断されるが，
　その中断は10秒以上にならないようにす
　る。
・吹きこみを2回試みても胸が1回も上が
　らない状況が続くときは，胸骨圧迫のみの
　心肺蘇生に切り替える。
・口対口人工呼吸による感染の危険性は低い
　といわれているが，手元に感染防護具があ
　る場合は使用する。感染防護具にはシート
　タイプのものとマスクタイプのものがあ
　る。シートタイプのものは傷病者と自分の
　口のあいだに空気が通る部分を当てて通常
　の口対口人工呼吸を行う。マスクタイプの
　ものは傷病者の口と鼻をおおって顔面に密
　着させ，一方弁のついた吹きこみ口から息
　を吹きこむ。
・『JRC蘇生ガイドライン2020』において，
　「新型コロナウイルス感染症（COVID-19）
　への対策」が示されている。

いったん口を離す

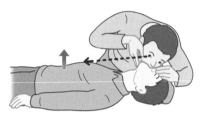

2回目の息を吹きこむ

感染防護具　　　　　　感染防護具
（シートタイプ）　　　（マスクタイプ）

③ AED 使用の手順

プロセス 1 | AED を持ってくる

【POINT】
・AED は人の目につきやすい場所に，AED
のマークが目立つように貼られた専用の
ボックスの中に置かれている。

❶AED を取り出すためにボックスを
開けると，警告ブザーが鳴る。鳴

りっぱなしにしたままでよいので，
すぐに傷病者のもとに持参する。

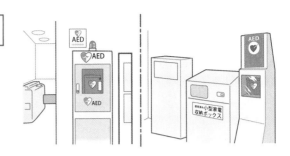

プロセス 2 | AED の準備

❶心肺蘇生を行っている途中で AED
が届いたら，すぐに AED を使う準
備に移る。

【POINT】
・AED を傷病者の頭の近くに置くと操作し
やすくなる。

プロセス 3 | 電源を入れる

❶AED の電源を入れる。

【POINT】
・機種により，ボタンを押して電源を入れる
タイプと，ふたを開けると自動的に電源が
入るタイプがある。

❷電源を入れたら，以降は音声メッ
セージなどに従って操作する。

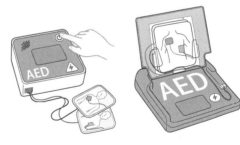

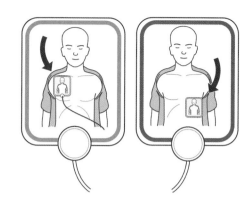

プロセス 4 電極パッドを貼りつける

❶傷病者の胸をはだける。

【POINT】
・胸をはだけるのが難しければ，ためらわずに衣服を切る。

❷AEDのケースに入っている2枚の電極パッドを袋から取り出す。

❸電極パッドや袋に描かれているイラストに従って，まず片方の電極パッドを保護シートから剥がして肌に直接貼りつけ，次にもう一方も同様の手順で貼りつける。電極パッド2枚が一体になっているタイプもある。

【POINT】
・電極パッドの貼りつけ位置は，胸の右上（鎖骨の下で胸骨の右）と，胸の左下側（わきの下から5～8cm下，乳頭の斜め下）。ブラジャーなど下着の上に電極パッドを貼ってはいけない。適切な位置に貼りつけるために下着が邪魔になる場合には，下着を切るか，ずらして，電極パッドを貼りつける部位の肌を露出させる。女性の胸を露出させることはためらいがちであるが，電極パッドを正しく貼りつけることを優先する。その際に，できるだけ人目にさらさない配慮も大事である。
・電極パッドを貼りつけるあいだも胸骨圧迫は続ける。
・電極パッドは，傷病者の肌にしっかり密着させる。電極パッドと肌のあいだに空気が入っていると電気がうまく伝わらない。

電極パッドが一体になっているタイプ

❹機種によっては，電極パッドから延びているケーブルの差しこみ（プラグ）をAED本体の差しこみ口に挿入する必要がある。AEDの音声メッセージなどに従って操作する。

【POINT】
・小学校に上がる前の子ども（乳児や幼児）には，未就学児用パッドや未就学児用モー

ド（従来の小児用パッドや小児用モード）を使用する。小学生〜大人用（従来の成人用）と未就学児用の2種類の電極パッドが入っている場合があり，イラストを見れば区別できる。未就学児用パッドが入っていなければ小学生〜大人用の電極パッドを使用する。未就学児用モードがある機種は，キーを差しこんだり，レバーを操作するなどして未就学児用モードに切り替えて使用する。

・小学生や中学生以上の傷病者には小学生〜大人用パッドを使用する。未就学児用パッドは流れる電気が不足するので使用できない。

・未就学児の傷病者にAEDを使用する場合，未就学児用パッドや未就学児用モードの切り替えがなければ小学生〜大人用パッドを使用する（表1）。

表1 ●未就学児用パッドおよび小学生〜大人用パッドの適応傷病者

	未就学児用パッド・モード＊	小学生〜大人用パッド
未就学児の傷病者	◎（推奨）	○（可）
小学生や中学生以上の傷病者	×（不可）	◎（推奨）

＊未就学児用パッド・モードはこれまで小児用パッド・モードの名称で販売されており，2021年時点では古い表記のままで設置されているものも多い。同様に小学生〜大人用パッドは成人用パッドの表記で設置されているものも多い。

プロセス5　心電図の解析

❶電極パッドが肌にしっかり貼られると，そのことをAEDが自動的に感知して，「からだから離れてください」などの音声メッセージとともに，心電図の解析を始める。

❷周囲の人にも傷病者から離れるよう伝え，だれも傷病者に触れていないことを確認する。

【POINT】
・傷病者のからだに触れていると，心電図の解析がうまく行われない可能性がある。

プロセス 6	電気ショックと心肺蘇生の再開

❶電気ショックの指示が出たら

【POINT】

・AED は心電図を自動的に解析し，電気ショックが必要な場合には，「ショックが必要です」などの音声メッセージとともに自動的に充電を開始する。

・周囲の人に傷病者のからだに触れないよう声をかけ，だれも触れていないことをもう一度確認する。

・充電が完了すると，連続音やショックボタンの点灯とともに「ショックボタンを押してください」など電気ショックをうながす音声メッセージが流れる。これに従ってショックボタンを押して電気ショックを行う。このとき AED から傷病者に強い電気が流れ，からだが一瞬ビクッと突っ張る。

・電気ショックが必要な場合に，ショックボタンを押さなくても自動的に電気が流れる機種（オートショック AED）が 2021 年 7 月に認可された。傷病者から離れるように音声メッセージが流れ，カウントダウンまたはブザーのあとに自動的に電気ショックが行われる。この場合も安全のために，音声メッセージなどに従って傷病者から離れる必要がある。

・電気ショックのあとは，ただちに胸骨圧迫から心肺蘇生を再開する。「ただちに胸骨圧迫を開始してください」などの音声メッセージが流れるので，これに従う。

❷ショック不要の指示が出たら

【POINT】

・AED の音声メッセージが「ショックは不要です」の場合は，そのあとに続く音声メッセージに従って，ただちに胸骨圧迫から心肺蘇生を再開する。「ショックは不要です」は，心肺蘇生が不要だという意味ではない。

プロセス 7	心肺蘇生とAEDの手順 のくり返し

【POINT】

・AEDは2分おきに自動的に心電図解析を始める。そのつど，「からだから離れてください」などの音声メッセージが流れる。心肺蘇生中はこの音声メッセージを聞き逃さないようにして，メッセージが流れたら傷病者から手を離すとともに，周囲の人にも離れるよう声をかけ，離れていることを確認する。以後も同様に心肺蘇生とAEDの手順をくり返す。

プロセス 8	救急隊への引き継ぎ

【POINT】

・心肺蘇生とAEDの手順は，救急隊員と交代するまであきらめずにくり返す。
・傷病者にふだんどおりの呼吸が戻って呼びかけに反応したり，目的のあるしぐさが認められた場合は，心肺蘇生をいったん中断して様子をみる。
・再び心臓が停止してAEDが必要になることもあるので，救急隊員と交代するまでAEDの電極パッドは傷病者の胸から剥がさず，電源も入れたままにする。

プロセス 9	注意をはらうべき状況 （電極パッドを貼りつける とき）

❶傷病者の胸が濡れている場合

【POINT】

・傷病者が汗をかいていたり，水泳や入浴で胸が濡れていると，電極パッドがしっかりと貼りつかないだけでなく，電気が体表の水を伝わって流れてしまうために，AEDの効果が十分に発揮されない。乾いた布やタオルで胸をふいてから電極パッドを貼りつける。背中や床は濡れたままでも問題ない。

❷傷病者の胸に貼り薬がある場合

【POINT】

・電極パッドを貼りつける位置に湿布薬や貼り薬などがある場合には，まずこれらを剥がす。さらに，肌に残った薬剤をふき取ってから，電極パッドを貼りつける。貼り薬の上から電極パッドを貼りつけると，電気ショックの効果が弱まったり，貼りつけ部位にやけどを起こすことがある。

❸医療器具が胸に植えこまれている場合

【POINT】

・皮膚の下に心臓ペースメーカーや除細動器を植えこむ手術を受けている傷病者では，胸に硬いこぶのような出っ張りがある。貼りつけ部位にこの出っ張りがある場合，電極パッドは出っ張りを避けて貼りつける。

④ 気道異物の除去

気道異物による窒息

気道異物による窒息とは，たとえば食事中に食べ物で気道が完全につまって息ができなくなった状態である。死にいたることも少なくない。窒息による死亡を減らすために，まず大切なことは窒息を予防することである。食事中にむせたら，口の中の食べ物を吐き出すことが大切である。

異物が気道に入っても，咳ができるあいだは，気道は完全にはつまっていない。窒息になる前であれば，強い咳により自力で排出できることもある。救助者は大声で助けを求めたうえで，できるだけ強く咳をするよううながす。咳ができなくなった場合には，窒息としての迅速な対応が必要である。

もし窒息への対応が途中でわからなくなったら，119番通報をすると通信指令員が行うべきことを指導してくれるので，落ち着いて指示に従う。

プロセス 1 　窒息の発見

適切な対処の第一歩は，まず窒息に気がつくことである。苦しそう，顔色が悪い，声が出せない，息ができないなどがあれば窒息しているかもしれない。このような場合には「喉がつまったの？」とたずねる。声が出せず，うなずくようであればただちに気道異物

への対処を行わなければならない。

　気道異物により窒息を起こすと，親指と人差し指で喉をつかむしぐさをすることがあり，これを「窒息のサイン」と呼ぶ。このしぐさを見たら周囲の救助者は異物除去の手順を行う。

プロセス2　119番通報と異物除去

(1)　反応がある場合

　傷病者が声を出せず，強い咳をすることもできないときには窒息と判断し，救助者はただちに大声で助けを呼んで，119番通報を依頼し，以下の順で異物除去を試みる。救助者が1人の場合，傷病者に反応があるあいだは119番通報よりも異物除去を優先する。まず背部叩打法を試みて，効果がなければ腹部突き上げ法を試み，異物が除去できるか反応がなくなるまで続ける。

❶背部叩打法

　声が出ない，強い咳ができない，あるいは当初は咳をしていてもできなくなった場合には，まず背部叩打を試みる。立っている，または座っている傷病者では，傷病者の後方から手のひらの付け根（手掌基部）で左右の肩甲骨の中間あたりを数回以上力強くたたく。

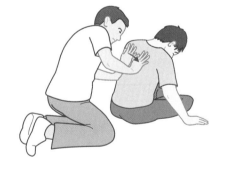

❷腹部突き上げ法

　背部叩打で異物が除去できなかったときには，次に腹部突き上げを行う。救助者は傷病者の後ろに回り，ウエスト付近に手を回す。一方の手で握りこぶしをつく

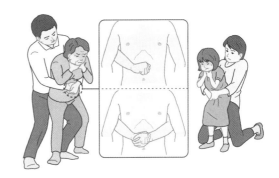

り，その親指側を傷病者の臍より少し上に当てる。その握りこぶしをもう一方の手で握って，すばやく手前上方に向かって圧迫するように突き上げる。傷病者が小児（乳児を除く）の場合は救助者がひざまずくと，ウエスト付近に手を回しやすくなる。異物が除去できるか反応がなくなるまでくり返し行う。

　腹部突き上げを実施した場合は，腹部の内臓を痛める可能性があるため，異物除去後は，救急隊にそのことを伝えるか，すみやかに医師の診察を受けさせることを忘れてはならない。119番通報する前に異物が除去できた場合でも，医師の診察は必要である。

　なお，明らかに妊娠していると思われる女性や高度な肥満者，乳児には腹部突き上げは行わない。背部叩打を行う。

(2)　反応がなくなった場合

　傷病者がぐったりして反応がなくなった場合は，心停止に対する心肺蘇生の手順を開始する。胸骨圧迫によって異物が除去できることもある。まだ通報していなければこの段階で119番通報を行い，近くにAEDがあれば，それを持ってくるよう近くにいる人に依頼する。

　心肺蘇生を行っている途中で異物が見えた場合は，それを取り除く。見えない場合には，やみくもに口の中に指を入れて探らない。また異物を探すために胸骨圧迫を長く中断しない。

❺ 突然の心停止を防ぐために

日常生活のなかで起きる心停止

1 窒息

　窒息による死亡は，高齢者と乳幼児に多くみられる。一番多いのは食べ物による窒息である。窒息をきたしやすい食べ物を制限したり，食べさせるときは細かく切るなどの配慮をする。

　高齢者では，とくに餅，団子，こんにゃくなどに注意が必要である。乳幼児では，前述のほかにピーナッツ，ブドウ・ミニトマト・飴玉など丸くツルっとした食べ物も危険である。ピーナッツや飴玉などは，5歳以下の小児には食べさせないようにする。また，手の届くところに口に入る小さな物を置かないこと，歩いたり寝転がったりしながら物を食べさせないことなども大切である。

2 お風呂での心停止

　お風呂での心停止は事故による溺水だけでなく，病気（急性心筋梗塞や脳卒中など）が原因で起こることもある。とくに冬季は浴槽の中と浴室の温度差が大きいことなどから，心停止の発生頻度が夏季の約10倍も高くなる。お風呂での心停止を防ぐために，以下の注意をする。とくに高齢者や心臓などに持病がある人には重要である。

❶冬季は浴室，脱衣所や廊下をあらかじめ温めておく。

❷飲酒後や，眠気をもよおす薬を服用したあとの入浴は避ける。

❸長時間の入浴や熱いお湯を避ける。肩までつかるのを避け，半身浴とするのもよい。

❹入浴前や入浴中に喉が渇いたらこまめに水分をとる。

❺入浴中はまわりの人が時折声をかける。浴室内の様子が家族に届くような装置があれば，より安心である。

❻浴槽内で意識のない人に気がついたら，浴槽のお湯を抜く。意識がもうろうとしたら，気を失う前に自分で浴槽の栓を抜く。

3 熱中症

　熱中症の発生には，気温や湿度，風通しといった気象条件だけでなく，本人の年齢，持病，体調などのほか，激しい運動や労働などの活動状況が関係する。屋外でのスポーツや労働で生じるだけでなく，屋内での日常生活のなかで高齢者が熱中症にかかることが増えている。とくに一人暮らしの人や，認知症，精神疾患，心臓病，がんなどの持病がある高齢者では，熱中症で死亡する危険性が高くなる。

テレビなどの熱中症情報に注意し、危険な日には暑いところでの過度なスポーツや労働を避け、水分と塩分をこまめにとって、熱中症の予防を心がける。高齢者のいる住まいでは風通しをよくする。エアコンがあれば適切に使用する。

小児に特有の問題

1 不慮の事故

大けが（外傷）、溺水、窒息などの不慮の事故は小児の心停止の原因として重要である。チャイルドシートやシートベルトの着用、自転車に乗るときのヘルメット着用、保護者がいないときの水遊びの禁止、ボート遊びでのライフジャケットの着用、浴室の施錠、浴槽に残し湯はしない、手の届くところに口に入る小さな物を置かないことなどが重要である。

2 ワクチンで防げる感染症

小児においても感染症は死亡の大きな原因となる。肺炎球菌、インフルエンザ桿菌（Hib）、百日咳、結核（乳児）、麻疹、ロタウイルスなどの感染症はワクチン接種によって予防できる。かかりつけ医とよく相談して適時、ワクチン接種を受けることが大切である。

資料

医療的ケアの基本研修（演習）の評価の基準・評価票については，下記を参考にしてください。

喀痰吸引等研修実施要綱について（抄） （平成 24 年 3 月 30 日社援発 0330 第 43 号）

別添 2

社会福祉士及び介護福祉士法施行規則別表第一及び第二号研修の修得程度の審査方法について（抄）

2. 評価による技能修得の確認

(1) 基本方針

基本研修（演習）及び実地研修については，評価の実施より，研修受講者が喀痰吸引等を安全に実施するための技能を修得していることを確認すること。

(ア) 基本研修（演習）評価

研修受講者が，演習指導講師の指導の下，演習シミュレーター（吸引訓練モデル，経管栄養訓練モデル，心肺蘇生訓練用器材一式），人体解剖模型，その他演習に必要な機器（吸引装置一式，経管栄養用具一式，処置台又はワゴン等）を用いて，演習を実施し，喀痰吸引等の提供を安全に行うための技術を修得していることを，演習指導講師が評価すること。

(イ) 実地研修評価

研修受講者が，実地研修指導講師の指導の下，実地研修協力者の協力に基づき実地研修を実施し，喀痰吸引等の提供を安全に行うための知識及び技能を修得していることを，実地研修指導講師が評価すること。

評価は，実際の喀痰吸引等の提供が安全管理体制の確保，医師・看護職員・介護職員等の連携確保や役割分担，医師の文書による指示等の条件の下で実施されることを念頭においた基本研修（演習）又は実地研修を実施した上で行うこと。

(2) 実施手順

基本研修（演習）及び実地研修の実施手順は，以下の STEP1 ～ STEP8 の順を踏まえ行うこととし，このうち STEP4 ～ 8 について，以下に示す「基本研修（演習）及び実地研修類型区分」の区分毎に，「基本研修（演習）及び実地研修評価基準・評価票」（別添資料）を用いた評価を行うこと。

なお，具体的な実施手順については，以下に示す「実施手順参考例」を踏まえ行うこと。

STEP1： 安全管理体制確保（※実地研修のみ。）
　　　　実際の喀痰吸引等の提供が，医師，看護職員との連
　　　　携体制・役割分担の下で行われることを想定し，実
　　　　地研修指導講師である医師が実地研修指導講師であ
　　　　る看護職員とともに，研修受講者の実地研修の実施
　　　　についての総合的判断を行う。

STEP2： 観察判断（※実地研修のみ。）
　　　　研修受講者の実地研修の実施毎に，実地研修指導講
　　　　師が，実地研修協力者の状態像を観察し，実施の可
　　　　否等を確認する。

STEP3： 観察
　　　　研修受講者が，演習シミュレーター又は実地研修協
　　　　力者の状態像を観察する。

> STEP3までは，
> ほぼ共通となり
> ます。

STEP4： 準備
　　　　研修受講者が，研修講師である医師の指示等の確認，手洗い，必要物品の
　　　　用意や確認など，演習又は実地研修の実施に必要な準備を行う。

STEP5： 実施
　　　　研修受講者が，喀痰吸引等の演習又は実地研修を実施し，安全に行われた
　　　　かどうかを確認する。
　　　　　　※経鼻経管栄養の場合の栄養チューブが正確に胃の中に挿入されている
　　　　　　　ことの確認を除く。

STEP6： 報告
　　　　研修受講者が，演習シミュレーター又は実地研修協力者の喀痰吸引等の実
　　　　施後の状態を研修講師に報告する。

STEP7： 片付け
　　　　研修受講者が，演習又は実地研修で使用した物品等を片付ける。

STEP8： 記録
　　　　研修受講者が，演習又は実地研修で行った喀痰吸引等について記録する。

○基本研修（演習）及び実地研修類型区分

省令上の行為 （省令別表第1及び第2）	類型区分	
	通常手順	人工呼吸器装着者
口腔内の喀痰吸引	1－①	1－②
鼻腔内の喀痰吸引		
気管カニューレ内部の喀痰吸引	1－③	1－④
胃ろう又は腸ろうによる経管栄養	1－⑤	－
経鼻経管栄養	1－⑥	
救急蘇生法	－	－

1－①：喀痰吸引　－口腔内・鼻腔内吸引（通常手順）－
1－②：喀痰吸引　－口腔内・鼻腔内吸引（人工呼吸器装着者：非侵襲的人工呼吸療法）－
1－③：喀痰吸引　－気管カニューレ内部吸引（通常手順）－
1－④：喀痰吸引　－気管カニューレ内部吸引（人工呼吸器装着者：侵襲的人工呼吸療法）－
1－⑤：経管栄養　－胃ろう又は腸ろうによる経管栄養－
1－⑥：経管栄養　－経鼻経管栄養－

※本書では，1－②及び1－④の実施手順及び評価票は掲載をしていません。

○実施手順参考例

㋐　基本研修（演習）実施手順（例）

①標準的なレベルの演習シミュレーターに対して，演習指導講師が1回の実演を行う。

②グループ試行として，研修受講者はグループになり1人1回実施し，演習指導講師はグループに対して，観察・指導を行う。

③全ての研修受講者に「基本研修（演習）及び実地研修類型区分」の区分毎に，省令別表に定める以上の演習を行わせる。

④演習指導講師は，演習実施毎に「基本研修（演習）評価票」を記録するとともに，毎回研修受講者と一緒に振り返りを行い，研修受講者は次の演習の改善につなげる。

(4)　評価判定

基本研修（演習）及び実地研修の総合的な評価判定は，研修受講者毎に，技能修得の判定を行うこと。

㋐　基本研修（演習）評価判定

当該研修受講者が，省令で定める修得すべきすべての行為ごとの実施回数以上の演習を実施した上で，「基本研修（演習）評価票」の全ての項目についての演習指導講師の評価結果が「基本研修（演習）評価基準」で示す手順どおりに実施できて

いるとなった場合に，演習の修了を認めることとし，実地研修については，基本研修の修了が確認された研修受講者に対して行うこと。

なお，演習の修了が認められなかった者については，再度，演習の全課程を受講させること。

別添資料

基本研修（演習）及び実地研修評価基準・評価票

1. 評価判定基準

(1) 基本研修（演習）評価判定基準
○基本研修（演習）を行った各研修受講者毎，かつ，各評価項目毎について，以下のア〜ウの３段階で演習指導講師が評価すること。

ア	評価項目について手順通りに実施できている。
イ	評価項目について手順を抜かしたり，間違えたりした。
ウ	評価項目を抜かした。（手順通りに実施できなかった。）

参考：類型区分別評価項目数一覧

	類型区分					
	喀痰吸引 口腔内・鼻腔内吸引 （通常手順）	喀痰吸引 気管カニューレ内部吸引 （通常手順）	喀痰吸引 口腔内・鼻腔内吸引 （人工呼吸器装着者・非侵襲的人工呼吸療法）	喀痰吸引 気管カニューレ内部吸引 （人工呼吸器装着者・侵襲的人工呼吸療法）	胃ろう又は腸ろうによる経管栄養	経鼻経管栄養
STEP4：準備	1〜4	1〜4	1〜4	1〜4	1〜6	1〜6
STEP5：実施	5〜27	5〜27	5〜30	5〜30	7〜17	7〜16
STEP6：報告	28〜30	28〜30	31〜34	31〜34	18〜20	17〜19
STEP7：片付け	31・32	31・32	35・36	35・36	21	20
STEP8：記録	33	33	37	37	22	21
項目数　計	33	33	37	37	22	21

注：通知を一部修正

評価項目：喀痰吸引　口腔内・鼻腔内吸引（通常手順）

実施手順		評価項目	評価の視点
STEP4：準備	1	医師の指示等の確認を行う	吸引圧・吸引時間・吸引の深さ・留意点等の確認ができているか。
	2	手洗いを行う	石鹸と流水またはすりこみ式のアルコール製剤により手指を清潔にしているか。 手洗い方法が守られているか。
	3	必要物品をそろえ，作動状況等を点検確認する	必要物品を把握しているか。 吸引瓶の排液が廃棄されているか。 吸引器の電源を入れ，陰圧がかかるか。
	4	必要物品を実地研修協力者（演習の場合は演習シミュレーター）のもとに運ぶ	吸引器は水平な場所に設置しているか。 使用しやすい位置に物品を置いているか。 吸引器については，電源配置や接続チューブの長さについても確認しているか。
STEP5：実施	5	実地研修協力者に吸引の説明をする	対象者の協力が得られるように，吸引の必要性や方法などをわかりやすく十分説明しているか。
	6	吸引の環境・実地研修協力者の姿勢を整える	プライバシー保護のため，必要に応じてカーテン・スクリーンをしているか。 できる限り楽で安定した姿勢で吸引チューブを挿入しやすい体位に整えているか。
	7	口腔内・鼻腔内を観察する	口腔内（義歯の状態）・鼻腔内の状態（出血や損傷の有無）・口腔内の分泌物等の貯留物を観察・確認できているか。
	8	手袋の着用またはセッシを持つ	清潔な手袋の着用やセッシの操作方法が守られているか。
	9	吸引チューブを清潔に取り出す	吸引チューブの先端が周囲に触れないように取り出せているか。
	10	吸引チューブを清潔に吸引器と連結管で連結する	吸引チューブの先端が周囲に触れないように扱い，確実に連結管をつなげているか。
	11	（浸漬法の場合）吸引チューブ外側を清浄綿等で拭く	清浄綿等を清潔に取り出せているか。 他の部分に吸引チューブが触れないようにして，清浄綿等で連結部から先端に向かって拭きとることができているか。 消毒液が確実に拭きとれているか。 使用した清浄綿等は，1回ごとに廃棄しているか。
	12	吸引器の電源を入れて水を吸い決められた吸引圧になることを確認する	水を吸引して，吸引力を観察し，適切な吸引力の設定を確認できているか。 吸引圧のメーターを確認しているか。
	13	吸引チューブの先端の水をよく切る	吸引チューブの先端から水が垂れていないか。
	14	実地研修協力者に吸引開始について声かけを行う	わかりやすい言葉で協力が得られるよう話しかけ，反応や返答を確認しているか。
	15	適切な吸引圧で適切な深さまで吸引チューブを挿入する	決められた（指示のあった）吸引圧と深さを守っているか。 挿入の際，吸引チューブの先端が周囲に触れていないか。 粘膜を刺激しないよう静かに挿入しているか。 挿入しにくい時に強引に挿入していないか。
	16	適切な吸引時間で分泌物等の貯留物を吸引する	吸引時間を守っているか。 一カ所に吸引圧がかからないように吸引チューブを静かにまわしながら操作できているか。 吸引物や対象者の様子の観察ができているか。

実施手順		評価項目	評価の視点
	17	吸引チューブを静かに抜く	粘膜を刺激しないように吸引チューブを抜いているか。
	18	吸引チューブの外側を清浄綿等で拭く	清潔に清浄綿等を取り出せているか。 肉眼的に確認できる吸引チューブの外側の付着物を連結部から先端に向かって拭きとることができているか。 使用した清浄綿等は、1回ごとに廃棄しているか。
	19	洗浄水を吸引し，吸引チューブ内側の汚れを落とす	吸引チューブの内側の汚れの除去を確認しているか。
	20	吸引器の電源を切る	
	21	吸引チューブを連結管から外し保管容器に戻す	吸引チューブを保管容器の中に確実におさめたか。
	22	手袋をはずす(手袋を使用している場合)またはセッシを戻す	汚染した手袋が周囲に触れることなく手袋をはずし，廃棄しているか。 セッシを，周囲や容器の縁に触れることなく戻しているか。
	23	実地研修協力者に吸引終了の声かけを行い，姿勢を整える	吸引物の状況を分かりやすく伝え，とりきれたかどうかを確認しているか。 ねぎらいの言葉をかけているか。 呼吸を整えやすい安楽な姿勢に整え，その姿勢でよいかどうかを対象者に確認しているか。
	24	吸引物及び実地研修協力者の状態を観察する	吸引した物の量・性状，顔色，呼吸の状態，全身状態，(鼻腔の場合)鼻腔からの出血などについて観察できているか。
	25	実地研修協力者の吸引前の状態と吸引後の状態変化を観察する	吸引前の状態と比較して観察しているか。
	26	吸引後に経鼻経管栄養チューブが口腔内に出てきていないかを観察する(経鼻経管栄養実施者のみ)	
	27	手洗いをする	石鹸と流水またはすりこみ式のアルコール製剤により手指を清潔にしているか。 手洗い方法が守られているか。
STEP6：報告	28	吸引物及び実地研修協力者の状態を報告する	研修講師に，吸引した物の量・性状，顔色・呼吸の状態，全身状態，鼻腔からの出血，異常の有無などについて報告できているか。
	29	吸引後に経鼻経管栄養チューブが口腔内に出てきていないことを報告する(経鼻経管栄養実施者のみ)	
	30	ヒヤリハット・アクシデントの報告をする(該当する場合のみ)	手順のミスや対象者のいつもと違った変化について，正確に報告ができているか。
STEP7：片付け	31	吸引瓶の排液量が70％〜80％になる前に排液を捨てる	吸引瓶の排液量の確認が行えているか。 排液量の交換の必要性を判断できているか。
	32	使用物品を速やかに後片付けまたは交換する	事故防止，故障予防のために速やかに片づけているか。 使用物品の交換が適切な方法で行えているか。
STEP8：記録	33	実施記録を記載する	記載事項を把握しているか。 記載もれはないか。 適切な内容の記載ができているか。

評価項目：喀痰吸引　気管カニューレ内部吸引（通常手順）

実施手順		評価項目	評価の視点
STEP4：準備	1	医師の指示等の確認を行う	吸引圧・吸引時間・吸引の深さ・吸引の留意点，気管カニューレに関する留意点等の確認ができているか。
	2	手洗いを行う	石鹸と流水またはすりこみ式のアルコール製剤により手指を清潔にしているか。 手洗い方法が守られているか。
	3	必要物品をそろえ，作動状況等を点検確認する	必要物品を把握しているか。 吸引瓶の排液が廃棄されているか。 吸引器の電源を入れ，陰圧がかかるか。
	4	必要物品を実地研修協力者（演習の場合は演習シミュレーター）のもとに運ぶ	吸引器は水平な場所に設置しているか。 使用しやすい位置に物品を置いているか。 吸引器については，電源配置や接続チューブの長さについても確認しているか。
STEP5：実施	5	実地研修協力者に吸引の説明をする	対象者の協力が得られるように，吸引の必要性や方法などをわかりやすく十分説明しているか。
	6	吸引の環境・実地研修協力者の姿勢を整える	プライバシー保護のため，必要に応じてカーテン・スクリーンをしているか。 できる限り楽で安定した姿勢で吸引チューブを挿入しやすい体位に整えているか。
	7	気管カニューレ周囲や固定の状態を観察する	口腔内（義歯の状態）・鼻腔内の状態（出血や損傷の有無）・口腔内の分泌物等の貯留物に加えて気管カニューレ周囲や固定の状態を確実に観察・確認できているか。
	8	手袋の着用またはセッシを持つ	清潔な手袋の着用やセッシの操作方法が守られているか。
	9	吸引チューブを清潔に取り出す	吸引チューブの先端が周囲に触れないように取り出せているか。
	10	吸引チューブを清潔に吸引器と連結管で連結する	吸引チューブの先端が周囲に触れないように扱い，確実に連結管をつなげているか。
	11	（浸漬法の場合）吸引チューブ外側を清浄綿等で拭く	清浄綿等を清潔に取り出せているか。 他の部分に吸引チューブが触れないようにして，清浄綿等で連結部から先端に向かって拭きとることができているか。 消毒液が確実に拭きとれているか。 使用した清浄綿等は，１回ごとに廃棄しているか。
	12	吸引器の電源を入れて原則として滅菌精製水を吸い決められた吸引圧になることを確認する	水を吸引して，吸引力を観察し，適切な吸引力の設定を確認できているか。吸引圧のメーターを確認しているか。
	13	吸引チューブ先端の水をよく切る	吸引チューブの先端から水が垂れていないか。
	14	実地研修協力者に吸引開始について声かけを行う	わかりやすい言葉で協力が得られるよう話しかけ，反応や返答を確認しているか。
	15	適切な吸引圧で適切な深さまで吸引チューブを挿入する	気管カニューレの長さ以上まで挿入しないよう所定の深さを守っているか。
	16	適切な吸引時間で気管カニューレ内の分泌物等の貯留物を吸引する	吸引時間を守っているか。 一カ所に吸引圧がかからないように吸引チューブを静かにまわしながら操作できているか。 吸引物や対象者の様子の観察ができているか。
	17	吸引チューブを静かに抜く	粘膜を刺激しないように吸引チューブを抜いているか。

実施手順		評価項目	評価の視点
	18	吸引チューブの外側を清浄綿等で拭く	清潔に清浄綿等を取り出せているか。 肉眼的に確認できる吸引チューブの外側の付着物を連結部から先端に向かって拭きとることができているか。 使用した清浄綿等は，1回ごとに廃棄しているか。
	19	滅菌精製水を吸引し，吸引チューブ内側の汚れを落とす	吸引チューブの内側の汚れの除去を確認しているか。
	20	吸引器の電源を切る	
	21	吸引チューブを連結管から外し保管容器に戻す，または単回使用の場合は原則として破棄する	吸引チューブを保管容器の中に確実におさめたか，または単回使用の場合は破棄したか。
	22	手袋をはずす（手袋を着用している場合）またはセッシを戻す	汚染した手袋が周囲に触れることなく手袋をはずし，廃棄しているか。 セッシを，周囲や容器の縁に触れることなく戻しているか。
	23	実地研修協力者に吸引終了の声かけを行い，姿勢を整える	吸引物の状況を分かりやすく伝え，とりきれたかどうかを確認しているか。 ねぎらいの言葉をかけているか。 呼吸を整えやすい安楽な姿勢に整え，その姿勢でよいかどうかを対象者に確認しているか。
	24	吸引物及び実地研修協力者の状態を観察する	吸引した物の量・性状，顔色・呼吸の状態，全身状態などについて観察できているか。 呼吸状態および気管カニューレや固定状態等の観察項目を把握しているか。 観察もれはないか。
	25	実地研修協力者の吸引前の状態と吸引後の状態変化を観察する	吸引前の状態と比較して観察しているか。
	26	吸引後に経鼻経管栄養チューブが口腔内に出てきていないかを観察する（経鼻経管栄養実施者のみ）	
	27	手洗いをする	石鹸と流水またはすりこみ式のアルコール製剤により手指を清潔にしているか。 手洗い方法が守られているか。
STEP6：報告	28	吸引物及び実地研修協力者の状態を報告する	研修講師に，吸引した物の量・性状，顔色・呼吸の状態，全身状態，鼻腔からの出血，異常の有無などについて報告できているか。
	29	吸引後に経鼻経管栄養チューブが口腔内に出てきていないことを報告する（経鼻経管栄養実施者のみ）	
	30	ヒヤリハット・アクシデントの報告をする（該当する場合のみ）	手順のミスや対象者のいつもと違った変化について，正確に報告ができているか。
STEP7：片付け	31	吸引瓶の排液量が70％〜80％になる前に排液を捨てる	吸引瓶の排液量の確認が行えているか。 排液量の交換の必要性を判断できているか。
	32	使用物品を速やかに後片付けまたは交換する	事故防止，故障予防のために速やかに片づけているか。 使用物品の交換が適切な方法で行えているか。
STEP8：記録	33	実施記録を記載する	記載事項を把握しているか。 記載もれはないか。 適切な内容の記載ができているか。

※気管カニューレ内部からの吸引については，特に清潔の遵守が必要。気管カニューレの長さ以上に挿入しない。

評価項目：胃ろう又は腸ろうによる経管栄養

実施手順		評価項目	評価の視点
STEP4：準備	1	医師の指示等の確認を行う	注入物・注入量・注入時間・留意点等の確認ができているか。
	2	手洗いを行う	石鹸と流水またはすりこみ式のアルコール製剤により手指を清潔にしているか。 手洗い方法が守られているか。
	3	必要な物品を準備する	必要物品が準備できているか。 使用物品の状況を観察し，劣化，漏れ，汚染状況を観察しているか。
	4	指示された栄養剤（流動食）の種類・量・時間を確認する	氏名・経管栄養剤の内容と量・有効期限・注入開始時間・注入時間を確認できているか。
	5	経管栄養の注入準備を行う	栄養剤は本人のものであることを確認しているか。 栄養剤を適温にできているか。 栄養点滴チューブ内の空気を排除し準備しているか。 イルリガートル（ボトル）のふたは確実に閉めているか。
	6	準備した栄養剤（流動食）を実地研修協力者(演習の場合は演習シミュレーター)のもとに運ぶ	栄養剤が本人のものであることを確認ができているか。
STEP5：実施	7	実地研修協力者に本人確認を行い，経管栄養の実施について説明する	意識レベルの低い場合でも，実地研修協力者に処置の説明を行っているか。
	8	注入する栄養剤（流動食）が実地研修協力者本人のものであるかを確認し，適切な体位をとり，環境を整備する	栄養剤が実地研修協力者本人のものであるか確認できているか。 適切な体位をとれているか。 接続部より50cm以上高い所にイルリガートル（ボトル）の液面があるか。
	9	経管栄養チューブに不具合がないか確認し，確実に接続する	経管栄養チューブが，ねじれたり折れたりしていないか，固定が外れていないかを確認しているか。 外れないように接続できているか。
	10	注入を開始し，注入直後の様子を観察する	実地研修協力者の状態に異常がないか確認しているか。 滴下速度は指示されたとおりであるか。
	11	注入中の表情や状態を定期的に観察する	全身状態の観察ができているか。 むせこみ，表情の変化などの観察を行っているか。
	12	注入中の実地研修協力者の体位を観察する	適切な体位を維持できているか。
	13	注入物の滴下の状態を観察する	注入物の滴下が適切かどうか，観察できているか。
	14	挿入部からの栄養剤（流動食）のもれを確認する	挿入部の異常の有無（もれの兆候等）を確認しているかどうか。
	15	注入中に実地研修協力者の状態を観察する	注入中に実地研修協力者が気分不快，腹部ぼう満感，おう気・おう吐などを訴えていないかを確認できているか。 異常を発見した場合は研修講師に連絡し，対応できているか。
	16	注入終了後は白湯を注入し，状態を観察する	注入終了後に，白湯を注入しているか。 実地研修協力者の状態を観察しているか。
	17	クレンメを閉め，経管栄養チューブの接続を外し，半坐位の状態を保つ	クレンメを確実に閉め，接続を外す際は，チューブを抜去しないように注意しているか。 半坐位の状態を保持しているか。

実施手順		評価項目	評価の視点
STEP6：報告	18	注入後，実地研修協力者の状態を観察し，報告する	研修講師に，腹部ぼう満感，おう気・おう吐・腹痛，呼吸困難や表情の変化など観察し，報告ができているか。
	19	体位変換が必要な実地研修協力者に対しては，異常が無ければ体位変換を再開する	おう吐を誘発する可能性もあり，観察し報告できているか。
	20	ヒヤリハット・アクシデントの報告をする（該当する場合のみ）	手順のミスや対象者のいつもと違った変化について，正確に報告ができているか。
STEP7：片付け	21	環境を汚染させないよう使用物品を速やかに後片付けする	使用物品は決められた方法で洗浄・消毒を行っているか。環境を汚染していないか。
STEP8：記録	22	実施記録を記載する	実施時刻，栄養剤（流動食）の種類，量等について記録しているか。記載もれはないか。適切な内容の記載ができているか。

評価項目：経鼻経管栄養

実施手順		評価項目	評価の視点
STEP4：準備	1	医師の指示等の確認を行う	注入物・注入量・注入時間・留意点等の確認ができているか。
	2	手洗いを行う	石鹸と流水またはすりこみ式のアルコール製剤により手指を清潔にしているか。 手洗い方法が守られているか。
	3	必要な物品を準備する	必要物品が準備できているか。 使用物品の状況を観察し、劣化、漏れ、汚染状況を観察しているか。
	4	指示された栄養剤（流動食）の種類・量・時間を確認する	氏名・経管栄養剤の内容と量・有効期限・注入開始時間・注入時間を確認できているか。
	5	経管栄養の注入準備を行う	栄養剤は本人のものであることを確認しているか。 栄養剤を適温にできているか。 栄養点滴チューブ内の空気を排除し準備しているか。 イルリガートル（ボトル）のふたは確実に閉めているか。
	6	準備した栄養剤（流動食）を実地研修協力者（演習の場合は演習シミュレーター）のもとに運ぶ	栄養剤が本人のものであることを確認ができているか。
STEP5：実施	7	実地研修協力者に本人確認を行い、経管栄養の実施について説明する	意識レベルの低い場合でも、実地研修協力者に処置の説明を行っているか。
	8	注入する栄養剤（流動食）が実地研修協力者本人のものであるかを確認し、適切な体位をとり、環境を整備する	栄養剤が実地研修協力者本人のものであるか確認できているか。 適切な体位をとれているか。 接続部より50cm以上高い所にイルリガートル（ボトル）の液面があるか。
	9	経管栄養チューブに不具合がないか確認し、確実に接続する	経管栄養チューブが、ねじれたり折れたりしていないか、固定が外れていないかを確認しているか。 外れないように接続できているか。
	10	注入を開始し、注入直後の様子を観察する	実地研修協力者の状態に異常がないか確認しているか。 滴下速度は指示されたとおりであるか。
	11	注入中の表情や状態を定期的に観察する	全身状態の観察ができているか。 むせこみ、表情の変化などの観察を行っているか。
	12	注入中の実地研修協力者の体位を観察する	適切な体位を維持できているか。
	13	注入物の滴下の状態を観察する	注入物の滴下が適切かどうか、観察できているか。
	14	注入中に実地研修協力者の状態を観察する	注入中に実地研修協力者が気分不快、腹部ぼう満感、おう気・おう吐などを訴えていないかを確認できているか。 異常を発見した場合は研修講師に連絡し、対応できているか。
	15	注入終了後は白湯を注入し、状態を観察する	注入終了後に、白湯を注入しているか。 実地研修協力者の状態を観察しているか。
	16	クレンメを閉め、経管栄養チューブの接続を外し、半坐位の状態を保つ	クレンメを確実に閉め、接続を外す際は、チューブを抜去しないように注意しているか。 半坐位の状態を保持しているか。

実施手順		評価項目	評価の視点
STEP6： 報告	17	注入後，実地研修協力者の状態を観察し，報告する	研修講師に，腹部ぼう満感，おう気・おう吐・腹痛，呼吸困難や表情の変化など観察し，報告ができているか。
	18	体位変換が必要な実地研修協力者に対しては，異常が無ければ体位変換を再開する	おう吐を誘発する可能性もあり，観察し報告できているか。
	19	ヒヤリハット・アクシデントの報告をする（該当する場合のみ）	手順のミスや対象者のいつもと違った変化について，正確に報告ができているか。
STEP7： 片付け	20	環境を汚染させないよう使用物品を速やかに後片付けする	使用物品は決められた方法で洗浄・消毒を行っているか。 環境を汚染していないか。
STEP8： 記録	21	実施記録を記載する	実施時刻，栄養剤（流動食）の種類，量等について記録しているか。 記載もれはないか。 適切な内容の記載ができているか。

基本研修（演習）評価票：喀痰吸引　口腔内・鼻腔内吸引（通常手順）

研修受講者氏名	
本票ページ数	／

実施手順	評価項目	評価				
	回数	（　）回目	（　）回目	（　）回目	（　）回目	（　）回目
	月日	／	／	／	／	／
	時間					
STEP4：準備	1					
	2					
	3					
	4					
STEP5：実施	5					
	6					
	7					
	8					
	9					
	10					
	11					
	12					
	13					
	14					
	15					
	16					
	17					
	18					
	19					
	20					
	21					
	22					
	23					
	24					
	25					
	26					
	27					
STEP6：報告	28					
	29					
	30					
STEP7：片付け	31					
	32					
STEP8：記録	33					
アの個数　計						

＊自由記載欄

（　）回目	
（　）回目	
（　）回目	
（　）回目	
（　）回目	

別紙2−3

基本研修（演習）評価票：喀痰吸引　気管カニューレ内部吸引（通常手順）

		研修受講者氏名	
		本票ページ数	／

実施手順	評価項目	評価				
	回数	（　　）回目	（　　）回目	（　　）回目	（　　）回目	（　　）回目
	月日	／	／	／	／	／
	時間					
STEP4：準備	1					
	2					
	3					
	4					
STEP5：実施	5					
	6					
	7					
	8					
	9					
	10					
	11					
	12					
	13					
	14					
	15					
	16					
	17					
	18					
	19					
	20					
	21					
	22					
	23					
	24					
	25					
	26					
	27					
STEP6：報告	28					
	29					
	30					
STEP7：片付け	31					
	32					
STEP8：記録	33					
アの個数　計						

＊自由記載欄

（　　）回目	
（　　）回目	
（　　）回目	
（　　）回目	
（　　）回目	

基本研修（演習）評価票：胃ろう又は腸ろうによる経管栄養

研修受講者氏名	
本票ページ数	／

実施手順	評価項目	評価				
回数		（　　）回目	（　　）回目	（　　）回目	（　　）回目	（　　）回目
月日		／	／	／	／	／
時間						
STEP4：準備	1					
	2					
	3					
	4					
	5					
	6					
STEP5：実施	7					
	8					
	9					
	10					
	11					
	12					
	13					
	14					
	15					
	16					
	17					
STEP6：報告	18					
	19					
	20					
STEP7：片付け	21					
STEP8：記録	22					
アの個数　計						

＊自由記載欄

（　　）回目	
（　　）回目	
（　　）回目	
（　　）回目	
（　　）回目	

基本研修（演習）評価票：経鼻経管栄養

	研修受講者氏名	
	本票ページ数	／

実施手順	評価項目	評価				
	回数	（　　）回目	（　　）回目	（　　）回目	（　　）回目	（　　）回目
	月日	／	／	／	／	／
	時間					
STEP4：準備	1					
	2					
	3					
	4					
	5					
	6					
STEP5：実施	7					
	8					
	9					
	10					
	11					
	12					
	13					
	14					
	15					
	16					
STEP6：報告	17					
	18					
	19					
STEP7：片付け	20					
STEP8：記録	21					
アの個数　計						

＊自由記載欄

（　　）回目	
（　　）回目	
（　　）回目	
（　　）回目	
（　　）回目	

介護職等が喀痰吸引および経管栄養を実施するにあたっては，医師の指示が必要で，加えて介護職と看護職が連携し，安全な提供の実施をはかることが重要視されています。

　次ページ以降に，医師の指示が記載される，介護職員等喀痰吸引等指示書（通知「診療報酬の算定方法の一部改正に伴う実施上の留意事項について」（令和4年3月4日保医発0304第1号））の例を掲載しますので，参考にしてください。なお，通知の別紙様式は一部修正してあります。

介護職員等喀痰吸引等指示書

標記の件について，下記の通り指示いたします。

指示期間（令和３年７月１日〜３年７月31日）

事業者	事業者種別	
	事業者名称	

	氏名	A 様	生年月日	明・大・昭・平・令　年　月　日（ 80 歳）
対象者	住所		電話（　　　）　－	
	要介護認定区分	要支援（ １ ２ ） 要介護（ １ ２ ３ ④ ５ ）		
	障害支援区分	区分１　区分２　区分３　区分４　区分５　区分６		
	主たる疾患(障害)名			

実施行為種別	口腔内の喀痰吸引 ・ 鼻腔内の喀痰吸引 ・ 気管カニューレ内部の喀痰吸引
	胃ろうによる経管栄養 ・ 腸ろうによる経管栄養 ・ 経鼻経管栄養

具体的な提供内容

指示内容

喀痰吸引（吸引圧，吸引時間，注意事項等を含む）
吸引圧 20kpa
○口・鼻の吸引時間：15秒以内(右の鼻腔は出血しやすいので注意する) 吸引チューブ挿入の深さ 口腔○cm 鼻腔○cm
○気管カニューレ内部：吸引時間 10 秒以内　　吸引チューブ挿入の深さ○cm

経管栄養（栄養剤の内容，投与時間，投与量，注意事項等を含む）

その他留意事項（介護職員等）	高齢の方で耳が遠いので，ゆっくり説明して下さい
その他留意事項（看護職員）	

（参考）使用医療機器等	1. 経鼻胃管	サイズ：_____Fr, 種類：
	2. 胃ろう・腸ろうカテーテル	種類：ボタン型・チューブ型，サイズ：_____Fr, _____cm
	③. 吸引器	小型吸引器○○○－○○　吸引チューブ〔口・鼻：14Fr　気管カニューレ内部：12Fr〕
	4. 人工呼吸器	機種：
	⑤. 気管カニューレ	サイズ：外径11.0mm, 長さ100mm
	6. その他	

緊急時の連絡先
不在時の対応法

※1. 「事業者種別」欄には，介護保険法，障害者総合支援法等による事業の種別を記載すること。
2. 「要介護認定区分」または「障害支援区分」欄，「実施行為種別」欄，「使用医療機器等」欄については，該当項目に○を付し，空欄に必要事項を記入すること。

上記のとおり，指示いたします。

令和３年 ７月 １日
機関名　△△クリニック
住所　○○市　○○町１－２－３
電話　×××－×××
(FAX)　×××－×××
医師氏名　●●●●印

（登録喀痰吸引等（特定行為）事業者の長）　殿

介護職員等喀痰吸引等指示書

標記の件について，下記の通り指示いたします。

指示期間（令和3年7月1日～3年7月31日）

事業者	事業者種別	
	事業者名称	

<table>
<tr><td rowspan="5">対象者</td><td>氏名</td><td colspan="2">B 様</td><td colspan="2">生年月日　明・大・昭・平・令　　年　　月　　日
（　69歳）</td></tr>
<tr><td>住所</td><td colspan="4">電話（　　　）　－</td></tr>
<tr><td>要介護認定区分</td><td colspan="4">要支援（　1　2　）　要介護（　1　2　3　④　5　）</td></tr>
<tr><td>障害支援区分</td><td>区分1</td><td>区分2</td><td>区分3　　④区分4</td><td>区分5　　区分6</td></tr>
<tr><td>主たる疾患（障害）名</td><td colspan="4"></td></tr>
</table>

実施行為種別	口腔内の喀痰吸引　・　鼻腔内の喀痰吸引　・　気管カニューレ内部の喀痰吸引
	胃ろうによる経管栄養・　腸ろうによる経管栄養　・　経鼻経管栄養

具体的な提供内容

指示内容	喀痰吸引（吸引圧，吸引時間，注意事項等を含む）
	経管栄養（栄養剤の内容，投与時間，投与量，注意事項等を含む） E液　300ml を2時間で注入　　　白湯40cc／回 朝8：00，昼13：00，夕19：00
	その他留意事項（介護職員等）　注入時のむせこみに注意する
	その他留意事項（看護職員）

<table>
<tr><td rowspan="6">（参考）使用医療機器等</td><td>1. 経鼻胃管</td><td>サイズ：＿＿＿＿Fr, 種類：</td></tr>
<tr><td>②胃ろう・腸ろうカテーテル</td><td>種類　ボタン型　チューブ型, サイズ：＿20＿Fr, ＿＿＿＿cm</td></tr>
<tr><td>3. 吸引器</td><td>（エクステンションチューブ付）</td></tr>
<tr><td>4. 人工呼吸器</td><td>機種：</td></tr>
<tr><td>5. 気管カニューレ</td><td>サイズ：外径＿＿＿＿mm, 長さ＿＿＿＿mm</td></tr>
<tr><td>6. その他</td><td></td></tr>
</table>

緊急時の連絡先 不在時の対応法	

※1．「事業者種別」欄には，介護保険法，障害者総合支援法等による事業の種別を記載すること。
　2．「要介護認定区分」または「障害支援区分」欄，「実施行為種別」欄，「使用医療機器等」欄については，該当項目に○を付し，空欄に必要事項を記入すること。

上記のとおり，指示いたします。

令和3年7月1日
機関名　△△クリニック
住所　○○市　○○町1-2-3
電話　×××-×××
（FAX）　×××-×××
医師氏名　　　　●● ●●　印

（登録喀痰吸引等（特定行為）事業者の長）　殿

介護職員等喀痰吸引等指示書

標記の件について，下記の通り指示いたします。

指示期間（令和３年７月１日～３年７月31日）

事業者	事業者種別	
	事業者名称	

対象者	氏名	C 様	生年月日	明・大・昭・平・令　年　月　日（ 71 歳）
	住所		電話（　　）　－	
	要介護認定区分	要支援 （ １ ２ ）	要介護 （ １ ２ ３ ４ ⑤ ）	
	障害支援区分	区分１　区分２　区分３　区分④　区分５　区分６		
	主たる疾患(障害)名			

実施行為種別	口腔内の喀痰吸引 ・ 鼻腔内の喀痰吸引 ・ 気管カニューレ内部の喀痰吸引 胃ろうによる経管栄養 ・ 腸ろうによる経管栄養 ・ 経鼻経管栄養

具体的な提供内容

指示内容	喀痰吸引 （吸引圧，吸引時間，注意事項等を含む）
	経管栄養 （栄養剤の内容，投与時間，投与量，注意事項等を含む） E 液　300ml を２時間で注入　　白湯50cc／回 朝８：00，昼13：00，夕19：00
	その他留意事項（介護職員等）　注入時のむせこみに注意する
	その他留意事項（看護職員）　胃内に経鼻経管チューブが挿入されている事を確認する

（参考）使用医療機器等	① 経鼻胃管	サイズ：14Fr，種類：カテーテルテーパー接続型
	2. 胃ろう・腸ろうカテーテル	種類：ボタン型・チューブ型，サイズ：_____Fr，_____cm
	3. 吸引器	
	4. 人工呼吸器	機種：
	5. 気管カニューレ	サイズ：外径_____mm，長さ_____mm
	6. その他	

緊急時の連絡先 不在時の対応法	

※１．「事業者種別」欄には，介護保険法，障害者総合支援法等による事業の種別を記載すること。
　２．「要介護認定区分」または「障害支援区分」欄，「実施行為種別」欄，「使用医療機器等」欄については，該当項目に○
　　　を付し，空欄に必要事項を記入すること。

上記のとおり，指示いたします。

令和３年 ７月 １日
機関名　△△クリニック
住所　○○市 ○○町１－２－３
電話　×××－×××
（FAX）　×××－×××
医師氏名　●● ●● 印

（登録喀痰吸引等（特定行為）事業者の長）　　殿

さくいん

編者・執筆者一覧
へんじゃ　しっぴつしゃいちらん

■編者
へんじゃ

新田 國夫 (にった くにお)
医療法人社団つくし会理事長

上野 桂子 (うえの けいこ)
一般社団法人全国訪問看護事業協会顧問

原口 道子 (はらぐち みちこ)
公益財団法人東京都医学総合研究所主席研究員

川村 佐和子 (かわむら さわこ)
公益財団法人東京都医学総合研究所客員研究員

白井 孝子 (しらい たかこ)
東京福祉専門学校副学校長

■執筆者 (五十音順)
しっぴつしゃ　ごじゅうおんじゅん

秋山 昌江 (あきやま まさえ) ──────────────── 第1章第3節2
聖カタリナ大学人間健康福祉学部教授

五十嵐 さゆり (いがらし さゆり) ──────────────── 第2章第1節
福祉人材育成研究所M&L所長

鎌田 恵子 (かまた けいこ) ──────────────── 第1章第3節1
元福島介護福祉専門学校副校長

川井 太加子 (かわい たかこ) ──────────────── 第1章第1節3・4・第2節2
桃山学院大学社会学部教授

川村 佐和子 (かわむら さわこ) ──────────────── 第1章第1節1・2
公益財団法人東京都医学総合研究所客員研究員

久保田 トミ子 (くぼた とみこ) ──────────────── 第1章第1節3
広島国際大学名誉教授

小林 千恵子 (こばやし ちえこ) ──────────────── 第3章第2節
金城大学名誉教授

小林 康子 (こばやし やすこ) ──────────────── 第2章第2節
元社会福祉法人全国社会福祉協議会中央福祉学院教授

白井 孝子 (しらい たかこ) ──────────────── 第1章第4節
東京福祉専門学校副学校長

高木 直美 (たかぎ なおみ) ──────────────── 第3章第1節
日本福祉大学中央福祉専門学校介護福祉士科専任教員

東海林 初枝 (とうかいりん はつえ) ──────────────── 第3章第1節
聖和学園短期大学キャリア開発総合学科教授

西井 啓子 (にしい けいこ) ──────────────── 第1章第3節3・4
富山短期大学名誉教授

原口 道子 (はらぐち みちこ) ──────────────── 第4章第1節・第2節
公益財団法人東京都医学総合研究所主席研究員

布施 千草 (ふせ ちぐさ) ──────────────── 第2章第1節
植草学園短期大学名誉教授

山谷 里希子 (やまや りきこ) ——————————————————— 第1章第2節1
元さっぽろ高齢者福祉生活協同組合福祉生協イリス参与

横山 孝子 (よこやま たかこ) ——————————————————— 第4章第3節
熊本学園大学社会福祉学部教授

介護福祉士実務者研修テキスト
【第5巻】医療的ケア 第4版

2015 年 12 月 10 日 初版発行
2020 年 3 月 20 日 第 2 版発行
2022 年 3 月 20 日 第 3 版発行
2024 年 2 月 20 日 第 4 版発行

編　　　集　　新田國夫・川村佐和子・上野桂子・白井孝子・原口道子
編 集 協 力　　一般社団法人全国訪問看護事業協会
発 行 者　　荘村明彦
発 行 所　　中央法規出版株式会社
　　　　　　　〒 110-0016　東京都台東区台東 3-29-1　中央法規ビル
　　　　　　　TEL 03-6387-3196
　　　　　　　https://www.chuohoki.co.jp/

印刷・製本　　サンメッセ株式会社
装幀・本文デザイン　　ケイ・アイ・エス
イ ラ ス ト　　小牧良次

定価はカバーに表示してあります。
ISBN978-4-8058-8991-6

本書の内容に関するご質問については，下記 URL から「お問い合わせフォーム」にご入力いただきますようお願いいたします。
https://www.chuohoki.co.jp/contact/